ÚNICOS
e extraordinários

JODI RODGERS

TRADUÇÃO FÁBIO ALBERTI

ÚNICOS
e extraordinários

O que o **AUTISMO** pode nos ensinar sobre amor, respeito às diferenças e conexão

COPYRIGHT © FARO EDITORIAL, 2024
COPYRIGHT © 2024 BY JODI LOUISE RODGERS

Todos os direitos reservados.
Nenhuma parte deste livro pode ser reproduzida sob quaisquer meios existentes sem autorização por escrito do editor.

Diretor editorial **PEDRO ALMEIDA**
Coordenação editorial **CARLA SACRATO**
Assistente editorial **LETÍCIA CANEVER**
Tradução **FÁBIO ALBERTI**
Preparação **NATHÁLIA RONDAN**
Revisão **RAQUEL SILVEIRA** e **BÁRBARA PARENTE**
Imagens de capa e miolo **FREEPIK |©freepik e Sage Rogers**
Capa e diagramação **VANESSA S. MARINE**

Dados Internacionais de Catalogação na Publicação (CIP)
Jéssica de Oliveira Molinari CRB-8/9852

Rogers, Jodi
  Únicos e extraordinários : o que o autismo pode nos ensinar sobre amor, respeito às diferenças e conexão / Jodi Rogers ; tradução de Fábio Alberti. — São Paulo : Faro Editorial, 2024.
  224 p. ; il.

ISBN 978-65-5957-517-6
Título original: How to Find a Four-Leaf Clover: What Autism Can Teach Us About Difference, Connection, and Belonging

1. Pessoas autistas – Condições sociais 2. Pessoas autistas – Relações familiares 3. Neurodiversidade — Aspectos sociais I. Título II. Alberti, Fábio

23-4849   CDD 242

Índices para catálogo sistemático:
1. Pessoas autistas – Condições sociais

1ª edição brasileira: 2024
Direitos de edição em língua portuguesa, para o Brasil, adquiridos por FARO EDITORIAL
Avenida Andrômeda, 885 - Sala 310
Alphaville — Barueri — SP — Brasil
CEP: 06473-000
www.faroeditorial.com.br

Para Sage – adivinha?
E para Maria – eu prometi.

Introdução

Aprendi com o meu avô a encontrar trevos-de-quatro-folhas. Perto de sua casa, no final de uma escadaria de pedra em caracol, havia um parque que no início da primavera ficava repleto de trevos brancos. Eu adoro o cheiro de trevo. Adoro que ele atraia as abelhas e que seja tão macio e aconchegante para se deitar, tal qual uma colcha numa noite fria de inverno. Adoro-o mais ainda pelas lições que me ensinou.

Certo dia, meu avô e eu caminhávamos pelo parque de trevos quando ele disse baixinho: "Entre esses milhares e milhares de trevos-de-três-folhas existem trevos que são únicos. Esses são os que você deve procurar".

Quando o meu avô sussurrava eu sabia que devia escutar com muita atenção, porque ele estava prestes a revelar um segredo.

"Só porque você vê apenas trevos-de-três-folhas em um canteiro de trevos não significa que todos sejam iguais. Se você acredita que só existem os de três folhas, está deixando de ver os de quatro, de cinco e até de seis folhas — para encontrar esses é preciso um bocado de sorte. É aí que está a mágica da coisa."

Ajoelhei-me, apoiei as palmas das mãos no chão e examinei os trevos de perto. Tudo o que eu conseguia ver eram três folhas, milhares de unidades com três folhas.

"Não precisa ser tão difícil, querida", disse o meu avô. "Se você treinar os seus olhos para enxergar a beleza na diferença, verá trevos-de-quatro-folhas por toda parte. Estão bem debaixo dos nossos narizes. Mas se você olhar para o mundo com a mente fechada, tudo o que verá são limitações."

É estranho que algumas lições aprendidas na infância nos acompanhem durante toda a vida. Uma ou duas frases contendo algum conselho sábio podem ficar conosco para sempre e ajudar a moldar nossas vidas de maneiras espantosas. No meu caso, procurar por trevos-de-quatro-folhas me ajuda a manter a mente aberta e não me deixa esquecer que a vida é cheia de possibilidades.

Eu jamais imaginei que escrever um livro fosse uma dessas possibilidades. Até alguns anos atrás isso nunca havia passado pela minha cabeça — talvez porque a ideia de passar um grande intervalo de tempo sozinha fosse completamente contra a minha natureza. Estar com outras pessoas é a minha maior fonte de felicidade. Criar conexões com outras pessoas sempre me trouxe alegria.

Quando eu tinha dezesseis anos, tive a sorte de realizar uma experiência de trabalho em uma escola onde a mãe de um dos meus amigos lecionava. Era uma escola para crianças com deficiência, e eu adorei cada segundo ali, talvez porque foi o primeiro lugar onde passei tanto tempo com pessoas diferentes de mim. As crianças movimentavam-se, comunicavam-se e estudavam de maneira diferente. Minha breve passagem por aquela sala de aula me fez enxergar quão únicos todos nós somos, e eu quis continuar a aprender. Quis saber por que as pessoas se comportam de determinada maneira.

A experiência que vivi nessa escola mostrou-me um caminho que tenho seguido desde então. Queria me cercar de pessoas que me ajudassem a enxergar as coisas de um novo ponto de vista. Quando terminei o ensino médio, estudei para ser professora de crianças com deficiência, e comecei a trabalhar na comunidade e nas casas das pessoas como assistente para pessoas com deficiência. Aos dezoito anos de idade, eu passava a maior parte do meu dia na companhia de pessoas de diferentes idades e perfis, todas com algum tipo de deficiência.

Isso foi há mais de trinta anos. Desde então eu me envolvi em muitos trabalhos e carreiras diferentes, mas havia uma constante: sempre trabalhei com pessoas autistas.

Alguns anos atrás, montei meu próprio consultório para oferecer aconselhamento em questões de relacionamento e sexualidade para pessoas com deficiência. Depois de muitos anos envolvida em trabalhos de assistência a indivíduos com deficiência, eu me dei conta de que muitas pessoas com autismo e neurodivergentes não têm acesso a esse tipo de terapia. Isso me desagrada, acredito que relacionamentos são a coisa mais importante que há na vida.

Meu trabalho como terapeuta me deixava (e ainda deixa) muito feliz, e eu nem de longe esperava que alguém me telefonasse e me pedisse para fazer parte do programa *Amor no Espectro* — uma série de televisão centrada em pessoas autistas e namoro — que fornece apoio aos participantes. Com toda a certeza eu também não esperava que o programa fosse tão bem recebido internacionalmente. Quando disse sim a essa oportunidade, eu não sabia que isso me abriria tantas portas, que criaria tantas possibilidades novas e que me traria tantas novas e maravilhosas amizades com pessoas autistas no programa.

Eu não sou autista. Esse fato me causou muita angústia e receio quando comecei a escrever este livro. Não pude deixar de me perguntar se uma pessoa neurotípica deveria escrever sobre autismo. Eu me debatia com essa dúvida; ela consumia os meus pensamentos. Conversei a respeito desse dilema com muitas pessoas autistas que conheço. Uma delas, um gênio da matemática, esmiuçou a questão para mim por meio de uma equação.

"Que idade você tinha quando teve o primeiro contato com um autista?", ele perguntou. Eu respondi. "E quantos anos você tem agora?", ele então perguntou. Ele anotou minhas respostas, perguntou-me o que eu havia feito ano após ano desde aquela primeira ocasião até o momento presente, e estimou quantas pessoas autistas eu havia conhecido e com as quais eu havia convivido. A página em que ele escrevia ficou cheia de números e somas. "Bem, pelos meus cálculos, parece que você conheceu mais de mil pessoas com autismo. Você tem um bocado de histórias sobre pessoas autistas em sua cabeça."

Quando ele disse isso, percebi que, apesar de não ser uma escritora nata, eu era uma contadora de histórias, e a minha vida estava repleta de histórias sobre autismo — histórias e mais histórias: a da pessoa autista que mudou a minha perspectiva de tempo; a que me fez repensar meu relacionamento com os objetos; a que me disse que eu falava por enigmas. Os autistas mudaram meu modo de enxergar o mundo, e eu tenho muito para contar a respeito disso.

A fim de respeitar a privacidade e a confidencialidade das pessoas, removi os dados de identificação de todos os que figuram neste livro. Não há nomes reais, e nenhuma das pessoas nestas páginas é exatamente como na vida real. Todas as pessoas com quem ainda mantenho contato leram as suas próprias histórias, corrigiram meus erros, acrescentaram seus pontos de vista e, em algumas ocasiões, até escolheram os seus próprios pseudônimos.

Uma das autistas retratadas me deu o incentivo de que eu precisava para continuar escrevendo. Ao ler o capítulo baseado nela, ela me enviou o seguinte texto:

Eu pensei que fosse um livro sobre autismo, mas não é. É um livro sobre todos nós.

E ela estava certa. Embora os autistas se comuniquem e percebam o mundo de forma diferente das pessoas neurotípicas, estas histórias pretendem reduzir a distância entre "eles e nós". Buscam ajudar *todos* nós a ter uma compreensão mais profunda acerca do autismo, oferecendo um olhar mais atento sobre nós mesmos e sobre as pessoas com quem convivemos. Este não é um livro sobre a experiência de lidar com o autismo; não é a história que eu tenho para contar. É um livro sobre o que as pessoas autistas me ensinaram.

Todos nós temos professores. Todos temos pessoas que nos educam e nos orientam ao longo da vida. Alguns desses professores estão em nossas famílias ou entre amigos. Alguns se encontram em escolas, outros na ioga ou na academia. Há professores nas igrejas, nas mesquitas, nos templos e nos *ashrams*. Estão nos campos esportivos, nos teatros, em salas de reuniões e em salas de concerto. No meu caso, pessoas autistas me guiaram para uma compreensão muito mais ampla de não julgamento, compaixão, empatia, humildade, sinceridade, confiança e integridade. Eu aprendi sobre diferença, conexão e pertencimento com os meus professores autistas e, contando-lhes estas histórias, espero também ajudar vocês a aprender algo.

Quando administro treinamentos ou seminários sobre deficiência, sexualidade e relacionamentos, muitas vezes eu começo ajustando as expectativas dos ouvintes. Eu digo: "Vocês não considerarão transformador tudo o que eu digo, e provavelmente vocês já sabem a maioria das coisas (ou mesmo tudo) que lhes direi. Mas espero que possam encontrar uma coisa que não sabiam antes e uma coisa que podem colocar em prática mais tarde".

Essa é a esperança que tenho com relação a você. Espero que, dentro destas páginas, você possa descobrir pelo menos um novo elemento que mude a sua maneira de ver as pessoas, e que com esse novo conhecimento possa criar melhores conexões com aqueles ao seu redor, sejam eles neurodivergentes ou não.

Quando comecei a trabalhar neste livro, meu irmão citou Hemingway para mim: "Escreva da maneira mais direta que puder". Seguindo esse conselho, tentei evitar jargões e a linguagem acadêmica. Mas tenho ampla consciência da linguagem que uso em relação à identidade. Ao longo das últimas três décadas, vi os critérios para diagnóstico do autismo serem reescritos três vezes e revisados uma vez; também vi mudarem a linguagem e a cultura do autismo e da deficiência. Na década de 1980, quando comecei a trabalhar, todos usavam a expressão *pessoa autista* ou *pessoa com deficiência*. Depois surgiu a linguagem voltada para a pessoa, e por muitos anos nós usamos as expressões *pessoa com autismo* e *pessoa com transtorno do espectro autista*. Isso recentemente sofreu uma nova mudança;

a grande maioria da comunidade abraçou a sua identidade autista e agora se identifica como *pessoa autista*.

Neste livro, eu uso a expressão *pessoa autista* para seguir essa linguagem preferida. E, embora utilize a linguagem voltada para a identidade no caso de pessoas autistas, eu emprego a expressão *pessoa com deficiência* para todas as outras pessoas com deficiência. Trata-se de uma escolha consciente, porque, embora eu saiba que a linguagem centrada na pessoa e a linguagem centrada na identidade são utilizadas, existe um grande número de deficiências, e eu quis lançar mão de uma terminologia abrangente. Dito isso, reconheço que a identidade de uma pessoa pertence completamente a ela. Se você se denomina uma pessoa autista, então é o que você é. Se você se denomina uma pessoa com autismo, eu acatarei isso. E se você se denomina uma pessoa deficiente ou uma pessoa com deficiência, farei o mesmo.

O livro se divide em três partes. Na parte 1, abordaremos de que modo todos nós vemos o mundo, e a nossa experiência única de pensar, compreender e sentir. Na parte 2, veremos como comunicamos esse ponto de vista aos outros, como compreendemos uns aos outros, e como nos expressamos. E, na Parte 3, exploraremos os aspectos da vida que nos conectam e nos dão a percepção de que pertencemos a essa grande, confusa e extraordinariamente linda raça humana.

Você lerá sobre expressões faciais, gestos e emoções. Lerá a respeito de confiança, paciência e ansiedade. Aprenderá sobre aceitação e inclusão, e aprenderá um pouco mais sobre compaixão. Espero que este livro ajude você a encarar as diferenças neurológicas sob um novo ponto de vista.

Meu avô tinha razão. Quando fechamos as nossas mentes e olhamos para o mundo somente a partir de uma perspectiva limitada, quando buscamos apenas aquilo com o que nos identificamos e julgamos as diferenças, não permitimos a nós mesmos a satisfação de tudo o que podemos aprender uns com os outros.

Este livro não lhe ensinará a encontrar trevos-de-quatro-folhas. Isso é entre mim e meu avô. Mas posso lhe dizer que as maiores lições e descobertas surgem quando abrimos nossas mentes e corações para a diversidade. Nisso residia a sabedoria do meu avô.

Portanto, relaxe o olhar e não procure pelas coisas da maneira mais difícil. A beleza e a magia encontradas na diferença estão por toda parte.

A piscina de Luna

Luna era uma garota que poderia ser comparada a uma fada; frágil e de ossatura delicada, sua cabeça parecia ser grande demais para o seu corpo de sete anos de idade. Tinha olhos da cor de nuvens cinzentas num dia nublado e uma profusão de cabelos loiros fininhos quase sempre em pé, como se uma corrente elétrica a atravessasse. Todos os sábados pela manhã, eu pegava Luna no Stanley Hall, um conjunto residencial para pessoas com deficiências de desenvolvimento. Era um agrupamento de prédios de tijolos vermelhos rodeado por uma cerca de arame, próximo de uma estrada movimentada.

No dia em que conheci Luna, tudo o que eu sabia era que ela não falava, adorava a água e tinha algo chamado autismo. Eu tinha apenas dezoito anos e nada sabia sobre autismo a não ser por menções ocasionais em filmes, mas eu *não tinha dúvida* de que queria trabalhar com pessoas com deficiência. Como um passo rumo a esse objetivo, eu havia recentemente começado em um emprego de prestadora de serviços para pessoas com deficiência, além de cursar licenciatura em educação.

Meu trabalho consistia em sair com Luna nas tardes de sábado. Nós podíamos fazer o que quiséssemos da uma às quatro, e como nós duas adorávamos água, imaginei que nadar um pouco seria o programa perfeito. Uma escola de educação especial local tinha uma piscina de hidroterapia que não era usada aos finais de semana, e a diretora havia me dado permissão para usá-la. Eu só precisava pegar as chaves com as freiras que viviam num convento na parte de trás da escola.

No primeiro dia em que saímos juntas, Luna gritou durante os vinte minutos do trajeto de Stanley Hall até a piscina. Eram gritos de profunda dor e tormento, e não paravam. Vinte minutos gritando, batendo, chutando e suando, e eu nada podia fazer. Não sabia como consolá-la ou acalmá-la. Tentei falar com ela do banco do motorista enquanto ela gritava e se enfurecia no assento traseiro. Tentei cantar, mas isso só piorou a gritaria. Senti-me impotente e perdida, certa de que não seria capaz de lidar com semelhante situação. Eu não tinha a menor ideia do que Luna estava fazendo, nem por que fazia aquilo, e nem imaginava o que a feria e lhe causava tamanho medo.

Corri o mais rápido que pude até o convento para pegar as chaves. Uma freira idosa veio me atender à porta. Ela parecia não se importar com os sons angustiantes que vinham do banco traseiro do meu carro. Eu disse a ela que precisava das chaves da piscina, e precisava delas *imediatamente*.

"Que adorável da sua parte levar uma menininha para um mergulho", a freira disse, calma, movendo-se como se estivesse com lama até os joelhos. Ela não tinha a menor pressa, disso não restava dúvida. Precisei de uma força de vontade sobre-humana para não invadir o convento e arrancar as chaves das mãos enrugadas dela.

Quando enfim consegui as chaves, corri de volta para o carro e dirigi pelo breve trajeto que levava ao prédio em que ficava a piscina. Luna ainda gritava. Estacionei bem em frente da porta trancada da piscina. Luna continuava gritando. Abri a porta do carro e destravei o cinto de segurança da garota. E Luna continuava gritando. Levantei-a do assento do carro. Luna continuava a gritar. Quando tentei conduzi-la até a porta da piscina, ela gritou ainda mais. Colocar a chave naquela fechadura foi pura tortura. Eu errava o alvo, xingava e implorava.

Porém, quando eu finalmente consegui destrancar a porta e abri-la, tudo mudou.

Lá estava a piscina diante de nós — quatro metros por nove de céu líquido. Havia uma rampa que levava para dentro da piscina em uma das extremidades, com um corrimão de aço que ia até o fundo. Uma cobertura de piscina estava instalada na margem da extremidade oposta, como um gigantesco plástico-bolha azul enrolado. Era como qualquer piscina que se via em quintais na época, no tempo em que todas as piscinas eram simples retângulos, e não os oásis com contornos curvos que vemos hoje em dia e que fazem os jardins parecerem praias de Bali ou do Havaí.

Não importava que o recinto fosse úmido e quente, e que o forte cheiro de cloro ali chegasse a queimar as narinas. Não importava que o único ar fresco que entrava nesse lugar abafado viesse de janelas de ripas colocadas num ponto tão alto que quase tocavam o teto, como se tivessem sido instaladas por acréscimo. Tudo o que importava era a piscina. Para Luna, o retângulo de azul cercado por paredes de tijolos ásperos era a própria felicidade.

Eu avaliei a piscina com meus olhos, mas Luna examinou esse paraíso com a sua língua. A garota correu para a piscina e lambeu todas as superfícies dela. Lambeu os tijolos vermelhos das paredes, o metal do corrimão, o plástico da cobertura da piscina e a própria água, agitando-a.

No início eu fiquei horrorizada. *Ela não pode lamber a piscina*, pensei. *Isso não está nem um pouco certo.*

Mas ela riu.

Então eu ri também.

Não era bem uma risada mútua; ríamos por motivos diferentes, Luna de alegria e eu de puro alívio porque a gritaria havia cessado.

Vi Luna construir um relacionamento com esse espaço, lambendo cada superfície dali. Ela ria e mergulhava, depois se deslocava segurando na borda da piscina, mão após mão, lambendo e fazendo amizade com cada ladrilho. Ela deu atenção ao filtro, à cobertura e brincou junto às bordas da piscina, fazendo contato com todos aqueles tijolos vermelhos com a língua.

Nesse primeiro dia juntas ficamos longe uma da outra. Eu tinha medo dos gritos de Luna, e Luna tinha medo de mim. Mas na semana seguinte fomos outra vez à piscina. E na próxima também. E mais uma vez na semana depois dessa.

Todo sábado — o mesmo horário, o mesmo lugar, a mesma corrida até o convento para pegar a chave com as freiras. Também as mesmas lambidas, mas a cada sábado a gritaria diminuía mais e mais durante o trajeto de um lugar para o outro.

Todo sábado eu aprendia mais. No oásis da piscina, eu tentava fazer Luna olhar para mim, me aceitar, interagir comigo. No começo, fiz isso à minha maneira, usando um estilo de linguagem e de interação que eu costumava usar. Eu chamava Luna pelo nome, perguntava-lhe várias coisas, e enchia o ambiente com o som da minha própria voz. Tentava brincar com ela, fazia brinquedos de piscina flutuarem em sua direção, e lançava uma bola inflável para a menina na esperança de que ela a pegasse e a jogasse de volta para mim. Mas sempre que eu dizia o seu nome, falava com ela ou tentava me aproximar, os gritos excruciantes recomeçavam.

E assim Luna me obrigou a tentar um novo caminho. Uma maneira diferente. A maneira dela.

Aprendi que o jeito dela se resumia a manter tudo simples, e que essa simplicidade significava calma e tranquilidade. Aprendi que não precisava falar com ela nem dizer o seu nome. A verdade é que não havia necessidade alguma de falar. Depois de algumas semanas, por curiosidade decidi apenas imitar Luna. O que quer que ela tenha feito, eu também fiz. Tentei entrar em sua cabeça e enxergar o mundo como ela o enxergava. O que ela estava fazendo? O que ela estava sentindo? Por que ela lambia as superfícies?

Ao imitar tudo o que Luna fazia, aprendi que tijolos ásperos na língua eram como uma lambida de gato na minha pele. Aprendi que o metal do corrimão é confiável e estável, e proporciona segurança. Aprendi que cada uma das bolhas plásticas da cobertura da piscina era singularmente diferente, e que cada uma tinha a sua própria textura e bolsa de ar. E aprendi que a água *deve* ser lambida, sempre lambida. Eu aprendi tudo isso com a minha língua.

Certa tarde de sábado, eu cheguei ao Stanley Hall e caminhei até o prédio número 3, como fazia sempre. Através da janela de vidro da porta trancada, vi Luna marchando de um lado para o outro com impaciência, segurando a sua toalha e já vestida com seu traje de banho.

Quando a porta se abriu com um zumbido, Luna saiu, andou até o carro e se acomodou na cadeirinha. Ela cantarolou para si mesma durante os vinte minutos do trajeto até nosso destino.

Mais tarde, na piscina, só nós duas — lambendo, mas nada falando —, Luna veio até mim e lambeu o meu braço.

Nós havíamos encontrado a nossa conexão.

PARTE 1

Experimentando uma perspectiva única

Pensar, compreender e sentir

Viajo bastante, a trabalho e também por lazer. Houve um ano em que eu dormi em trinta e duas camas diferentes ao longo de quarenta e cinco noites. Odiei todas as trinta e duas camas. Todas as manhãs eu ministrava oficinas ou comparecia a reuniões com olheiras e com o coração disparado de tanta cafeína.

Dormir na primeira noite em um lugar novo é sempre terrível. Quando me encontro nessa situação, fico sensível a ruídos novos, aos rangidos do lugar, ao zumbido da geladeira. Fico incomodada com a iluminação e com as sombras que o poste de luz projeta na parede nada familiar. Eu me sacudo e me reviro na cama, ajustando os travesseiros e às vezes os socando. Sinto-me inquieta e péssima.

Nos últimos seis anos, uma semana por mês, dei aconselhamento sobre sexualidade e relacionamento a pessoas com deficiência em uma comunidade da região. Sempre que viajo para lá, fico no mesmo hotel. Já dormi em todas as camas e em todos os quartos que o hotel tem a oferecer, e todos eles são diferentes. Eles têm formas e tamanhos diferentes. Usei os mais diferentes colchões, desde duros e firmes até frouxos e macios. Alguns quartos ficam mais perto da estrada, e outros ficam mais perto da ferrovia, por onde trens de carga passam a noite toda. Alguns quartos têm piso acarpetado; outros têm madeira polida ou ladrilho. Alguns têm grandes portas de correr com vista para o mar, e outros têm janelas pequenas com vista para a loja de bebidas e para o posto de gasolina. Cada quarto tem sons diferentes, cheira diferente e parece diferente. Eu costumava chegar à recepção do hotel cheia de desconfiança, porque todo novo quarto era muito desorientador.

"Eu só quero poder chegar ao banheiro no escuro", eu dizia ao recepcionista do hotel, tentando explicar o meu desespero. "Quero poder andar pelo quarto sem bater numa parede, num batente de porta ou num armário. Por favor! Se eu ficar sempre no mesmo quarto, posso acordar pela manhã e saber em que lado da cama estou."

Assim, o quarto número 4 tornou-se o meu quarto. Conheço os seus cantos e rachaduras, sei onde ficam as tomadas elétricas e sei que tenho de virar o chuveiro para a parede para não inundar o chão do banheiro. Sei tirar a bateria do relógio, que tem um tique-taque alto demais. Sei onde estão os cobertores quando está frio, e mal noto a passagem dos trens e a geladeira balançando. Quando chego para me hospedar, sei ajustar as venezianas e ajeitar as bordas das cortinas para bloquear a luz do sol, e sei abrir as janelas para deixar sair o cheiro dos produtos de limpeza. Sei que não devo encher demais a chaleira (para não deixar respingar água fervente na bancada) nem acender as luminárias de mesa (porque as lâmpadas fluorescentes de teto brilham demais), e sei para que servem os cinco controles remotos. Levei algum tempo para conhecer o quarto 4, mas agora que o conheço durmo como uma pedra — e no meio da noite posso me levantar e ir até o banheiro na mais completa escuridão.

Essa é a verdade a meu respeito. Costumo me considerar uma pessoa espontânea, livre e desimpedida. Acredito que ficar perdido faz parte da aventura, e tenho disposição para saltar de asa-delta do alto de um penhasco no momento em que eu quiser. Mas, na realidade, adoro a regularidade. Adoro rotina e rituais. Não dou meia-volta numa caminhada sem tocar uma pedra ou uma árvore. Quando entro no mar no final da minha rua, não considero que nadei de verdade a menos que mergulhe a minha cabeça na água três vezes. Qualquer coisa menos que isso não representa mais do que um mergulho. Usei exatamente o mesmo xampu e o mesmo condicionador durante anos, sempre compro a mesma marca de queijo suíço, e gosto de beber o mesmo vinho. E não fico nada feliz se não encontro uma dessas marcas.

Meu amor pela regularidade reflete o modo como o meu cérebro está condicionado. Em vez de me punir por isso, porém, eu aprendi que esses hábitos são um lindo componente do que me faz ser *eu mesma*. Todos nós temos as nossas peculiaridades, e essas características nascem do modo como pensamos, compreendemos e sentimos tudo.

As maneiras pelas quais nós interpretamos informações, processamos estímulos sensoriais e experimentamos emoções são tão diversas quanto nós. Quando eu era criança me diziam: "Cada pessoa é única". Eu pensava que o significado disso fosse "Eu tenho sardas e você não", ou "Eu tenho olhos castanho-claros e você tem olhos azuis". Mas no curso da minha vida acabei entendendo que essa singularidade está associada ao funcionamento do nosso cérebro. Pessoas autistas e neurodivergentes são programadas de maneira diferente das pessoas neurotípicas, e nessas diferenças residem muitas lições sobre como são construídas as percepções e pontos de vista de um indivíduo a respeito do mundo.

É por meio de nossos pensamentos que moldamos quem somos. Tendo a pensar demais, e tentarei avaliar situações e experiências de todos os ângulos. Eu as viro e reviro em minha cabeça, e esses pensamentos podem me manter acordada à noite. Eu me distraio com facilidade, e por isso vivo perdendo coisas e deixando meus pertences em ônibus, táxis e mesas de café.

Também sou emotiva ao extremo. Choro o tempo todo, e as lágrimas surgem com facilidade. Choro quando estou triste, feliz, frustrada ou zangada. Choro quando assisto a filmes e leio livros. Choro quando as pessoas me contam histórias de suas infelicidades, mas também quando compartilham os seus sucessos. Derramo lágrimas quando as vejo em outra pessoa, mesmo sem saber por que elas estão chorando. Choro tanto que certa vez, quando era criança, fui retirada de um cinema — não conseguia parar de chorar porque a mãe do Bambi havia morrido (peço desculpas pelo *spoiler*).

Sou extremamente consciente dos meus sentidos. Adoro o modo como todos eles operam juntos para compreenderem o mundo. Gosto de escutar com meus olhos fechados e analisar o que escuto: folhas farfalhando, pássaros cantando, passos no andar acima do meu. Adoro os sons do mergulho com tubo respiratório — o tinido, o estalo, o clique. Tenho uma queda por luzes suaves. O meu momento do dia favorito é o crepúsculo, aquela luz que se vê pouco antes do pôr do sol, quando a escuridão começa a surgir e tudo ganha um matiz dourado. E eu não posso viver sem sentir a água na minha pele — banhos, mares, lagos, ou simplesmente molhar o rosto.

Na maneira como percebemos o mundo, eu e você podemos ser tão diferentes quanto o dia e a noite. Mas nós também temos a chance de apreciar essas diferenças incríveis no modo como as outras pessoas pensam, percebem e sentem. É nessas diferenças que nos são dadas as oportunidades mais maravilhosas de enxergar a vida através de lentes totalmente novas. Quando consideramos a vastidão disso — que cada ser humano está vivendo a sua própria experiência e que a sua perspectiva é apenas sua —, o aprendizado de uns sobre os outros torna-se uma jornada de descobertas sem fim.

1

As fraldas de Emily

A família Martin vivia em uma rua sem saída de um bairro residencial cercada por casas de aparência idêntica. O interior da casa dos Martin era uma combinação inquietante de paredes de um marrom muito intenso e bancadas laminadas de cor laranja, e o único aquecedor ficava na sala de estar, que por esse motivo se tornou o centro das atividades. E sempre havia muita atividade. Leslie tinha três lindas crianças de menos de sete anos; a mais nova havia nascido algumas semanas antes, e suas duas crianças mais velhas eram autistas. O companheiro de Leslie era caminhoneiro, fazia viagens de longa distância e só voltava para casa nos finais de semana, por isso Leslie era a única responsável pelas crianças de segunda a sexta-feira.

Isso era bem diferente da casa em que eu morava na época com um bando de estudantes. Era uma típica moradia de estudantes; o tempo todo havia pratos na pia, lixo que já deveria ter sido levado para fora, e discussões constantes sobre quem comeu a comida de quem. Quando morei lá, eu cursava pedagogia na universidade, e tinha um emprego de meio período como assistente comunitária para pessoas com deficiência. Era um trabalho perfeito para mim, pois me proporcionou uma experiência prática que não se pode ter numa faculdade. Eu era uma jovem sem filhos, e não compreendia a realidade de famílias com crianças pequenas, muito menos de famílias com crianças com deficiência. Esse trabalho foi para mim uma conexão entre a teoria e a experiência da vida real.

Os Martin eram uma família amorosa e que se mostrava grata pela minha ajuda, e eles sempre me recebiam em sua casa de braços abertos. Eu era um auxílio muito bem-vindo, e fazia tudo o que eles precisavam que fosse feito. Nos dias em que eu trabalhava, chegava às seis da manhã para ajudar a preparar as crianças para a escola, e depois voltava no período da tarde para as atividades após a escola, avançando também para as horas movimentadas de banho, jantar e histórias para dormir. Eu me tornei parte da família.

Todos os pais de crianças pequenas sabem que o final da tarde, logo antes do jantar, é a hora das bruxas — a hora em que o caos governa a casa. Pode encher os pais de medo quando se aproxima. Depois de um longo dia, quando tudo o que eles mais desejam é tranquilidade, os pais se encontram numa confusão criada por crianças excessivamente estimuladas e sua própria exaustão, e os choramingos, as lamúrias, a aglomeração e o mal-estar geral podem rapidamente progredir para berreiros e explosões de raiva. O tempo custa a passar, fazendo a hora das bruxas parecer uma eternidade.

Certa tarde, todos, incluindo Leslie, estavam esgotados e famintos. As crianças precisavam tomar banho e ser alimentadas, e então sobreveio o desastre: Leslie não tinha mais fraldas, nem para o bebê nem para as outras duas crianças, que ainda não tinham aprendido a usar o vaso sanitário.

"Jodi, você poderia dar um pulo no supermercado para mim?", Leslie perguntou, cercada pelas três crianças e por uma montanha de roupas para lavar. "Preciso de fraldas descartáveis, extragrandes e para recém-nascidos."

"Pode deixar comigo", respondi. Para aliviar um pouco o estresse de Leslie, prontifiquei-me a levar comigo Emily, a mais velha das três crianças.

Emily era uma curiosa e inquieta menina de seis anos de idade que sempre parecia ter passado o dia no mato; estava sempre despenteada e desgrenhada, e geralmente coberta de sujeira. As risadas de Emily eram contagiantes; ela vivia em seu próprio mundo, rindo alto de coisas que o resto de nós não podia ver. Eu sorria sempre que escutava o som agudo da sua risada. Emily era capaz de comunicar seus desejos e necessidades diários, e podia também identificar objetos, seguir instruções simples e fazer pedidos, mas não era capaz de comunicar coisas que lhe traziam felicidade ou dor.

Quando nós chegamos ao supermercado, o estacionamento se encontrava relativamente cheio; as pessoas estavam fazendo compras depois do trabalho. Eu já havia estado no estabelecimento com Leslie e as crianças em várias ocasiões.

Era uma cadeia de supermercados bem conhecida em todo o território nacional; se você tivesse familiaridade com uma unidade, provavelmente poderia se orientar em todas as outras. Leslie havia me ensinado um modo de envolver as crianças no processo de compras. Sua estratégia era dar às duas crianças mais velhas desenhos do que fazia parte da sua lista de compras e levá-las a cada corredor, explicando-lhes o que era necessário de acordo com a lista. Leslie havia criado uma rota que era familiar às crianças; elas sempre iniciavam em um determinado corredor e terminavam em outro. Dessa maneira, ela dividia o supermercado em pequenas partes.

Eu posso fazer isso, pensei. Já tinha visto Leslie fazer isso uma dúzia de vezes. Eu conhecia bem o lugar, e acreditava que voltaria para a casa de Leslie como a triunfante entregadora de fraldas — porém, nem tudo acontece como planejamos.

*

Todos nós conhecemos bem os supermercados em que compramos. Sabemos qual é o corredor que precisamos percorrer para chegar a um determinado item, sabemos onde o produto está nesse corredor, e sabemos qual direção seguir dentro da loja para encontrar cada mercadoria de nossa lista de compras.

Mas imagine que você tenha de fazer compras em um *novo* supermercado. Isso pode acontecer se você estiver de férias numa cidade diferente, ou se estiver voltando para casa por outro caminho e se lembrar de que precisa comprar algo para jantar. Por que o leite não está perto da manteiga? Quem nesse mundo estoca o atum enlatado ao lado do chá e do café? Tudo está diferente... e isso é irritante.

Ou talvez o seu supermercado local tenha passado por uma renovação. A gerência mudou a configuração dos corredores para impulsionar as vendas, ou decidiu abastecer o estabelecimento com novas marcas e descontinuar outras. O interior do supermercado logo deixa de ser familiar, porque os sistemas mentais e a estrutura que você criou são desmontados. A princípio, você se sente um pouco frustrado e agitado, mas após algumas visitas terá resolvido a situação e a nova configuração se tornará normal. Esse é um exemplo de uma pequena mudança na rotina que pode causar descontrole emocional até nas pessoas mais flexíveis.

As pessoas em sua maioria têm dificuldade para lidar com mudanças, principalmente quando a mudança é súbita. Nós gostamos de saber o que acontecerá, como as coisas serão e o que esperar. Somos criaturas de hábitos, e ao seguir a mesma rota ou concluir uma tarefa da mesma maneira todos os dias temos como recompensa uma sensação de calma e segurança. Nós adoramos que as coisas sejam simples e fáceis.

É difícil aprender uma nova habilidade ou desenvolver um novo hábito. O cérebro humano é uma estrutura complexa, dotada de bilhões de células que precisam trabalhar juntas a fim de sentir, expressar emoções e reagir. Elas controlam cada aspecto da sua vida, incluindo os seus pensamentos, lembranças, emoções, batimentos cardíacos e respiração. As células do cérebro se comunicam através de neurônios. Esses neurônios encontram a rota mais eficiente para transmitir as suas mensagens; depois de transitarem por essa rota algumas vezes, ela se torna o caminho preferido.

Aprender uma nova habilidade, como nadar ou andar de bicicleta, desafia as vias neurais. Só depois de repetir uma determinada ação muitas vezes é que ela se torna um hábito. Depois que essas vias são incorporadas ao seu cérebro, você não precisa pensar "Como faço para nadar?" ou "Como faço para andar de bicicleta?". Simplesmente as executa no piloto automático.

Quando nos deparamos com algo novo e diferente, nossos cérebros têm de criar novos caminhos; isso pode ser difícil e complexo. É como caminhar numa trilha através de uma floresta que você nunca visitou antes: precisa rondar o terreno, passar por árvores e escalar rochas, sem saber ao certo aonde está indo. Tem de prestar atenção para não tropeçar, nem se perder, e isso pode ser cansativo.

Na próxima vez que atravessar essa floresta, porém, ela lhe será mais familiar. Você tomará a rota mais fácil repetidas vezes até criar um caminho bem trilhado e estimado. Seus neurônios forjam caminhos como esses a que você se apega porque eles são mais fáceis e demandam bem menos energia para serem percorridos do que caminhos novos. Quanto mais você faz alguma coisa, mais essa coisa se torna um hábito. A desvantagem é que às vezes o inesperado acontece, e você não pode continuar no piloto automático. Quando as coisas mudam, você tem de mudar também. Mas isso é muito mais difícil para algumas pessoas do que para outras.

Quando ocorre uma mudança repentina em nossas vidas, precisamos empregar toda a flexibilidade do nosso pensamento para lidar com ela. A flexibilidade cognitiva se dá no lobo frontal do cérebro, que se situa logo acima dos olhos. Essa parte do cérebro sincroniza toda a atividade cerebral de nível superior; é onde acontecem os pensamentos, a tomada de decisões e a resolução de problemas.

Ser flexível, capaz de se adaptar e capaz de alterar o pensamento é uma habilidade de alto nível. O cérebro interpreta a mudança súbita como uma advertência e coloca nosso corpo em modo de defesa. O processo se desenvolveu para alertar humanos contra tigres-dentes-de-sabre, mas agora entra em funcionamento quando os nossos computadores travam... ou quando o *layout* do supermercado muda.

Para pessoas neurotípicas, mudar seus pensamentos é algo corriqueiro, natural. No caso de muitas pessoas autistas, porém, o pensamento rígido ou repetitivo é um componente do sistema nervoso. Para o modo como uma pessoa autista se movimenta no mundo, a necessidade de regularidade é fundamental — o que torna ainda mais difícil a adaptação à mudança.

Pessoas autistas podem ser extremamente sensíveis quando se deparam com mudanças em seu ambiente, estrutura ou rotina. Pode ser difícil para os autistas ter de lidar com situações novas, com o desconhecido ou com o fator surpresa.

*

Quando Emily e eu entramos no supermercado naquela tarde, *tudo* estava diferente. O supermercado havia passado por uma remodelação, e todos os corredores tinham sido mudados de lugar. Nada ali fazia sentido. Não fazia para mim, e sem dúvidas não fazia para Emily.

O *meltdown*[1] da menina começou antes mesmo de chegarmos ao primeiro corredor. Emily demonstrou seu descontentamento rangendo os dentes; era o primeiro sinal de advertência para o que estava por vir.

"Eu sei, eu sei, está tudo errado", eu disse a Emily. A fim de distraí-la e evitar que se angustiasse, dei a ela uma fotografia de fraldas. Mas então eu me dei conta de que *eu* não sabia onde estavam as fraldas. Em que corredor elas estariam agora?

Isso deveria ter sido tão simples: encontrar as fraldas e cair fora. Mas o *layout* do estabelecimento estava todo confuso. Onde estava o primeiro corredor, aquele que começava com uma delicatéssen e terminava com vegetais? E o segundo corredor, com pães, cereais, chá, café, leite longa vida e massas? O primeiro corredor agora tinha uma padaria e alimentos naturais, e havia espaços totalmente abertos no meio do estabelecimento.

Mas isso não era tudo. Quando eu olhei para as placas de orientação que ficavam penduradas no alto, na extremidade de cada corredor, percebi que elas

---

[1] *Meltdown* ocorre em autistas por causa da sobrecarga sensorial ou outras situações de estresse extremo que acarretam a perda de controle emocional temporário. Pode levar a uma crise de choro, movimentos repetitivos ou necessidade de isolamento.

ainda não haviam sido mudadas. A placa sobre o que era agora o corredor do arroz tinha os dizeres VEGETAIS ENLATADOS, e a placa na qual se lia SALGADINHOS E CHOCOLATE estava sobre um corredor cheio de cereais. Portanto, os indicadores visuais também não seriam muito úteis naquele momento.

"Vamos lá, Em", eu disse. "Vamos só pegar as fraldas."

Mas Emily não queria conversa. Em questão de segundos, as suas emoções foram de zero a cem, como uma Ferrari. Seu ranger de dentes se transformou em guinchos agudos e breves, e num piscar de olhos ela se virou e correu. Emily me comunicou que tudo estava errado no supermercado fugindo velozmente como uma gazela assustada, rápida e ágil. Eu comecei a persegui-la.

E então me dei conta de que não conseguia encontrá-la. Não conseguia encontrar Emily.

As fraldas deixaram de existir, bem como as prateleiras, as pessoas, as latas e as caixas. Agora eu tinha somente um objetivo: *encontrar Emily*.

Após alguns momentos de ansiedade, com o coração martelando no peito, eu a ouvi. Emily estava puxando coisas das prateleiras e jogando-as no chão. E estava gritando. Berrando. Quando a alcancei, ela não me deu ouvidos. Ela já não conseguia se acalmar nem acreditar que eu não fazia parte daquela mudança. Ela gritava e batia nos braços e nas pernas. Fiquei colada a ela, tentando evitar que ela arrancasse mercadorias das prateleiras, mas as pessoas estavam se aglomerando ali, e Emily não se acalmava. Todos paravam para olhar, e eu só queria protegê-la. Então eu a peguei no colo.

Eu sabia que não era a coisa certa a se fazer. Pessoas em meio a um *meltdown* podem não reagir bem quando alguém põe as mãos nelas. Isso pode deixá-las ainda mais agitadas e descontroladas, e geralmente só piora a situação. Sabia que corria esse risco com Emily; sabia que pegá-la no colo era um erro, mas mesmo assim fiz isso, porque nós precisávamos sair dali. Não era mais um local seguro para nenhuma de nós duas.

Emily se debatia, chutava e berrava a plenos pulmões. Eu me odiei por fazer isso com ela. Ela continuou lutando enquanto eu a tirava do supermercado e a levava para o estacionamento. Finalmente consegui chegar com ela até o carro, mas agora precisava colocá-la na cadeirinha. Eu *tinha* que fazer isso, porque afinal era a lei, e eu precisava levá-la para casa.

Mas Emily estava em modo de sobrevivência. Ela golpeava com braços e pernas em todas as direções e arqueava as costas, empurrando a mim e a tudo o que estivesse em seu caminho. Eu não conseguia colocá-la na cadeira infantil, por mais que tentasse; porque *ela* não podia me deixar fazê-lo. Emily balançou os braços e me estapeou no rosto. Acertou-me com força no alto do nariz. Agora havia lágrimas em meus olhos por várias razões.

"*Aprenda a controlar a sua filha!*", uma mulher gritou enquanto se dirigia ao supermercado.

Como? "*Aprenda a controlar a sua filha*"?

A resposta que dei em pensamento: *Foda-se.*

Foda-se você e a sua crença pedante de que as crianças devem ser vistas e não ouvidas. Foda-se que você pense que um ser humano deva ser controlado. Foda-se que você associe educação dos filhos com controle. Foda-se você e o seu julgamento. Foda-se que você veja outra mulher em dificuldade e não seja capaz de lhe dar alguma ajuda. Foda-se que você não ajude em nada. Foda-se, foda-se, foda-se!

"Ela é autista!" foi a resposta que saiu da minha boca. "Compreenda, por favor!", eu disse, elevando a voz quase num grito.

Fiquei arrasada por sentir necessidade de explicar o comportamento de Emily a uma completa estranha, ainda mais uma estranha destituída de empatia e compreensão. Ninguém deveria ter de se desculpar pelo comportamento autista — na verdade, aquela estranha é que deveria ter pedido desculpa *a nós*.

Sentei-me na beirada do banco traseiro, com as pernas penduradas para fora do carro, e parei de tentar prender Emily ao assento infantil. Parei de pensar que precisava aliviar sua aflição. Parei de tentar tranquilizá-la e de tentar ajustar seu comportamento às expectativas de outros sobre o que era "correto" para uma criança. Eu simplesmente fiquei sentada.

Aos poucos, os gritos de Emily foram substituídos por um choro, e depois por gemidos. Sentada ali, eu tinha total consciência de que, enquanto havia passado por essa situação uma vez, a mãe da garota devia ter passado por isso várias vezes — e lidando ao mesmo tempo com outras duas crianças. Leslie deve ter sido julgada por estranhos; pessoas devem ter parado para olhar para ela e sua família e fazer suposições sobre a sua aptidão como mãe. Sem dúvida Leslie sentiu necessidade, inúmeras vezes, de "explicar" as diferenças das suas filhas. É de partir o coração pensar que ela teve de fazer isso. É de partir o coração pensar que talvez ninguém tenha estendido a mão para ajudá-la.

Naquele momento, fiz uma promessa a mim mesma: sempre que visse uma pessoa enfrentando dificuldades para lidar com uma criança, eu ofereceria ajuda ou uma palavra de incentivo. Todos nós precisamos de um pouco de ajuda algumas vezes. Todos precisamos de um pouco de gentileza.

Então pensei na estranha que me chamara a atenção. Ela logo experimentaria a frustração de se deparar com o supermercado mudado. Ela não sofreria tanto quanto Emily, mas também ficaria aborrecida.

Reagimos de modos diferentes ao que é inesperado e imprevisto, mas isso é difícil para a maioria das pessoas. Alguns se adaptarão com rapidez, outros terão dificuldade; alguns ficarão com raiva e algumas pessoas reagirão com pânico e confusão. Da próxima vez que você vir alguém tendo uma reação emocional a uma mudança súbita, seja paciente e compreenda que é apenas o cérebro da pessoa dizendo "Por que as coisas não podem continuar sendo simples?".

2

A tigela de Eric

Eric se vestia como um idoso, embora estivesse na casa dos trinta anos. Ele adorava usar sandálias de velcro com meias e colete sobre camisetas de algodão sem estampa. Tinha uma gama de bermudas cargo e enchia os seus bolsos com itens úteis, o que significava que ele andava sempre com um lenço ou um toco de lápis. Eric tinha muitas coisas favoritas, entre elas sua escova de dentes de cabeça retangular (ele não tinha tempo para escovas de cabeça com formato triangular), a sua toalha favorita (uma toalha de banho com o tamanho exato de 140 por 68 centímetros) e a sua tigela favorita.

E a tigela de Eric estava quebrada.

Quando conheci Eric, ele morava em uma residência com quatro colegas, todos com deficiência intelectual. Na época, eu fazia parte de uma equipe multidisciplinar de fonoaudiólogos, terapeutas ocupacionais, psicólogos e educadores especializados em autismo, e nós fornecíamos apoio e educação à comunidade em geral. Certo dia, recebi um confuso telefonema de um membro da equipe que estava com Eric em sua casa.

"A tigela dele está quebrada", disse o prestador de serviços para pessoas com deficiência. "Mas eu não entendo qual é o problema. Há muitas outras tigelas na casa."

Mas não havia outras tigelas "favoritas", e Eric não estava nada contente com isso. Ele gritava, xingava e jurava que nunca mais tomaria o desjejum de novo. E ele não comeu — por semanas a fio.

Talvez isso não pareça nada de mais; afinal, muitos de nós pulamos a primeira refeição do dia, e Eric ainda almoçava e jantava. Ocorre que ele precisava tomar uma medicação anticonvulsivante junto com comida logo pela manhã. Eric tinha epilepsia, e deixar de tomar esse medicamento colocava-o em grande risco de ter uma convulsão tônico-clônica (ataque epilético). Para Eric, sua tigela favorita e essas pílulas eram inseparáveis como parte do mesmo sistema de desjejum. E agora que o sistema havia entrado em colapso, Eric corria o risco de colapsar junto com ele.

*

Todos nós temos as nossas coisas favoritas. Algumas pessoas gostam de beber chá numa xícara grossa, outras numa xícara chinesa com borda fina e delicada. Há quem goste de toalhas ásperas; já outros preferem toalhas macias, aconchegantes. Alguns preferem taças de vinho sem pé, e para outros o pé é a parte mais importante na experiência de beber vinho. Temos nossas coisas favoritas, mas na maioria das vezes não nos perguntamos por quê. Com uma pequena autoanálise nós podemos descobrir que adoramos certos objetos porque eles se tornaram parte do nosso sistema.

Todos nós criamos sistemas, seja o modo como organizamos nossas casas, ou como realizamos tarefas específicas; e de certa forma os nossos sistemas, em sua maioria, podem ser um tanto parecidos. É por isso que você normalmente pode transitar pela casa de outra pessoa — por causa das semelhanças na maneira como as pessoas organizam o espaço (é quase uma regra subentendida que a gaveta de cima é para talheres, a segunda para utensílios, a terceira para papel de alumínio e a de baixo para panos de prato.) Mas muitos sistemas são diferentes. Pode ser uma maneira específica de organizar o armário de roupas de cama — algumas pessoas dobram suas toalhas e lençóis, enquanto outras as enrolam. As pessoas podem pendurar roupas no varal ou no cabide de maneiras diferentes; algumas fixam roupas semelhantes na mesma fileira — roupas de baixo dispostas juntas e meias penduradas em pares —, enquanto outras organizam por cor ou por membro da família. Até mesmo as tarefas mais triviais do dia têm um sistema, como o modo de preparar uma xícara de chá: água, um saquinho de chá e depois leite? Ou leite, água e depois um saquinho de chá? (Essa questão gera debates acalorados em países da Comunidade Britânica.)

Os sistemas são a base das rotinas, um tipo de manual de procedimento para seguir durante a realização de atividades ou tarefas. Às vezes pode ser difícil explicar por que estabelecemos tais sistemas. Podem vir dos nossos pais ou do modo como aprendemos a fazer as coisas na infância. Talvez você prefira um sistema por motivos práticos, e não por motivos estéticos; por exemplo, deixar os pratos secarem no escorredor em vez de secá-los manualmente e guardá-los de imediato. Ou talvez você prefira abrir mão da comodidade em nome do visual e da sensação — quantos travesseiros há em sua cama neste momento, e como eles foram dispostos? Quando você encontra um sistema específico que o deixa satisfeito, o seu cérebro se agarra a ele.

Você já morou com alguém e teve um conflito de sistemas? Isso acontece! Não seria muito mais fácil se todos compartilhassem os mesmos sistemas — se o seu companheiro de casa lavasse a louça do modo como você gostaria que fosse lavada, ou se o seu parceiro arrumasse a cama do modo como você gostaria que fosse arrumada? Quando as pessoas fazem as coisas do "seu" jeito, você continua calmo e relaxado — tudo está no seu devido lugar. Mas se alguém interrompe o seu processo ou muda o seu método, você pode se irritar.

Eu tenho um sistema para vegetais. Quando cozinho, gosto dos vegetais cortados em determinados formatos, larguras e comprimentos. Cenouras que serão preparadas numa panela wok são cortadas em tiras finas, e as que serão colocadas numa caçarola são cortadas em rodelas. Tenho esse sistema porque quero que as coisas ganhem um determinado aspecto quando a refeição está pronta. (Sou o tipo de pessoa que lê um livro de receitas apenas para ver as fotografias.) Meu sistema para preparar vegetais funciona muito bem se eu estou sozinha na cozinha, mas quando alguém me pergunta se quero ajuda para cortar os vegetais meu pulso se acelera e eu fico um pouco ansiosa. Não, eu não quero ninguém na *minha* cozinha usando outro sistema para vegetais que não seja *o meu*! Felizmente eu tenho as habilidades de comunicação necessárias para expressar essa necessidade. Se eu tiver de deixar alguém me ajudar na minha cozinha, demonstrarei exatamente como quero que os vegetais sejam cortados, e poderei até fornecer à pessoa um auxílio visual, cortando eu mesma alguns vegetais a fim de que minhas expectativas sejam atendidas.

Porém, nem todos têm capacidade para comunicar os seus sistemas, por mais importantes que sejam. Algumas pessoas autistas têm grande dificuldade para explicar por que certas coisas precisam ser feitas de determinadas maneiras.

Isso é intensificado pelo fato de que enquanto pessoas neurotípicas gostam de sistemas, algumas pessoas autistas os *adoram*.

Muitas pessoas autistas adoram padrões no seu cotidiano. Um padrão pode ser facilmente seguido porque tem como segredo a repetição — basta perguntar a qualquer tricoteiro ou estofador. Os padrões nos ajudam a compreender uma sequência, são previsíveis e seguem uma lógica. Para algumas pessoas autistas, os sistemas de tarefas diárias geram padrões que podem ser facilmente compreendidos e depois reproduzidos. Isso torna as coisas simples. O desafio surge quando ocorre uma mudança aleatória e o padrão deixa de seguir a sua progressão regular.

Para muitas pessoas neurotípicas, é difícil compreender por que algo tão simples quanto trocar uma tigela de desjejum pode causar tanta ansiedade e angústia, mas sempre existem razões para as pessoas autistas fazerem o que fazem. Se por um momento você parar para pensar por que alguém criou o sistema, será mais que provável que faça total sentido. Talvez você até ache brilhante o processo.

O primeiro passo é não fazer suposições a respeito do que alguém queira ou precise, nem suposições a respeito dos motivos que tornam o sistema tão importante para alguém. E então perguntar por que determinado sistema é tão essencial.

*

"Por que a tigela é tão importante para você?", perguntei ao Eric.

Todas as manhãs, Eric consome no desjejum dois Weet-Bix. São biscoitos finos e retangulares de cereais integrais, de cerca de dez por cinco centímetros. Para a maioria das pessoas, esse é apenas um café da manhã comum. Para Eric, contudo, o café da manhã mais perfeito são dois Weet-Bix com leite e mel.

"Weet-Bix tem um bom valor nutritivo", Eric me disse. Então, ele citou de cabeça todos os ingredientes para reforçar esse fato. Cereais de grãos integrais, como trigo, centeio, sorgo, aveia e arroz; açúcar, "que é bom em pequenas doses", ele me assegurou, junto com trigo tufado, extrato de malte de cevada, coco, sal, mel, óleo vegetal e as vitaminas tiamina, riboflavina, niacina, ferro e vitamina E.

"Há também a terrível possibilidade de que o Weet-Bix fique empapado se não for preparado do jeito certo", ele prosseguiu, "e assim eles viram mingau. E quem vai querer comer comida empapada, e mingau ainda por cima?"

Não havia a menor possibilidade de Eric comer algo empapado. No decorrer dos anos, por meio de tentativa e erro, Eric havia desenvolvido um sistema

Weet-Bix que foi uma façanha de engenharia. Dois biscoitos são colocados lado a lado na tigela. ("Um Weet-Bix não é suficiente", ele me explicou, "e três é demais.") Mas deve haver um espaço entre eles de pelo menos um centímetro. Não deve ser quebrado — ele tem de estar inteiro; duas metades de um Weet-Bix não equivalem a um inteiro.

Uma vez posicionados, a quantidade correta do tipo correto de mel (não cremoso, *jamais* cremoso) é despejada sobre cada Weet-Bix. A colher de chá é usada como medida: uma colher de chá de mel por biscoito.

Acrescenta-se então a quantidade correta de leite (dois terços de uma xícara, medidos com precisão; e sempre leite integral, *nunca* leite desnatado). O leite deve ser vertido diretamente na tigela, ao redor dos dois Weet-Bix e no espaço entre eles (jamais, *jamais* em cima dos Weet-Bix).

Voilà! O leite é absorvido pela parte de baixo dos Weet-Bix, mas não toca a parte de cima nem interfere na consistência do mel. O biscoito absorve só o suficiente para que você não acabe com trigo seco picado grudado no céu da boca, mas a camada superior crocante ainda lhe dá consistência na mastigação. Para Eric, essa era a única maneira de comer Weet-Bix. A maneira correta.

"Mas e a tigela, Eric?"

"Aquela tigela era a tigela *perfeita* para Weet-Bix", Eric disse. Ele me mostrou a tigela quebrada. Quando o utensílio estava inteiro, todas as bordas tinham a mesma altura, projetando-se em ângulos retos a partir da base; assim, o leite era absorvido exatamente na mesma medida. A tigela era grande o suficiente para acomodar os dois Weet-Bix em perfeita simetria com a quantidade rigorosamente certa de espaço entre eles para o leite.

Fazia todo o sentido. Esta tigela, por exemplo, jamais serviria:

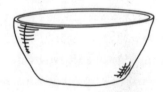

E esta aqui também não:

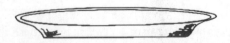

Apenas a tigela de Eric funcionaria. Nós só precisávamos encontrar outra tigela como a de Eric.

Pela internet, demos início a uma busca em todo o mundo pela perfeita substituta da tigela Weet-Bix. Eric e eu mergulhamos em programas de busca e esquadrinhamos todos os sites de cozinha que conseguimos encontrar.

E aí está ela, finalmente: a perfeita tigela Weet-Bix, segunda versão:

Eric ficou eufórico quando a sua nova tigela chegou. Na manhã seguinte, a tigela, a caixa de Weet-Bix, o mel, o leite e as colheres de medida foram rapidamente enfileirados na bancada da cozinha, junto com a medicação dele. Agora que o sistema de Eric estava completo, ele se sentou e comeu com prazer o perfeito e bem-organizado cereal.

Quando você encara o mundo apenas sob a sua própria perspectiva, o sistema de outra pessoa pode fazer pouco — ou nenhum — sentido. Mas quando enxerguei o mundo do ponto de vista de Eric, percebi que a sua insistência em jamais voltar a tomar desjejum sem a sua tigela era totalmente compreensível. Eric e seu perfeito sistema Weet-Bix exigiam apenas a tigela certa.

Portanto, da próxima vez que você beber seu chá na *sua* xícara ou escolher a toalha de que mais gosta (enrolada ou dobrada) no armário, ou apanhar a *sua* taça de vinho favorita e se servir do *seu* vinho preferido, pergunte a si mesmo: "Por que essa peça é minha favorita? Por que eu gosto tanto disso? Isso é parte do meu sistema?".

3

O Homem-Aranha de Sebastian

O mundo de Sebastian girava em torno do Homem-Aranha. Seu quarto estava repleto de coisas do Aranha. Sua colcha e seus travesseiros eram decorados com teias, e suas paredes estavam cobertas de pôsteres do super-herói. Sebastian tinha DVDs, bonecos, gibis e Legos dele. Conhecia todas as personificações do Homem-Aranha dos cinemas — o que era impressionante, já que tinha apenas seis anos. Gostava do Homem-Aranha de Tobey Maguire, Andrew Garfield, Tom Holland e até de Shinji Todo, o Homem-Aranha japonês.

Sebastian era muito determinado, e seu entusiasmo era contagiante. Adorava conversar e era capaz de falar pelos cotovelos, engajando-se numa conversa com qualquer pessoa — desde que essa conversa fosse sobre o Aranha! Sebastian vivia em seu próprio mundo de fantasia do Homem-Aranha, mas nem todos gostavam do super-herói tanto quanto ele. A equipe de funcionários da escola de Sebastian, por exemplo, não fazia parte do fã-clube do Aranha.

Certa manhã, fiz uma visita a essa escola para falar a respeito da melhor maneira de dar apoio a Sebastian. Numa sala de aula com um conjunto colorido de esteiras e almofadas listradas no chão e pinturas infantis de arco-íris, casas deformadas e sóis amarelos nas paredes, a equipe e eu nos sentamos em cadeiras pequeninas com as pernas estendidas para os lados.

"Ele é uma criança encantadora", disse um membro da equipe, "é cheio de energia e animação. Mas nos últimos meses temos enfrentado alguns problemas."

Outro professor me disse que a obsessão de Sebastian pelo Homem-Aranha havia se tornado um "verdadeiro problema". Sebastian não participava de nenhuma atividade que não tivesse relação com o Homem-Aranha. Ele não fazia parte do currículo definido, nem de leitura nem de matemática.

A escola pediu à mãe de Sebastian que mantivesse fora da sala de aula toda a parafernália do Homem-Aranha pertencente ao garoto. Pediram que ele não usasse as suas camisetas do super-herói, não levasse a sua mochila nem sua lancheira e *definitivamente* não deveria trazer para a escola nenhum boneco do Aranha.

"A obsessão do Sebastian tinha de ser barrada, pois estava atrapalhando o seu desenvolvimento", o professor disse.

E isso pode atrapalhar a felicidade dele, eu pensei.

Decidi observar Sebastian na sala de aula para saber como ele estava se saindo sem as suas coisas do Aranha. Ele entrou na sala de aula vestindo jeans e um pequeno casaco de lã. Seu cabelo castanho curto estava repartido para o lado e penteado com água, embora tufos rebeldes despontassem em todos os ângulos na parte de trás. Ele estava mais calado do que eu jamais havia visto. Fez suas folhas de tarefas na mesa, sentou-se no chão com o resto da classe para a hora da história, e comeu a merenda em sua lancheira azul genérica. Mas não estava presente. O tempo todo ele murmurava palavras para si mesmo, e chamava seus colegas de classe de Tia May ou Betty, e seus professores de dr. Ock.

Com o canto do olho fiquei observando como ele passava a sua manhã — e então eu vi! Por debaixo da mesa, Sebastian virou a mão, esticou o braço e encostou dois dedos no meio da palma da mão, e uma teia imaginária foi lançada de seu pulso.

"Quem é você? Qual é o seu nome?", perguntei mais tarde naquele dia.

"Peter", ele disse tranquilamente. "Peter Parker."

*

Não se pode remover um interesse. Pode-se remover tudo o que se relaciona ao interesse, mas isso nunca impediu uma pessoa de pensar nas coisas que ama.

Assim como Peter Parker não podia revelar sua identidade como Homem-Aranha, Sebastian ocultou sua fixação em seu super-herói favorito vestindo roupas civis. Mas isso não removeu dele essa paixão.

Muitas crianças pequenas têm um interesse que as fascina, e cerca de um terço das crianças entre dois e seis anos de idade acabarão em algum momento obsessivamente apegadas a um assunto. Tenho uma sobrinha que achou que fosse uma fada, e ela usou o mesmo vestido de fada noite e dia até os cinco anos de idade. Hordas de crianças observam caminhões de lixo trabalhando na coleta, ou escavadeiras em canteiros de obras. E como a maioria de nós sabe, dinossauros definitivamente não estão extintos na imaginação das crianças.

De modo geral, quando as crianças neurotípicas atingem a idade escolar, o seu fascínio por qualquer área específica perde a força. Quando as crianças desenvolvem relacionamentos com colegas, os seus interesses se expandem, e elas seguem os caminhos dos seus amigos. Eu me lembro de querer um ioiô porque *todos* tinham um, um anel do humor porque *todos* tinham um, e patins porque — você pode adivinhar por quê. Fui crescendo e perdendo o interesse por essas coisas, mas muitas crianças autistas não superam seus interesses especiais tão rápido quanto as crianças neurotípicas ao seu redor.

Quando meu sobrinho era mais jovem, sabia os nomes e os números das camisas de todos os jogadores da nossa Liga Australiana de Futebol. Ele conhecia todas as estatísticas a respeito dos jogadores: "Ele tem cem quilos e um metro e noventa e um de altura", informou-me sobre um determinado jogador, para em seguida me dizer quantos jogos ele havia disputado em sua carreira. Ele era capaz de dizer o nome de cada um dos times que venceram a grande final nos últimos cem anos, bem como a distância média que os jogadores percorriam em um jogo (catorze quilômetros, caso você tenha interesse em saber).

Meu sobrinho tem agora dezesseis anos e ainda sabe muita estatística sobre futebol. E embora ele tenha crescido e se desenvolvido da maneira convencional, e seus interesses tenham se ampliado, continua dedicado ao seu time do coração. Na verdade, minha família inteira torce para o mesmo time, e essa paixão coletiva nos une, pelo menos nos meses de inverno em que tem jogo. É ótimo ter interesses, e melhor ainda quando você pode compartilhar o seu entusiasmo com outras pessoas.

Uma das maiores alegrias de passar trinta anos trabalhando com pessoas neurodivergentes é aprender tanto sobre os seus interesses especiais maravilhosos e variados. Um dos meus clientes pode olhar para um mapa da Austrália e apontar, numa fração de segundo, qualquer cidade, parque nacional, deserto ou rio que você mencionar. Outro cliente meu é capaz de dizer o dia do seu nascimento se você der a ele a idade e o ano. Eu adorava uma mulher que era capaz de citar as (mais de) trezentas raças de cães, contar-me a história de cada uma e me informar seus prós e contras.

Passei algum tempo aprendendo os pormenores de *Star Trek*, *Star Wars*, Pokémon e K-pop; agora conheço um pouco sobre a World Wrestling Federation, os vencedores do Oscar na categoria figurino e Hello Kitty. E os detalhes relacionados ao conhecimento dos meus clientes são sempre espantosos. Anos atrás, mencionei a alguém que ia plantar vegetais no final de semana. Recebi informações detalhadas sobre permacultura — sua história, princípios de planejamento, zonas e plantio complementar. Até hoje eu planto calêndulas com meus tomates e Alyssum com a minha alface. Muitas pessoas neurodivergentes poderiam receber um doutorado pelo vasto conhecimento que detêm em suas áreas temáticas favoritas.

É uma demonstração de pura alegria quando uma pessoa autista fala sobre a sua paixão. Mas para muitas pessoas neurodivergentes não se trata apenas de *querer* falar sobre a sua paixão — elas *precisam* falar sobre essa paixão. É um componente do seu sistema neurológico.

Para pessoas autistas, interesses não são apenas *hobbies*; são fundamentais para seu bem-estar. Essas paixões intensas — algumas vezes chamadas de obsessões ou interesses restritos, definidos ou especiais — são um aspecto central e extremamente comum do autismo. Muitos interesses especiais envolvem reunir fatos, colecionar objetos e catalogá-los em sistemas. Isso estabelece estrutura familiar, ordem e certeza — elementos que o cérebro de um autista adora. Para algumas pessoas, compartilhar interesses com outros proporciona a recompensa extrínseca da interação social, mas para muitas pessoas autistas estudar um interesse especial é intrinsecamente motivador. A recompensa vem do engajamento no interesse propriamente dito.

Jamie, por exemplo, adorava fechaduras. Todos os tipos. Adorava cadeados, fechaduras de maçaneta, com câmera, de aro... qualquer uma. Gostava muito das antigas, e passava horas na internet as comprando. Jamie havia estudado a mecânica dos sistemas de fechadura; comprou um cortador de chave e aprendeu por conta própria a fazer chaves. Tinha uma paixão especial pelas velhas e enferrujadas que não tinham chaves, e passava dias a fio fazendo chaves para que essas fechaduras pudessem ser abertas. Com vinte e um anos de idade, ele era um mestre serralheiro sem um emprego na área; poderia ter sido um profissional em arrombamentos, mas nada que estivesse atrás da porta lhe despertava interesse. Ele estava interessado na própria fechadura.

Essa incrível capacidade de hiperfoco é uma característica do autismo. Pessoas autistas podem se concentrar em uma atividade ou tópico e excluir todo o resto. Algumas dessas pessoas são tão hiperfocadas quando se envolvem com seus interesses que se esquecem de comer, beber e dormir.

Às vezes eu penso que, se tivesse essa capacidade de focar, poderia ter sido uma grande cientista. Quando estava no ensino médio, nos sentávamos em bancos altos de madeira no laboratório de ciências com bicos de Bunsen. Em todas as aulas eu me sentava contra a mesma parede com três colegas sentados à minha direita. Na parede à minha esquerda havia um enorme pôster da tabela periódica dos elementos. Aquele sistema maravilhoso da tabela me fascinava. O pôster me contava uma história sobre todos os elementos e seus elétrons. Falava-me dos átomos e dos prótons em seus núcleos. Os elementos tinham números e nomes abreviados. Alguns desses nomes eram lógicos, como H para hidrogênio; outros nem tanto, como Au para ouro (como australiana, eu sempre me lembrava disso nas Olimpíadas).

Eu adorava aquela tabela periódica. No início de cada aula, olhava para a tabela e tentava com empenho memorizar todas aquelas letras, então associava as letras aos números e os números às cores. Era confuso, mas sublime mesmo assim.

Para mim, porém, humanos sempre atrapalham, e Sam era um desses humanos. A tabela periódica estava à minha esquerda, e Sam ficava à minha direita. Tudo o que separava Sam de mim era um bico de Bunsen.

Eu tinha catorze anos, e Sam me distraía em todas as aulas de ciências. Sam cheirava a suor e desodorante masculino. Ele tinha cabelo loiro-escuro e uma risada sonora e insolente. Ele não sabia da existência da tabela periódica de elementos. E quando me sentava ao lado dele, eu também não tomava conhecimento dela.

Quando Sam estava lá, meu corpo girava e se voltava na direção dele; meu olhar tendia sempre para a direita. Quando Sam dizia o meu nome, eu não conseguia reagir rápido o suficiente. Se ele falasse comigo, eu acenava que sim com a cabeça; acenava *muito*. Quando Sam ria, eu ria. Caso se inclinasse na minha direção, eu me inclinava na dele. E a tabela periódica de elementos à esquerda? Ela não tinha nem chance! Meu cérebro extremamente distraído e socialmente motivado (e os hormônios de adolescente) interferiram no meu futuro como uma química brilhante.

Isso não aconteceu apenas comigo. À medida que crescem, os jovens se interessam cada vez mais por outras pessoas e querem fazer parte da turma. O ensino médio é uma experiência social para todos nós; mas em um mundo onde a interação social é confusa, as pessoas são complexas e os sentidos exacerbados, um interesse especial pode trazer tranquilidade e aliviar o estresse.

Tenho consciência das dificuldades que pessoas neurodivergentes podem encontrar para estabelecer e manter relacionamentos. Eu sei que se conduzir num mundo de matiz social pode ser complicado, e conhecer alguém pela primeira vez pode ser difícil. Também sei que uma pessoa tem a chance de brilhar quando fala sobre seus interesses. Quando conheço um novo cliente e percebo que temos os mesmos interesses, perfeito; quando não temos, eu me asseguro de que as nossas primeiras interações aconteçam em torno da paixão desse cliente, e então busco aprender tanto quanto for possível a respeito do assunto. Falar com as pessoas sobre os seus interesses promove a aproximação, e interesses comuns formam a base para amizades maravilhosas. Sempre faço dos interesses dos meus clientes a base para o nosso relacionamento.

Ethan foi um desses clientes.

*

Ethan se interessava por motocicletas. Antes de nos conhecermos, li o seu formulário de referência, no qual são solicitadas informações a respeito dos interesses dos clientes. O próprio Ethan preencheu o seu formulário, forneceu tantos detalhes de motos que usou todo o espaço das linhas e das margens, e usou até o outro lado do formulário.

Ele chegou para a nossa primeira entrevista vestindo roupa de couro e segurando um capacete. Ethan era uma figura imponente, e encobriu quase todo o batente da porta antes de entrar na sala, mas o seu tamanho não combinava com a brandura do seu andar, nem com toda a reflexão que ele empregou para decidir onde queria sentar-se. Ele falava tão baixo que eu tive problemas para ouvi-lo. E respondia minhas perguntas com monossílabos.

E então ele a viu — viu a revista sobre motocicletas. Antes de Ethan chegar, eu havia saído e comprado um exemplar da *Cycle World*. Eu o tinha colocado na mesa de centro; não em plena vista, mas visível entre as outras revistas.

Ethan pegou a revista, e logo começou a me falar sobre Yamahas, Suzukis, Ducatis, Kawasakis e Harleys. Ele falou cheio de entusiasmo sobre o MotoGP, em que a velocidade máxima registrada foi de 363 quilômetros por hora, e os pneus das motos são aquecidos a 194 graus antes da corrida. Ele citou alguns dos seus heróis: Valentino Rossi, Marc Márquez e Michael Doohan. Então ele fez uma pequena pausa em sua exposição e perguntou:

"Você anda de motocicleta?"

"Só no Sudeste Asiático", respondi. "E tenho uma cicatriz enorme no joelho que consegui numa queda de moto quando tinha dezenove anos!"

Ethan puxou para trás a manga de sua jaqueta de couro e me mostrou uma grande e feia cicatriz que cortava o seu cotovelo. A partir daí a nossa conversa se ampliou. O que havia começado com motocicletas levou a uma sequência de histórias a respeito dos nossos ferimentos e acidentes. Nossas cicatrizes abriram a porta para que falássemos sobre nossas vidas e nosso passado. Quando Ethan se foi naquele dia, disse que me traria algumas revistas para a minha "coleção".

Todos nós sentimos satisfação quando alguém nos pergunta sobre nossos interesses. Nós adoramos compartilhar informações e ter pessoas verdadeiramente dispostas a ouvir o que temos a dizer. Eu adoro a expressão *infodumping*, que ocorre quando alguém dá a você um grande volume de informação a respeito de algo que aprecia muito. Quando alguém está em processo de despejo de informação, eu escuto com atenção e considero quando e onde poderei usar todo esse conhecimento (em conversas de bar, sem dúvida).

Algumas pessoas autistas têm interesses especiais que duram por toda a vida; outras descobrem novos interesses e abandonam os interesses anteriores. Alguns interesses especiais são estimulados não por curiosidade, mas por medo. Conheci uma criança autista que tinha muito medo de tempestades e se tornou especialista em meteorologia; e outra que tinha pavor de aranhas e se tornou aracnologista a fim de compreender e aliviar o seu medo. Como se costuma dizer: "Conhecimento é poder".

Kyle foi uma dessas crianças cujo interesse foi motivado pelo medo. Ele era uma criança séria que lia desde cedo, e lia bastante. Ele adorava livros, televisão e filmes, sobretudo os da Pixar. Kyle se sentava o mais perto da tela de televisão que podia, apagava as luzes e criava o seu próprio assento na primeira fileira do cinema.

Quando Kyle tinha cinco anos de idade, *Procurando Nemo* chegou aos cinemas. Trata-se de um lindo filme com brilhantes cenas subaquáticas e personagens hilários. Enquanto a maioria das crianças assistia ao filme inteiro várias vezes, Kyle assistia a apenas uma cena várias e várias vezes. Com a mão grudada no controle remoto, ele voltava, deixava rodar, voltava, deixava rodar, voltava — mas somente a cena de abertura. No despenhadeiro em que o recife de coral desaparece no oceano profundo, Marlin (pai de Nemo) é atacado e acaba nocauteado, e Coral (mãe de Nemo) e todos os seus ovos de peixes-palhaço — exceto o ovo de onde Nemo sai — são devorados por uma barracuda de presas afiadas. É o primeiro momento do filme, e para Kyle foi traumatizante.

Essa cena deixou Kyle paralisado e aterrorizado. Ele passou a falar sem parar de barracudas, e fazia muitas perguntas sobre elas. Ele desenhava e pintava barracudas, e lia a respeito delas. Essa fixação poderia ter enlouquecido algumas pessoas — é limitada a quantidade de fatos sobre barracudas que alguém pode obter —, mas os pais de Kyle aceitaram isso com prazer e ajudaram a moldar o seu futuro. Eles ampliaram o interesse do filho comprando-lhe livros sobre predadores do oceano e fazendo-lhe perguntas sobre tubarões, moreias, orcas e peixe-leões. Deram a ele um ingresso para o aquário em seu aniversário, o que intensificou o seu fascínio pela vida marinha como um todo.

Kyle jamais perdeu o interesse. Na adolescência, ele conseguiu um emprego no aquário e depois foi estudar biologia marinha na universidade. Hoje em dia ele está pesquisando o plâncton, "a base de todos os ecossistemas marinhos e o responsável pela nossa sobrevivência como humanos", ele me disse. Não tenho dúvida de que com suas pesquisas Kyle descobrirá um modo de salvar os oceanos e o ar que respiramos. Obrigada, Nemo.

Nem todos os interesses especiais são tão maravilhosos quanto a vida marinha. Às vezes as pessoas autistas se prendem a interesses que podem ser prejudiciais ou até ilegais, e então precisam de apoio a fim de se voltarem para interesses mais seguros. Porém, a maioria dos interesses das pessoas autistas é encantador e engraçado, além de reforçar sua saúde mental; e, como aconteceu com Kyle, podem abrir caminho para profissões fascinantes.

Todos nós desejamos ingressar em atividades que nos encham de entusiasmo. Ter amplo conhecimento não é paixão; paixão é um sentimento. Ela nos dá propósito. Enche-nos de alegria e dá significado a nossas vidas. Quando estamos apaixonados *por alguma coisa*, somos mais felizes.

*

Sebastian fez tudo o que precisava ser feito em suas folhas de exercícios, pintou nas entrelinhas e sentou-se com seus colegas na esteira brilhante; mas agora ele era uma sombra do que costumava ser. Ele se movimentava sem demonstrar nenhum entusiasmo ou ânimo. Já não era mais um garotinho tagarela e cheio de energia, mas apenas alguém que falava sozinho, murmurando baixinho. Já não tinha mais nenhuma animação ou energia. Agora era uma criança triste. Sebastian estava perdendo o amor da sua vida — ele estava perdendo o Aranha.

Ver esse garotinho tão cheio de empolgação desligar-se assim comoveu de tal maneira a equipe de ensino que decidiram que era hora do retorno do Homem-Aranha.

Os professores de Sebastian ajustaram o currículo para ele e introduziram o Aranha em seu aprendizado. Em matemática ele contava teias de aranha, aprendeu a escrever e a ler palavras com temas sobre o Homem-Aranha e fazia apresentações para os colegas mostrando fatos sobre as aranhas. Ele era enviado em "missões" para ajudar a arrumar brinquedos, apontar lápis, lavar os pincéis e molhar as plantas. Ele esbanjava energia.

"Nós demos um passo além", os professores me disseram mais tarde naquele ano. "Com grandes poderes vêm grandes responsabilidades" tornou-se o lema da classe.

4

A cama de Heidi

Heidi estava completamente só no mundo. Ela havia se mudado do Canadá para a Austrália e estava longe de sua família. Trabalhava num grande armazém de distribuição, mas não tinha amigos no trabalho e não se relacionava com pessoas fora do ambiente de trabalho. Heidi usava óculos grandes demais para o seu rosto, por isso não parava de empurrá-los no nariz. E o único detalhe de cor que ela já usara na vida vinha de um conjunto de lenços de seda que ela enrolava em torno do seu uniforme preto. Inverno, verão, primavera, outono — sempre preto.

Houve uma crise no setor de locação de imóveis na área onde Heidi morava, e quando venceu o prazo de permanência no apartamento que ela havia chamado de lar por três anos, teve de encontrar um novo lugar... em dois dias. Sua procura se complicou porque ela precisava morar sozinha. Heidi se recusava a morar com outras pessoas. Tentou fazer isso antes, mas a experiência terminou em discussões e lágrimas. Ela buscava um lugar para uma só pessoa onde pudesse se refugiar do mundo caótico; mas até encontrar esse lugar, Heidi precisava de um lugar para ficar, e precisava rápido.

"De jeito nenhum eu dormiria na cama de um hotel", Heidi me disse. "Prefiro dormir no meu carro do que dormir nisso!"

"Ora, Heidi. Tudo vai estar bem limpo. Os lençóis são trocados todos os dias. Você não precisa se preocupar."

"Não é isso", ela respondeu. "Eu nunca conseguiria dormir pensando em todas as pessoas ruins que devem ter dormido na cama, ou nas coisas ruins que possam ter acontecido com ela. Eu ficaria triste demais pela cama e pelo que ela provavelmente sentiu."

Sentiu? O que está querendo dizer, que a cama tem sentimentos?

*

A família do meu irmão é como os Weasley em Harry Potter. Sua casa é cheia de risos e de amor, mas é ligeiramente caótica e tudo é usado por todos. Você pode praticamente ter certeza de que qualquer toalha no banheiro passou pelo rosto e pelo traseiro de muita gente ali. O único banheiro que todos eles compartilham (e onde também fica a máquina de lavar roupa) tem um copo na pia com mais escovas de dente do que moradores na casa.

"Qual é a sua escova de dentes?", perguntei certa vez à minha sobrinha, quando ficamos lado a lado para escovar os dentes.

"Sei lá. Eu pego uma e pronto", ela disse, enfiando na boca uma escova de dentes com cerdas curvadas. Esse comentário reviraria o estômago de qualquer dentista.

Todos nós temos objetos que acreditamos que deveriam ser nossos e de mais ninguém. Em todas as escolas e organizações em que já trabalhei, você trazia a sua própria caneca de café para diferenciá-la das canecas de uso comum. Nesses lugares os armários ficavam cheios de copos para visitantes, e muitas pessoas se incomodavam um pouco quando viam as "suas" canecas (com os dizeres MELHOR MÃE DO MUNDO ou TRABALHAR SEM CAFÉ É DORMIR) sendo usadas por um estranho qualquer. As pessoas nem sempre são boas em compartilhar o que lhes pertence, mas também não gostam nada de compartilhar coisas que pertencem a todos.

Um amigo e eu recentemente fomos a um café movimentado. Escolhemos uma mesa que havia acabado de ser desocupada; mais que depressa eu me sentei numa das cadeiras, mas o meu amigo demorou mais alguns instantes para se sentar porque trocou sua cadeira por outra de uma mesa ao lado da nossa — uma cadeira que não estava sendo ocupada por ninguém.

"O que você está fazendo?", perguntei.

"Não dá pra sentar numa cadeira morna", ele respondeu. "Odeio a ideia de que o traseiro de outra pessoa esteve na cadeira em que vou colocar o meu traseiro. Uma cadeira fria é sempre melhor."

Isso não é incomum. Tenho diversos clientes que vão ao meu escritório e se recusam a usar uma cadeira da qual uma outra pessoa acabou de sair. "O calor da bunda de outra pessoa! Que nojo!", um cliente me disse certa vez com convicção.

As coisas ficam ainda piores quando se trata de banheiros públicos. Assentos de privada (sobretudo em banheiros públicos) são evitados por muitos, e algumas pessoas fazem qualquer coisa para não terem de se sentar onde o traseiro nu de outra pessoa esteve. Mai, uma germofóbica genuína, recusava-se a beber líquidos durante o dia e "segurava" quando sentia vontade de se aliviar, evitando assim usar qualquer banheiro que não fosse o seu próprio.

"Mesmo quando estou na minha casa, se entro no banheiro logo depois que alguém acabou de usá-lo eu não arrisco", já me disseram. "Por nada nesse mundo eu me sentaria nesse assento de privada."

Humanos são esquisitos. Alguns odeiam mergulhar duas vezes um petisco no molho; outros nem hesitam em morder o petisco e enfiá-lo de volta no molho. Algumas pessoas pulam dentro de uma banheira de hidromassagem sem pensar duas vezes; outras veem essas banheiras como sopa de pedaços de pele humana. Algumas pessoas dormem sem problemas em lençóis e travesseiros que foram usados por muita gente, enquanto outras imaginam uma cena de crime empapada de suor e fluidos corporais.

(O gerente de um hotel onde costumo ficar me disse que os colchões são trocados de cinco em cinco anos, no máximo de sete em sete anos, e que durante esse tempo podem dormir num mesmo colchão até duas mil pessoas. Essa mistura de células humanas faz a felicidade dos ácaros!)

Pensar que alguma outra pessoa já usou o que você está usando agora pode ser perturbador, ou pode ter o efeito oposto — algumas pessoas desenvolvem profundo apego emocional a objetos especificamente porque eles são de segunda mão.

Eu uso o anel de casamento da minha avó e adoro isso. Quando ganhei o anel dela depois da sua morte, ele era tão fino que havia se quebrado, pois ela o usou todos os dias por mais de sessenta anos. Esse anel me traz recordações dela — seu calor e seus carinhos, biscoitos de gengibre e caramelos.

Eu aposto que você pode pensar em um objeto de valor sentimental que tem um significado especial para você. Objetos desse tipo podem não valer muito dinheiro, mas as lembranças que eles trazem e as histórias que contam não têm preço. As pessoas guardam a louça antiga, cartas e cartões de aniversário, as faixas que ganham no terceiro ano, e os sax tenor que não tocam desde os doze anos de idade.

Eu me afeiçoei ao anel da minha avó, mas jamais me ocorreu um pensamento do tipo: *Como o anel da minha avó se sentiria se eu não o usasse?*

Objetos são apenas objetos — exceto quando não são. Qualquer criança dirá a você que os seus brinquedos são mais do que simples coisas. Todas as crianças espalhadas pelo mundo têm algum vínculo com os seus brinquedos. O quarto do meu sobrinho de seis anos de idade parece a cena do filme *E.T.* quando ele se esconde entre vários brinquedos de pelúcia. Minha vizinha também tem pelúcias aos montes, embora eles não fiquem empilhados — ficam enfileirados e de frente para o quarto, "para que possam ver o que está acontecendo", ela me disse.

"Às vezes, quando eu vou para a escola", essa minha vizinha me contou, "deixo alguns deles olhando para fora da janela, para que possam me ver chegando em casa." Cada um dos brinquedos dela tem um nome, e cada um tem a sua própria personalidade. Há dois que são seus favoritos, e eles têm um lugar especial em sua cama. "Mas eu brinco com todos eles", ela garantiu. "Eu jamais deixaria que algum deles se sentisse excluído."

As crianças acham que seus brinquedos estão vivos. Os filmes da série *Toy Story* são criados com base nessa ideia. Os brinquedos têm sentimentos e precisam de cuidados. As crianças irão chorar se os seus brinquedos forem feridos, ou pedirão curativos para os brinquedos se eles caírem. Muitas crianças passam por momentos difíceis quando precisam jogar fora os seus brinquedos velhos, temendo que eles se sintam abandonados ou desprezados. Essa é uma parte natural do desenvolvimento emocional e social. Isso ajuda as crianças a imaginarem os sentimentos de outros e a aprenderem a responder a uma ampla variedade de emoções e situações.

Minha filha tinha um sapo que ela ganhou quando era recém-nascida. Ela dormiu com esse sapo todos os dias em sua infância e o carregava consigo para onde quer que fosse. Ela adormecia arranhando a pelúcia verde do sapo até que lenta mas seguramente a pelúcia caísse em tufos. Meu pai estava perdendo cabelo na época, e a minha filha chamava a sua cabeça calva de seu "canteiro de amor"; ela acreditava que minha mãe arranhava o cabelo do meu pai com tanto amor que o fazia cair.

Com o passar do tempo, a maioria de nós deixa de pensar que nossos brinquedos são reais; para um grande número de autistas adultos, porém, brinquedos e outros objetos permanecem "vivos" e continuam a ter sentimentos. Objetos podem ter gênero e personalidade, e podem ser considerados amigos ou família. Dá-se a isso o nome de personificação de objetos: dar características humanas a coisas que não são humanas.

"Isso pode ser debilitante", Sadie me disse durante uma consulta. "Eu me preocupo o tempo todo. Eu me preocupo pela manhã, quando preparo uma xícara de chá. Qual saquinho de chá eu devo tirar da caixa? E se eu pegar o errado? E se esse saquinho de chá quiser passar mais tempo com os outros e não estiver pronto para ser usado? E pegar um saquinho que esteja com seu cordão entrelaçado com o cordão de outro saquinho... nem pensar! Eu nunca separaria esses saquinhos de chá."

Ela usa todas as xícaras alternadamente para que nenhuma se sinta desprezada, e reempilha os pratos para que nenhum fique sempre em último debaixo dos outros. Quando está fazendo compras, e há apenas dois itens numa prateleira, ela compra os dois mesmo que só precise de um, porque não quer que o outro fique sozinho.

"E odeio quando alguém me diz que perdeu algo!" (Por pouco não digo a ela que no mês passado perdi dois pares de óculos e a minha carteira.) "Quando alguém perde alguma coisa eu não esqueço, e na próxima vez que vejo a pessoa eu pergunto se ela já encontrou o que havia perdido, mesmo que se tenham passado meses. Não consigo parar de pensar que o objeto possa estar se sentindo perdido, com medo, e que nunca seja encontrado."

*

Depois que Heidi me falou de sua preocupação quanto aos sentimentos das camas de hotel, ela acrescentou:

"Acontece exatamente a mesma coisa com as máquinas de lavar roupa numa lavanderia compartilhada. Imagine os milhares de peças de roupa de centenas de pessoas que a máquina tem de limpar. Com todo esse trabalho que têm de fazer, essas máquinas devem estar exaustas, e ninguém liga. Eu nunca faria essas máquinas sofrerem mais do que já sofrem."

Na mente de Heidi, camas de hotel e máquinas de lavar sofrem abuso! E quando penso nisso, também me sinto um pouco triste.

"E se você tratar bem a cama, Heidi? Se demonstrar compaixão por ela?" Eu mal podia acreditar que essas palavras haviam saído da minha boca, porém eu sabia que para Heidi era essencial demonstrar gentileza para com os móveis de um quarto.

Assim, Heidi e eu desenvolvemos um plano e elaboramos uma lista de coisas que ela teria de comprar para poder ficar num hotel. Um sobrecolchão novo que ninguém mais tenha usado (ou ferido) para ser colocado em cima do colchão do hotel. Novos lençóis e fronhas de cores vibrantes e ensolaradas. Uma vela aromática para encher o ar com o cheiro tranquilizador e repousante da alfazema. Heidi trataria a cama com respeito e gentileza.

Heidi enviou-me uma mensagem de texto no dia seguinte: "Eu fiquei", o texto dizia.

Eu sorri. Quando abaixei o celular, vi um vaso de planta com o canto do olho.

"Ah, pobrezinha", eu disse em voz alta. "Está morrendo de sede."

5

O relógio de Elliot

Elliot e sua mãe entraram apressados na sala. Estavam descontentes um com o outro, e esse sentimento irradiava de ambos. Elliot, com dezessete anos, usava um terno que não lhe servia muito bem. Sua jaqueta dançava em seus ombros magros, e suas enormes mãos se projetavam muito além do comprimento das mangas. Elliot sempre vestia terno e tinha uma coleção de paletós usados: paletós esporte fino, listrados e de abotoamento simples. Ele cuidava da aparência, ao contrário da mãe. Ela era desleixada; seu cabelo estava desgrenhado, e sua camisa trazia manchas do café da manhã.

Eles começaram a se consultar comigo para que ela pudesse compreender melhor o recente diagnóstico de autismo do filho. Não raro, porém, eu passava a consulta deles tentando explicar as diferenças entre os pontos de vista de ambos em vez de falar dos seus sistemas neurológicos.

"Hoje nós não estamos nos falando, não mesmo." A mãe de Elliot se sentou, sem esconder a sua irritação. "Elliot gritou comigo e me xingou, dizendo que nós íamos nos atrasar. Mas eu sabia muito bem a que horas seria a consulta."

A frustração de Elliot era bastante evidente:

"Eu odeio me atrasar", ele repreendeu a mãe. "Você disse uma hora, mas nós não saímos à uma hora. Você estava atrasada. Está sempre atrasada."

"Mas eu disse a você que nós sairíamos *em torno* de uma da tarde", a mãe dele respondeu. "Você perguntava o tempo todo e eu sempre respondia a mesma coisa."

O *tempo* todo. Eu ouvi essa palavra, e isso soou como o som impactante do meu alarme às seis da manhã. Einstein sabia que o tempo é relativo — mas o resto de nós também sabe?

*

O tempo é enigmático. É difícil compreender quanto tempo a luz das estrelas leva para chegar à Terra, ou compreender que a menor medida de tempo é o "Tempo de Planck" — são necessários trilhões de tempos de Planck para uma piscada! Não é definitivamente insólito e maravilhoso?

Cada um de nós percebe o mundo de uma maneira diferente. Cada um de nós tem diferentes percepções de cor, sabor, tato, som. O mesmo acontece com o tempo; os indivíduos percebem o tempo de maneiras diferentes.

Alguns membros da minha família consultam o relógio, enquanto outros não fazem ideia de que os minutos estão correndo. Eu me incluo no segundo grupo. Tenho de admitir que estou sempre atrasada. Não quero estar, e luto contra isso à medida que envelheço; mas é um elemento da minha personalidade. Já perdi ônibus, já tive meu nome chamado por alto-falantes de aeroportos internacionais, já cheguei a cerimônias de casamento quando estavam quase no final. Eu me atraso para o dentista, para jantares, para aulas de ioga. (Estranhamente eu nunca me atraso para o cinema, pois perder o começo de um filme me causa grande irritação.) Isso é exasperador para todos os que me cercam. Tenho certeza de que me dizem que compromissos são marcados meia hora antes de acontecerem de fato só para que eu chegue na hora certa.

Mas eu jamais me atraso de propósito. Como Marilyn Monroe disse: "Eu tentei mudar meu modo de ser, mas as coisas que me fazem chegar atrasada são fortes demais e agradáveis demais". Meu motivo de atraso mais forte e mais agradável são as pessoas. Adoro uma conversa, e viver numa cidade pequena significa encontrar muita gente que eu conheço pelo caminho enquanto vou de um lugar para o outro.

"Só três pessoas, mamãe", a minha filha costumava me dizer quando nós saíamos de casa juntas. Essa era a regra dela. Uma visita rápida às lojas para fazer algumas compras se transformava em uma saída de horas, pois eu sempre precisava conversar com todas as pessoas que encontrava. A minha filha passava a andar mais devagar, suspirava e me olhava feio sempre que as palavras "Ei, olá!"

saíam da minha boca. As pessoas me fazem atrasar para compromissos, mas eu realmente respeito as pessoas que tenho a intenção de encontrar!

A pontualidade é considerada um sinal de que você tem consciência da necessidade das outras pessoas, e atrasar-se é visto como sinal de desrespeito. Mas talvez as pessoas que se atrasam não sejam desrespeitosas; talvez elas sejam simplesmente otimistas demais. Muitas vezes o atraso é na verdade excesso de confiança em relação ao que pode ser encaixado numa quantidade curta de tempo. Essas pessoas acreditam que em quinze minutos podem tomar banho, vestir-se, arrumar as malas e dirigir por quarenta quilômetros. É para essas pessoas que o teletransporte tem de ser inventado.

Por mais estranho que pareça, perfeccionistas também podem estar sempre atrasados. Todos conhecem aquela pessoa que é incapaz de sair de casa antes de esvaziar a máquina de lavar louças ou de colocar as roupas na máquina de lavar. No geral, esse tipo de pessoa odeia se atrasar, mas o impulso de deixar tudo "no lugar" antes de sair de casa dificulta as coisas.

A fim de combater isso, algumas pessoas tentam organizar ao máximo o seu tempo, e planejam seus dias desde o momento em que acordam até o momento em que vão dormir. Administrar o tempo é uma habilidade, e as pessoas que a dominam costumam ter ótimas técnicas para estarem no lugar certo na hora certa. Elas podem adiantar seus relógios em dez minutos e viver em um "tempo irreal"; suas agendas e calendários podem ter código de cores; elas podem programar alertas e lembretes em seus celulares; podem acordar meia hora mais cedo a fim de terem mais tempo para lidar com eventuais contratempos.

Meu avô estava sempre adiantado com relação ao tempo, e muito adiantado. Quando viajava para visitar os meus pais, ele chegava à estação de trem duas horas antes do seu horário de partida. Ele passou a vida controlando o tempo, e acreditava que o tempo (e os trens) não param para ninguém. Para não correr o risco de perder o trem, ele preferia esperar sentado na estação durante horas antes do apito de partida soar. Eu tenho o relógio dele; mas, para desgosto dos meus amigos pontuais, eu não o uso nunca.

O tempo pode causar ansiedade em muitas pessoas. Uma pessoa descreveu-me da seguinte maneira o estresse de atrasar-se: "É melhor estar dez minutos adiantado do que um minuto atrasado". Essa ansiedade pode levar as pessoas a acordarem durante a noite apenas para consultar o relógio, ou para se certificar de que ajustaram de fato o despertador para tocar (se o tempo lhe traz ansiedade, porém, você *sempre* aciona o alarme).

Em pessoas autistas que adoram sistemas, rotina e segurança, o tempo pode ser um fator de estresse. Esse estresse pode surgir da pressa e da preocupação de trabalhar em um horário determinado no relógio (tempo diário). Pode resultar da preocupação em relação ao que pode ou não acontecer amanhã (tempo futuro), ou da ansiedade de que não haja tempo de vida suficiente e de que tudo esteja escorregando por entre os dedos (tempo existencial). Se é dessa forma que você encara o tempo, claro que você sempre se preocupará em saber que horas são.

Enquanto algumas pessoas estão sempre conscientes do tempo, outras não têm noção dele.

Ivy se atrasou em absolutamente todas as consultas que teve comigo. Isso não seria um problema se os horários com meus clientes não fossem marcados com um intervalo muito pequeno de tempo entre um e outro. Os atrasos de Ivy provocavam um efeito cascata que afetava cada uma das pessoas que tinham horário depois dela; isso trazia problemas, principalmente com clientes que organizavam seus dias minuto a minuto.

"Eu nem me dou conta de que o tempo está passando", ela disse. "Fico completamente concentrada no que estou fazendo, principalmente quando estou fazendo as coisas que adoro." Ivy adora todos os tipos de artes e trabalhos manuais japoneses. Ela era adepta do ikebana (a arte dos arranjos florais), produzia lindos *shodo* (caligrafia japonesa) e era apaixonada por origami.

"Estou tentando fazer um leão. Mas não é um simples leão; é uma réplica do Rei Leão. Tem quase oitenta dobras."

O cérebro de Ivy tornava difícil a mudança de direção, sobretudo quando ela estava concentrada em seus trabalhos de origami. Seus dedos eram hábeis, porém deixavam o tempo escapar por entre eles.

Muitas pessoas neurodivergentes relatam que não percebem o tempo passar quando se encontram extremamente focadas em algo. Sua concentração pode ser tão intensa que o dia se torna noite e a noite se torna dia sem que eles percebam. Atletas, artistas e *gamers* dizem que estão "no clima", e psicólogos o denominam de "estado de fluxo". Quando as pessoas estão totalmente absortas no que fazem, tudo em volta delas desaparece aos poucos. Essa é a alegria do hiperfoco.

A sua percepção de tempo muda dependendo do seu grau de envolvimento e da sua idade. Alguma vez você já pensou "Como esse ano passou tão rápido?". Ou, por outro lado, consegue se lembrar dos seus tempos de criança, quando o semestre letivo parecia não ter fim? Adultos e crianças percebem o tempo de maneiras diferentes, e as pessoas também percebem o tempo como rápido ou lento, dependendo do seu humor. Quando você gosta do que está fazendo, o seu cérebro libera substâncias químicas que o fazem sentir-se como se o tempo estivesse passando mais rápido. Quando os níveis dessas substâncias químicas diminuem, o tempo parece desacelerar para um ritmo muito lento. Raras vezes haverá em seu cérebro substâncias químicas relacionadas à felicidade se você estiver preso num engarrafamento de trânsito.

*

Ninguém gosta de esperar. Ninguém gosta de uma longa fila, nem de esperar que um médico entre em contato para comunicar os resultados de um exame; as pessoas não gostam nem mesmo de esperar que um pão pule na torradeira. Odiamos esperar porque geralmente não sabemos quando a espera terminará. Mas a ideia que uma pessoa tem de um tempo de espera adequado pode ser completamente diferente da ideia de outra pessoa.

A simples menção da palavra "espera" já fazia Tyler empalidecer. Ele foi um dos meus alunos na sala de aula de ensino médio que naquele tempo — o início da década de 1990 — era chamada de Unidade para Emocionalmente Perturbados. (Definitivamente horrível.) A sala de aula era composta de jovens cujos nomes eram seguidos por iniciais que indicavam seu diagnóstico: TEA, TDAH, TOD, TOC. Eu adorava o Tyler. Ele era ruivo, sardento e dentuço. Tinha um senso de humor maravilhoso e era um artista nato; era capaz de imitar todos os funcionários. Adorava fazer piadas. Na época, eu gostava de usar vestidos floridos e calças com estampas de flores, e todos os dias ele me dizia: "Professora, você esqueceu de novo de tirar o pijama".

Tyler estava no programa de desjejum. A escola fornecia o desjejum para encorajar os estudantes a virem para as aulas, mas Tyler não precisava de encorajamento. Ele adorava a escola e a segurança que ela oferecia. A casa de Tyler não era segura. Com quinze anos de idade, Tyler dormia no sofá das casas de vários amigos quando a sua própria casa ficava instável demais, ou passava semanas seguidas entrando e saindo de abrigos para jovens. Ele dormia em carros e barracas, e muitas vezes também dormia em pufes no canto da sala de aula. Certa vez, eu vi Tyler lavando sua roupa de baixo no banheiro depois da escola, porque há semanas ele não tinha um lugar estável para ficar.

Ele era um contador de histórias, mas muito do que ele dizia não podia ser levado a sério. De acordo com o próprio Tyler, ele havia estado na maior montanha-russa do país, havia pulado de paraquedas, mergulhado com tubarões, corrido uma maratona e vencido uma competição comendo oito pedaços de torta de carne de uma só vez.

Uma vez me contou de uma pele de raposa que ele tinha. Em sua história, ele havia matado a raposa com um estilingue, removido e curado a pele, e a sua pele agora era o seu pertence mais estimado. Nós vivíamos na cidade, e eu não estava cem por cento convencida das habilidades de caçador de Tyler, mas ouvi com interesse:

"Nossa, Tyler, eu adorei ouvir isso", comentei. E não pensei mais no assunto até algumas semanas depois.

Eu estava no meio de uma discussão sobre estrelas ninja com outro aluno, e por que não era uma boa ideia trazê-las à escola, quando Tyler irrompeu na classe com uma pele de raposa enrolada nos ombros.

"Professora", ele gritou, tentando atrair a minha atenção. "*Professora!*"

"Espere, Tyler", eu respondi num tom de voz enérgico.

E de súbito as portas do inferno se abriram. Eu já fui xingada algumas vezes na vida, mas Tyler cuspiu palavrões contra mim junto com cuspe propriamente dito. Ele saiu da sala batendo a porta com força, e eu fiquei com as estrelas ninja nas mãos e vendo estrelas devido à mágoa e à confusão.

Mais tarde, depois de acalmarmos os ânimos, nós conversamos.

"Eu passei semanas planejando mostrá-la a você", ele disse. "Quando finalmente consigo trazer a pele, você nem tem interesse em vê-la!"

"Mas eu tenho, Tyler. Claro que eu quero vê-la", assegurei-lhe.

"Ma-mas você disse *espere*", ele gaguejou.

E então ele explicou a sua experiência com a palavra "espere". Ele me disse que quando um adulto dizia "Espere", isso sempre significava o fim de uma conversa. Para Tyler, os adultos diziam "Espere" quando queriam comunicar que não estavam interessados, e eles jamais voltavam para terminar o assunto. Para Tyler, a palavra "espere" não tinha fim; ela não tinha um limite de tempo.

"Só um minuto" nunca é um minuto. "Me dê um segundo" nunca é um segundo. "Só um momento" nunca é apenas um momento. Quando você comunica a sua percepção de tempo a outra pessoa, você tem de comunicar precisamente a sua ideia do que seja um minuto, um segundo ou um momento, porque o conceito de tempo é diferente para todos nós.

"Sempre que você perguntava, eu respondia que nós sairíamos em torno da uma", a mãe de Elliot repetiu.

Rapidamente peguei um pedaço de papel e uma caneta, e desenhei um mostrador de relógio no papel.

"Quando você diz 'em torno de uma da tarde', o que você quer dizer?", perguntei à mãe de Elliot. "Você pode desenhar isso?"

"Ah, você sabe... algo por volta disso", ela disse. Ela pegou a caneta da minha mão e esboçou a sua ideia do que seria *em torno de uma hora da tarde.*

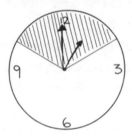

"Agora é a sua vez, Elliot. O que é para você 'em torno de uma hora da tarde'?", perguntei, entregando-lhe a caneta.

Então ele desenhou...

Elliot e sua mãe se entreolharam.

"O seu 'em torno de uma' não é *em torno* de uma", Elliot declarou.

A mãe de Elliot também ficou surpresa.

"E o seu 'em torno de uma' não é 'em torno'... É uma hora!", ela respondeu.

Einstein disse que o tempo é relativo, mas também disse que é uma ilusão. Talvez nós tenhamos de nos lembrar disso. Alguns de nós podem estar vivendo momentos difíceis, perdendo tempo ou aproveitando cada minuto da vida. A nossa consciência e nossas percepções acerca do mundo em que vivemos são tão diversas quanto nós.

6

O corredor de Dylan

Dylan ultrapassou em altura a equipe de funcionários da escola. Os braços e pernas magros e compridos do garoto de dezesseis anos eram completamente desproporcionais em relação ao resto do seu corpo.

Ele era um aluno na escola de ensino médio para pessoas com deficiências intelectuais, e eu era professora lá. Foi a minha primeira experiência de ensino numa escola desse tipo, e o trabalho para mim foi uma experiência de aprendizado. Tinha diversas pessoas na equipe experientes e multidisciplinares em quem me inspirar — professores, terapeutas ocupacionais e fonoaudiólogos, e também enfermeiras, pois nós tivemos muitos estudantes com necessidades médicas complexas. Mas eu aprendi ainda mais com os duzentos alunos dessa escola. Aprendi da maneira mais difícil, e o que me faltava em conhecimento e experiência eu compensava com entusiasmo e curiosidade.

Dylan estava em minha sala de aula. Ele não falava, mas fazia um constante *clok-clok-clok*, um som produzido pelo contato da sua língua com o céu da boca. Esse som enchia a classe como um metrônomo. Era assim que Dylan expressava o sentimento de felicidade. Algumas pessoas cantarolam ou assobiam quando estão felizes; Dylan produzia esse som.

Eu adorava esse som.

Dylan era gentil no trato e de bom temperamento. Ele se aproximava de mim por trás e cheirava o meu cabelo, ou delicadamente pressionava a pele dos meus cotovelos. Ele adorava rolar essa pele grossa entre os seus dedos — e, convenhamos, essa estranha porção de pele é engraçada. Ele era um colecionador de lápis, mas não os usava para escrever. Segurava um lápis perto do olho (somente o olho esquerdo) e o rolava repetidas vezes em sua visão periférica. Ele gostava principalmente dos lápis com formato hexagonal que ondulavam quando eram girados. Dylan era um gigante gentil.

Havia, entretanto, um grande problema com Dylan, algo que o impedia até mesmo de produzir seus sons de estalo de língua. Esse problema literalmente o lançava ao chão, como se ele tivesse sigo atingido pelo choque de uma arma taser — ele caía no chão e ficava paralisado, com os músculos tensos. Um dos membros da nossa equipe sugeriu que "aparentemente não havia razão" para que isso acontecesse, mas é claro que deveria existir uma razão. *Ninguém* sofre um colapso sem uma causa, embora o fato parecesse ser inexplicável. Dias e até semanas se passavam sem nenhum incidente, e de repente... *bam!* Lá estava Dylan no chão. Isso podia acontecer várias vezes em um dia durante vários dias, ou podia ser esporádico, acontecendo em um dia e no outro não.

Ninguém queria ver Dylan assim, mas nós não conseguíamos detectar o que exatamente causava "a queda". Era um mistério que tínhamos de resolver, e era necessária uma equipe de detetives sensoriais.

*

Os nossos sentidos são incríveis. Eles captam tudo o que nos cerca e tudo o que está dentro de nós. Nós usamos os nossos sentidos a cada segundo do dia, e é por meio dos nossos sentidos que compomos uma imagem do mundo.

Cada pessoa tem uma interpretação única dos estímulos sensoriais. Tome como exemplo o som das cigarras. Esses insetos são pequenos, mas podem trazer grande alegria para algumas pessoas e uma grande irritação para outras. Pessoalmente, eu acho que são fantásticos. Não os insetos propriamente ditos — a aparência deles é meio desagradável —, mas o som que produzem. Cigarras são um coro de zumbidos e assobios. Elas produzem sons diferentes para chamarem umas às outras, para atraírem umas às outras, e para celebrarem quando se acasalam. Cigarras podem flexionar e contrair os músculos do abdome com tanta rapidez que, em coro, as suas vibrações soam contínuas para ouvidos humanos. Para mim, elas são o som do verão, dos piqueniques, de nadar ao pôr do sol. São o som da felicidade.

Porém, as cigarras também podem levar algumas pessoas à beira do desespero. Viajei de férias com uma pessoa que ficou tão transtornada ao ouvir o som das cigarras que gritava através de uma porta de tela para esses insetos (que não podíamos enxergar): "Puta que pariu, parem com esse barulho! Não consigo ouvir nem os meus pensamentos!". Ele descreveu o som como violinos rangendo, ou o ruído de fundo numa cena medonha de um filme de terror, uma interminável cena de Norman Bates na cortina do chuveiro.

Muito cedo em nossas vidas nós aprendemos sobre os cinco sentidos — visão, audição, olfato, tato e paladar. Mas nós também temos outros três sentidos: propriocepção, vestibular e interocepção. O sentido proprioceptivo lhe diz onde o seu corpo está em relação ao espaço e aos objetos ao seu redor; isso lhe dá uma consciência de força e de movimento. O sentido vestibular lhe confere informações sobre o seu equilíbrio, seus gestos e a gravidade; é o que o alerta quando você está caindo. O sentido interoceptivo lhe comunica o que acontece dentro do seu corpo; é por meio desse sentido que você sabe quando está com fome ou saciado, com calor ou com frio, ou se precisa urinar.

Todos os nossos sentidos recebem informação de receptores específicos; esses são os pontos de partida do processamento sensorial. Dentro do ouvido, pequenos pelos vibram com ondas de som; no olho, a retina sente a luz; e o nariz tem receptores específicos que captam as moléculas de cheiro ruim do mundo externo. Esses receptores processam mudanças no meio ambiente e dentro do corpo, e enviam mensagens a uma parte muito engenhosa do cérebro chamada tálamo. Então o tálamo envia as mensagens que recebe dos receptores para outras partes do cérebro onde a informação sensorial pode ser interpretada.

Os receptores são excelentes em enviar a quantidade certa de informação baseada no que eles recebem. Se a luz é brilhante, os receptores visuais enviam mais informação do que enviam no escuro. Quando você caminha sobre pedrinhas ou em solo irregular, os receptores proprioceptivos enviam mais informação do que enviariam se você estivesse caminhando num chão plano. Algumas pessoas, porém, reagem com tanta intensidade à informação sensorial que se tornam hipersensíveis; essas pessoas podem se sentir como a princesa da fábula *A Princesa e o Grão de Ervilha* sentia-se quando um simples grão ou uma migalha se alojava em sua cama. Por outro lado, algumas pessoas reagem minimamente à informação sensorial e são hipossensíveis; mesmo que seus lençóis estejam cheios de areia ou de restos de croissant, elas dormirão profundamente.

Pergunte a uma mulher grávida a respeito da sua grande sensibilidade ao cheiro; pergunte a alguém com uma forte ressaca se tudo ao seu redor gira quando ele ergue a cabeça — isso é hipersensibilidade: os sentidos reagem de maneira exagerada à informação. Em contrapartida, pergunte a uma pessoa que se move com sonolência pela manhã da importância de uma xícara de café e um banho para ter disposição — isso é hipossensibilidade: os sentidos reagem pouco.

Algumas pessoas neurotípicas podem ser hipersensíveis e hipossensíveis em diferentes momentos do dia, mas pessoas neurodivergentes podem ser um ou outro de maneira consistente. Para pessoas autistas, um ou dois sentidos (ou mais) podem ser constantemente hiperativos ou hipoativos o dia inteiro, todos os dias. Para os que são hipersensíveis, o processamento sensorial se dá como se houvesse esteroides nos receptores. Etiquetas em roupas parecem navalhas na pele, e as costuras de uma meia doem. Botões, zíperes e colarinhos são uma distração constante, e ter o cabelo penteado, lavado ou cortado pode ser torturante. Uma gota de água numa camisa pode exigir uma troca imediata de roupas. Por outro lado, substâncias pegajosas na pele podem passar completamente despercebidas para aqueles que são hipossensíveis. Comida pode permanecer grudada na boca sem ser notada, muco pode escorrer do nariz sem ser percebido. Mudanças na temperatura corporal podem não ser identificadas, e vestir uma camiseta pode parecer perfeito num dia de frio congelante. Para algumas pessoas, a tolerância à dor é tão alta que elas podem nem perceber que estão feridas; para outras, a tolerância à dor é tão baixa que até um corte feito por um papel pode ser excruciante.

Eu sou hipersensível a cheiros. Não fico à vontade na seção de perfumes das lojas de departamento. Essas seções costumam ser posicionadas estrategicamente na entrada das lojas para atrair compradores com suas acolhedoras fragrâncias florais e silvestres. Eu entro nesses espaços como uma pessoa que se prepara para ser bombardeada por gás de ovo podre. Perfume é sinônimo de sensualidade, feromônios e atração; esses são os cheiros que as pessoas procuram. Mas alguns perfumes simplesmente não são bons! Alguns são criados com química barata, fazem os olhos arderem e provocam dores de cabeça. Quando entro numa seção de perfumes nunca paro para conferir os aromas.

Trabalhei em lugares que proibiram certos produtos perfumados. Nenhum xampu, desodorante ou loção pós-barba com cheiro podiam ser usados. Em uma escola, um garoto particularmente hipersensível causou o banimento total da banana. Esse jovem tinha ânsia de vômito e se engasgava com o cheiro de banana, mesmo que não estivesse muito madura. Você conhece esse cheiro — mochilas escolares podem estar cheias de bananas que ficaram lá durante dias, ou até semanas, e encontrar essas frutas moles abandonadas pode horrorizar até aqueles entre nós que são capazes de comer qualquer coisa. Esse menino podia se sentar na recepção e farejar uma banana em qualquer lugar dentro do prédio da escola — e mostrar todo o seu desgosto vomitando nas paredes do lugar.

Porém, há odores que trazem uma calma profunda. Trabalhei com terapeutas ocupacionais que colocam palitos aromatizados com fragrâncias variadas (baunilha, lavanda, hortelã) em sacos plásticos para os seus clientes. As pessoas podem usar esses aromas para acalmar os sentidos em momentos caóticos. Certa vez observei uma garota numa reunião escolar, com outras cem crianças ou mais sentadas ao redor dela, pegar alegremente em sua bolsa um "saquinho perfumado" e cheirá-lo enquanto o diretor falava.

E não podemos nos esquecer do paladar. Todos nós conhecemos pessoas difíceis de agradar quando se trata de comida, e rejeitar alimentos é quase um rito de passagem para as crianças. Mas para os indivíduos que são hipersensíveis aos sabores e texturas dos alimentos, a sensação de comer pode ser insuportável.

A hipersensibilidade de paladar está presente na minha família. Há um membro da família que gosta que toda a comida seja separada e considera horrível misturar diferentes ingredientes num prato. Para ela, qualquer combinação de doce, salgado, azedo, amargo e umami é complexa demais para que ela decifre; em hipótese nenhuma misturaria melaço e bacon. Outro parente precisa que os vegetais sejam cortados em pequenos pedaços; a textura dos pedaços grandes torna os pratos intragáveis. Esses membros da família não são crianças; são adultos na casa dos vinte anos, e podem preparar sua própria comida e cozinhar o que gostam de comer, e também comunicar as suas necessidades aos outros. Para muitas pessoas neurodivergentes, porém, as coisas são mais complicadas.

Aos trinta e dois anos de idade, Rosie comia apenas coisas que eram brancas ou amarelas. Ela era tão hipersensível que rejeitava alimentos com mais sabor do que o absolutamente insosso. Ela comia somente espaguete com queijo, nuggets de frango e biscoitos Teddy Grahams (sabor mel). E o seu paladar era tão aguçado que ela podia comer apenas um tipo de espaguete, um tipo de queijo, um tipo de nugget e um tipo de biscoito. Ela era capaz de dizer a diferença entre esses tipos de comida mesmo estando vendada. O que uma pessoa come ou não é uma decisão que cabe apenas a ela, mas o corpo necessita de tipos específicos de nutrientes para sobreviver.

Devido à hipersensibilidade de Rosie, nós tivemos de encontrar o multivitamínico mais insípido e branco disponível. Esse foi um desafio e tanto!

Os sentidos também podem colidir de maneiras singulares. Conheci Katie quando ela procurava terapia para um término de relacionamento. Na primeira consulta, ela explicou que se distraía com as minhas palavras. Quando Katie ouvia palavras, ela as via como se fossem cores. Esse incrível cruzamento de sentidos é denominado sinestesia. Os sentidos se mesclam, e um sentido é experimentado por meio de outro.

Pessoas com sinestesia podem degustar formas ou ver sons. Algumas veem palavras ou letras em cores; outras, como Katie, ouvem palavras e as veem como cores. Para Katie, nem todas as palavras tinham uma cor associada, mas a maioria delas tinha. A palavra *casa* era um cor-de-rosa intenso e quente, *dor* era um laranja queimado, e *comemorar* era um verde iridescente. Eu adorava conversar com Katie, mas tinha de ficar atenta às palavras que eu usava, pois elas poderiam se chocar com uma mistura incompreensível de cores. Perguntei a ela sobre as cores das minhas palavras favoritas: *brilhar, canção de ninar, ternura* e *encontro*. Katie logo percebeu que as palavras que eu mencionara eram palavras de cujo som eu gostava.

"Você não tem sinestesia, Jodi", ela disse. "Para você, o som da palavra é apenas o som."

Isso é verdade, mas muitas vezes eu penso em Katie quando ouço meus pais fazendo o quebra-cabeça de nove letras no jornal diário. Às vezes eu me pergunto de que cor determinada palavra seria.

O modo como os nossos sentidos funcionam nos conta a história de onde estamos, de quem somos e de como cuidamos de nós mesmos. Todos nós sentimos o mundo e interagimos com ele de maneiras diferentes, e nós não podemos esquecer que esse componente fundamental do cérebro humano é único para cada um de nós. Nós não precisamos apenas nos colocar no lugar do outro — precisamos nos colocar nos sentidos das outras pessoas.

E compreender os sentidos de Dylan era exatamente o que tínhamos de fazer para ajudá-lo e para descobrir por que ele caía no chão de repente. Quando uma pessoa que não fala expressa incômodo ou estresse, você deve sair do seu próprio modo de sentir o mundo. Você deve sentir o mundo através do perfil sensorial único dessa pessoa.

Determinar o que estava prejudicando Dylan levou tempo; não aconteceu da noite para o dia. Exigiu muitas tentativas e erros, e uma equipe de pessoas em busca de ideias.

Alguém reparou que Dylan sempre caía no mesmo corredor e no mesmo ponto, que ficava próximo de um banheiro. Era um banheiro enorme. Nele havia muitos vasos sanitários, inclusive vasos adaptados para pessoas em cadeiras de rodas, fraldário, chuveiros e uma lavanderia com máquinas de lavar e secadoras. Era na porta desse lugar de sobrecarga sensorial que Dylan costumava desabar.

Embora não falasse, Dylan se comunicava conosco com muita clareza quando se deixava cair no chão. Todas as vezes ele ficava paralisado no chão, e apertava forte as orelhas com as mãos abertas. Nós sabíamos que ele estava se protegendo contra algum som. Mas que som?

Quem sabe não fosse a máquina de lavar? Nós a ligamos e observamos enquanto Dylan passava pelo banheiro — nada aconteceu. Fizemos o mesmo com a secadora — nada. Talvez fosse uma combinação dos dois? Não, também não era. Isso durou semanas. Nós observamos Dylan e investigamos o que acontecia dentro daquele banheiro sempre que o jovem passava pelo corredor. O que estava ligado? O que estava desligado? Foi um processo de eliminação. Pouco a pouco, nós eliminamos som após som da lista.

As mesas de troca no banheiro eram semelhantes a mesas de massagem, e eram usadas por alunos que necessitavam de cuidados especiais de higiene. As mesas eram levantadas e abaixadas com alavancas. Talvez Dylan não pudesse suportar o som de uma mesa sendo ajustada? Providenciamos para que mesas fossem mudadas de uma posição para outra quando Dylan passasse pelo banheiro, e ficamos de olho. Mais uma vez, nada aconteceu.

Até que alguém ligou o exaustor.

Acima da mesa de troca mais próxima do corredor havia um grande exaustor. Esse exaustor, como qualquer outro, aspirava, zunia e rodopiava. Isso caiu sobre nós como um raio depois de semanas de dedução: Dylan estava sendo lançado ao chão pelo exaustor. Mas o exaustor não afetava Dylan sempre que estava ligado. O exaustor não incomodava Dylan quando a mesa de troca estava montada em seu nível mais baixo; o problema ocorria somente com a mesa no nível mais alto e o exaustor ligado. A pressão do ar entre a mesa e o ventilador mudava, e dessa maneira as ondas sonoras do ventilador mudavam de tom. E era exatamente esse som que fazia Dylan lançar-se ao chão.

Isso aconteceu anos antes de os fones de ouvido antirruído se tornarem amplamente disponíveis, por isso nós fizemos o que precisávamos fazer: nós desligamos o exaustor.

Por meio dos sentidos — todos eles — é que nós percebemos tudo o que está ao nosso redor e dentro de nós. Quando algumas pessoas sentem cheiro de algo estragado, podem sentir ânsia de vômito; quando alguns escutam o som de metal contra metal, podem ranger os dentes; quando os seus músculos estão doloridos e você mergulha numa banheira com água quente, pode sentir alívio. Não é maravilhoso que alguns de nós gostem de ostras e azeitonas, e outros comam somente massa pura com queijo?

Algumas pessoas não conseguem dormir quando ouvem uma torneira pingando do outro lado da casa; e outras consideram a chuva batendo no telhado uma canção de ninar. O som das cigarras pode irritar algumas pessoas, e a seção de perfumes de uma loja pode deixar algumas pessoas atordoadas. A coisa mais importante que temos de fazer, que cada um de nós precisa fazer, é olhar com compreensão para o modo como os outros vivenciam o mundo.

7

A praça de alimentação de Sally

Sally e eu tínhamos vinte e poucos anos quando nos conhecemos. Eu trabalhava como assistente para pessoas com deficiência, e nós nos demos bem porque tínhamos idades próximas. Suas roupas eram cheias de estampas desordenadas, todas juntas de maneira aleatória. Ela adorava camisas com formas geométricas em preto e branco, saias que ondulavam com flores, folhas e pássaros, meias de colorido intenso e sapatos reluzentes. Nós tínhamos gostos diferentes no que dizia respeito a roupas, mas tínhamos muitas outras coisas em comum. Nós adorávamos ler, mas havia um detalhe: eu adorava todos os tipos de livros, enquanto Sally lia apenas a série *Os Filhos da Terra*; e ela estava tão envolvida nessa leitura que, quando falou de Alya (personagem da série que foi criada por neandertais), a princípio pensei que se tratasse de uma amiga de Sally. Nós gostávamos muito de caminhar, e de caminhar por longas distâncias. Adorávamos filmes e acreditávamos de todo coração que sorvete no cinema (com cobertura de chocolate) era fundamental. E nós adorávamos sushi. *Amávamos*. Se pudéssemos, comeríamos sushi em todas as refeições, até no café da manhã.

Uma vez por semana, Sally e eu nos encontrávamos para passar o dia juntas. A nossa rotina era sempre a mesma. Nós tirávamos a sorte no cara ou coroa para decidirmos se iríamos caminhar ou assistir a um filme, mas sempre começávamos pelo sushi.

Sally insistia para que comêssemos no mesmo restaurante de sushi agradável e barato no shopping local, e ela sempre consumia exatamente a mesma combinação: um rolinho Califórnia e um rolinho de frango teriyaki com molho de soja e gengibre (mas nunca wasabi). A nossa rotina era deliciosa, mas certo dia algo deu terrivelmente errado.

A face de Sally se contorceu; lágrimas rolavam por seu rosto. Ela parecia estar lutando contra algo terrível. Nós estávamos na praça de alimentação do shopping, e Sally estava em agonia. Não fazia sentido. Nós visitávamos aquele lugar toda semana havia vários meses, e Sally nunca havia se comportado assim antes, como se estivesse numa zona de guerra.

Sally começou a bater a cabeça na mesa — não com força, não violentamente, mas de maneira rítmica, como alguém que tenta tirar água dos ouvidos depois de nadar. Eu assistia enquanto o seu corpo entrava em um estado de terror. Ela fechava os olhos com força, e cobria a cabeça com os braços como se tentasse se proteger de estilhaços de bomba; suas pernas tremiam, e ela estava hiperventilando. Eu até podia ver o coração dela martelando no peito.

"Sal, diga-me o que está acontecendo!", eu suplicava. "Como eu posso ajudar?"

Mas Sally não podia responder. Toda a energia dela se concentrava na luta que se desenrolava dentro da sua cabeça. Ela estava desabando bem diante de mim em plena praça de alimentação, e eu nem imaginava por quê.

*

Todos temos consciência de que prestamos atenção a uma parte das informações e ignoramos o restante delas. Enquanto eu escrevo isto, o lava-louças está fazendo barulho e o rádio está ligado; o apresentador do programa está falando sobre os melhores vegetais para plantar na primavera. Carros passam na estrada lá fora, crianças brincam no jardim da frente, e alguém está usando uma mangueira de alta pressão na entrada dos fundos. Enquanto eu digito, porém, dou pouca ou nenhuma atenção a esses sons que me cercam. Isso é o que chamamos de atenção seletiva, e a maioria de nós faz isso o tempo todo.

Somos bombardeados por uma grande quantidade de informação sensorial a cada minuto do dia, e o nosso cérebro se agarra ao que é importante e ignora o que não é. O tálamo tem duas funções: interpretar os estímulos sensoriais e filtrar essas informações, determinando quais mensagens dos receptores sensoriais são dignas de serem ouvidas e quais podem ser ignoradas. O tálamo nos protege do impacto da entrada excessiva de informações sensoriais.

Contudo, o tálamo funciona de maneira diferente em muitas pessoas autistas, e filtrar informações pode ser difícil. Alguns autistas podem fazer grande esforço para ouvir você, mas qualquer barulho ao fundo (como o choro de uma criança ou o latido de um cão) receberá a mesma quantidade de atenção que a sua voz, e o cérebro dessas pessoas tentará se concentrar em todas as coisas ao mesmo tempo. Algumas pessoas são incapazes de amortecer a torrente de informações sensoriais em certos ambientes, e o cérebro acaba sobrecarregado quando não filtra isso. Os sentidos inundando o cérebro não podem ser refreados, e isso pode ser esmagador.

Eu vivo em um clima subtropical, e o calor, o sol e a chuva são um banquete para os sentidos. Os dias podem ser muito úmidos; você sente o suor escorrendo por suas costas e deseja que uma tempestade surja, trazendo o alívio da chuva e uma trégua no calor. Mas quando a chuva chega ela pode ser torrencial e desabar implacavelmente durante dias. Chove muito, e chove *forte*. Não se pode lavar roupa, e as lavanderias comemoram enquanto as suas secadoras operam sem parar. As casas ficam cheias de mofo, mas não são arejadas porque não se pode abrir as janelas. As estradas ficam inundadas, as pessoas são evacuadas para locais mais altos e todos nós esperamos ansiosos pelo sol.

Nós também temos dias radiantes de sol por aqui, com um céu totalmente claro e azul. O sol brilha com o tipo de luz que faz você se animar, precisar nadar e *querer* comer salada. Esses dias se enchem da fragrância das frangipanas, dos sons de cortadores de grama e de risos.

Em dias assim, você dirige com a janela aberta e tem vontade de colocar toda a cabeça para fora do carro, como um cachorro, e sentir a brisa. Você dirige com uma mão só, com a mão levemente pousada sobre o volante, como se ele fosse um velho amigo. O rádio está ligado e as suas músicas favoritas estão tocando. Nesses momentos, você não se importa se está cantando muito alto, ou muito mal, porque cantar aos gritos e muito mal no carro é essencial na vida. Se você não estiver sozinho, pode ouvir seu amigo lhe contar uma história no banco do passageiro e ao mesmo tempo ouvir hits dos anos 1980 no rádio, e ficar à vontade com ambos, o amigo e o rádio. Você também pode ouvir as brincadeiras das crianças no banco de trás, e juntos, os três — David Bowie, a conversa do seu amigo e a tagarelice das crianças — estarão em perfeita unidade.

A sua postura no assento é tranquila e relaxada, e os seus olhos captam muito bem o que está à frente, assim como o que está atrás, pelo espelho retrovisor; na sua visão periférica, você está consciente dos campos que passam. Tudo está em harmonia, e você faz uma dúzia de coisas ao mesmo tempo sem nem se dar conta disso.

Agora imagine que uma gota de chuva bata no para-brisa. A sua visão envia essa informação para o seu cérebro. "Está começando a chover", o cérebro diz. Isso alerta os sentidos: "Ei, pessoal, precisamos de atenção agora".

Mais gotas de chuva caem, e a brisa fica mais forte. Você liga os limpadores de para-brisa na velocidade mínima, para poder enxergar melhor, e fecha a janela. A chuva cai com mais força e mais rápido, e o seu cérebro continua a desligar os sentidos que não são necessários para que possa se concentrar. Seu amigo continua a falar e as crianças continuam com suas brincadeiras no banco de trás, mas você já não os escuta mais.

Quando a chuva desaba para valer, é hora de entrar em ação. O som do rádio está alto e importuno, por isso você o desliga. Você muda a sua postura e agarra o volante firmemente com as duas mãos. Você não tira mais os olhos da pista.

Você se concentra apenas nos sentidos que são necessários no momento para priorizar a segurança. A chuva cai com força e agora os limpadores de para-brisa se movimentam na velocidade máxima, e você está extremamente atento. O seu sentido proprioceptivo está alerta; você muda de posição em seu assento; você está aprumado e cauteloso. Os seus olhos estão totalmente voltados para a estrada. Tudo o mais deve ser deixado de lado.

O tálamo é como a mesa de mixagem de uma banda. Dependendo da música, diferentes instrumentos serão amplificados ou suavizados na mesa de mixagem, e o tálamo funciona de maneira parecida. Ele modula a informação sensorial e aumenta ou diminui o nível de entrada de informações sensoriais para que os sentidos possam se harmonizar juntos quando o ambiente está seguro e calmo; quando não está, ele pode trazer um ou dois para a linha de frente e distanciar os outros.

Quando as coisas não correm bem, os seus sentidos desnecessários começam a parar de funcionar um após o outro, e o tálamo orienta os sentidos para o que é mais importante e imediato. Seu sistema nervoso lhe pede que fique alerta. Seu cérebro lhe pede para desligar o olfato, diminuir o tato… focar a audição. Simplificar.

Enquanto as pessoas neurotípicas em sua maioria têm capacidade para bloquear informações sensoriais e dar atenção seletiva somente ao que é necessário, muitas pessoas autistas não conseguem filtrar os seus sentidos com tanta rapidez ou facilidade. Pessoas autistas podem ter dificuldade no processamento sensorial porque o seu sistema nervoso absorve tudo. Acrescente uma situação estressante ou um ambiente superestimulante, e justamente quando menos estimulação é necessária, não mais, os sistemas de processamento sensorial de muitos autistas ficam sobrecarregados.

O cérebro percebe essa esmagadora entrada de informações como dor. Sobrecarga sensorial é tortura. Imagine não ser capaz de escapar de um ambiente em que um rock ensurdecedor seja lançado de várias caixas de som ao mesmo tempo, luzes vermelhas pisquem sem parar, e o ar-condicionado esteja ligado na temperatura máxima. Imagine que você esteja dirigindo debaixo de uma chuva torrencial, porém sem poder contar com os seus limpadores de para-brisa, que não funcionam, sem poder fechar a janela e sem poder abaixar a música barulhenta. O cérebro não pode lidar com tais extremos, e enviará uma sucessão de emoções através do seu corpo. Você entrará em pânico.

*

Mas voltemos ao shopping iluminado com lâmpadas fluorescentes. Sally enfrentava uma tempestade sensorial, e a praça de alimentação se tornara um furacão.

No começo, eu não conseguia descobrir o que havia de errado. Nós normalmente iniciávamos nossa rotina de todas as semanas na loja favorita de Sally, e às dez da manhã o shopping raramente estava cheio — mas naquele dia as coisas se passaram de maneira diferente. Sally foi ao dentista pela manhã, e em razão disso o nosso passeio começou um pouco mais tarde. Quando chegamos ao shopping era hora do almoço, e a praça de alimentação estava muito movimentada. Enquanto Sally tentava bloquear o mundo, eu tentei desbloquear o meu filtro sensorial neurotípico da praça de alimentação. Tentei ver o que Sally via e ouvir o que ela ouvia.

Quem visita a praça de alimentação de um shopping na hora do almoço expõe os seus sentidos a todo tipo de estímulo. Ruídos chegam de todas as direções. Há pessoas falando *em todos os lugares*, todas com diferentes ênfases, volumes e velocidades. Elas estão falando em celulares. Estão pedindo comida. Cadeiras rangem, talheres se chocam, bandejas batem aqui e ali. Há mastigação e líquidos são sorvidos com canudos. Músicas e propagandas são despejadas de alto-falantes. Há também os cheiros de diversas comidas — hambúrgueres e burritos, batatas fritas e donuts —, assim como os odores de todos os perfumes e desodorantes e corpos. Há movimento, cor e luzes, tudo girando, piscando e ofuscando.

A capacidade de Sally de filtrar seus sentidos se desintegrou, e seu cérebro se sobrecarregou. Seus sentidos estavam enviando um sinal de perigo ao cérebro, e essa mensagem não era só um aviso. O corpo dela estava dominado pelo medo. Sally estava tendo um ataque de pânico. Ela não podia respirar; seu peito doía; ela tremia e suava.

Durante cerca de dez minutos, eu vi Sally combater a sua sobrecarga sensorial. Ela estava sendo atacada por todos os lados, e na época, muitos anos atrás, eu não compreendia a extensão do bombardeio. Mas hoje eu compreendo. Sei que uma sobrecarga sensorial é algo torturante, que ter todos os seus sentidos bombardeados é angustiante.

Quando Sally se acalmou e foi capaz de se mover, peguei-a pela mão e a guiei através do caos da praça de alimentação, passamos pelas lojas e saímos para o dia ensolarado. Do lado de fora, ao ar livre, nós nos sentamos num banco. Estávamos sentadas no mundo que nos deu nuvens macias e vagarosas, o farfalhar das folhas nas árvores, e uma brisa gentil. O corpo de Sally relaxou, e ela fechou os olhos.

"Respire fundo, Sal", eu disse, e era tudo o que eu tinha a oferecer. "Apenas respire."

Modificar um ambiente a fim de torná-lo acessível para pessoas neurodivergentes nem sempre é fácil, mas é possível. Quando você avalia o mundo sob o ponto de vista de outros — quando fica quieto por um momento e sente qualquer espaço, qualquer lugar, através dos sentidos de outra pessoa —, o que você pode ver? O que pode cheirar? O que pode tocar? O que pode ouvir? Nesse dia no shopping, Sally me ensinou que comer sushi numa praça de alimentação na hora do almoço, assim como dirigir sob uma chuva torrencial, é algo que devemos evitar!

Nem sempre sabemos que impacto um ambiente desconhecido terá sobre uma pessoa. Às vezes você fica preso no meio de uma tempestade sensorial, e tudo o que pode fazer é esperar até que a tempestade passe. O melhor que podemos fazer em ocasiões assim é ajudar uns aos outros a encontrar o caminho de volta à calmaria.

8

O cabelo de Melanie

Melanie tinha cabelos castanhos-dourados e ondulados que alcançavam a sua cintura. Era uma característica marcante: "Ah, você conhece a Melanie — a dos cabelos fabulosos". Isso não significa que ela não tivesse outras características que poderiam ser consideradas definidoras: "Melanie, a que tem óculos azuis que combinam com seus olhos". "Melanie, aquela que usa as pulseiras indianas que tilintam quando ela anda." "Melanie, aquela que sempre — sempre *mesmo* — usa calça justa preta e um top verde. Você sabe, *aquela* Melanie."

Mas as pessoas se lembravam mais dos seus cabelos, em parte porque eram mesmo lindos demais, e em parte porque Melanie passava muito tempo mexendo no cabelo.

Melanie se consultava comigo porque enfrentava dificuldades com sua imagem corporal, e isso estava afetando os seus relacionamentos e a sua intimidade sexual. Conversar com alguém sobre sexualidade pode encher de temor a maioria de nós, e Melanie não era exceção. Seus maneirismos nervosos já eram perceptíveis instantes depois de sua chegada ao meu consultório. Ela se sentou no meio do sofá de três lugares e começou a enrolar o cabelo. Com a mão direita, ela apanhava uma mecha de cabelo perto da raiz e a trançava em torno do dedo, um movimento gracioso que alcançava toda a extensão do cabelo. Quando Melanie soltou a mecha, ela formou um cacho perfeito. Então ela fez a mesma coisa mais uma vez. E outra. E mais outra. O mesmo punhado de cabelo. Melanie não parou de retorcer o cabelo um só momento enquanto estivemos juntas.

"Ei, Melanie", eu disse certa vez, quando ela já havia me visitado algumas vezes. "Quando você está brincando com o seu cabelo, você percebe que está fazendo isso?"

"Hum, isso é ruim?", ela perguntou. "Eu não deveria fazer isso?"

Eu fiquei de queixo caído. Quem diria a uma garota que ela não deveria brincar com o próprio cabelo?

"É o seu cabelo, você pode fazer com ele o que desejar", assegurei a Melanie. "Eu só gostaria de saber como você se sente quando faz isso."

*

Adoro a expressão "pular de alegria". Nossos corpos refletem como nos sentimos. Já reparou no comportamento de pessoas animadas? Elas pulam para cima e para baixo, e balançam os braços de um lado para o outro. É uma reação natural que as pessoas têm quando o mundo lhes sorri. E você já observou uma criança usando uma tesoura para cortar? Enquanto se concentram em uma nova (e potencialmente perigosa) tarefa, muitas crianças esticam a língua para fora da boca e a movem da mesma maneira que movem a tesoura. Ou você já se deparou com pessoas que sempre estalam os dedos, mastigam as pontas dos seus lápis ou roem as unhas?

O movimento repetitivo é algo que todos nós fazemos. As pessoas giram os polegares, estalam os dedos, coçam a barba. Fazemos esses movimentos quando estamos entediados ou perdidos em pensamentos, mas também quando estamos ansiosos ou desconfortáveis. Esses movimentos costumam ser sutis e realizados de maneira inconsciente, mas podem ser mais aparentes e são patologizados em pessoas autistas devido a sua frequência.

Às vezes chamados de *estereotipia* ou *tiques* — e também conhecidos como *comportamento autoestimulatório* —, os movimentos repetitivos incluem abanar as mãos, bater os dedos, piscar repetidamente, friccionar os dentes uns nos outros, esfregar as mãos, enrolar e torcer os cabelos, balançar para a frente e para trás. Acreditava-se historicamente que a estereotipia fosse um entrave ao aprendizado das pessoas, e que pessoas autistas se valiam dessa estereotipia para evitar situações. A estereotipia era considerada "indesejável", e algo que tinha de ser combatido. Mas quando as pessoas começaram a acreditar que balançar o corpo era ruim?

Quando pego um bebê no colo, inclino e balanço o meu corpo de um lado para outro, e os meus quadris se movem da esquerda para a direita e vice-versa. E eu realizo esses movimentos sem nem pensar no que estou fazendo. Todos nós sabemos instintivamente que balançar o corpo acalma; do contrário nós não gastaríamos tanto dinheiro em berços que balançam e balanços para bebê. Nós compramos cadeiras de balanço para ninar delicadamente recém-nascidos, mas também para oferecer conforto a avós idosos. As pessoas se balançam quando estão transtornadas ou confusas. Durante toda a nossa vida, nós balançamos porque isso acalma o sistema nervoso central.

O sistema nervoso central — o cérebro e a medula espinhal — recolhe informações sensoriais e envia ordens ao corpo. Na base do cérebro está o tronco cerebral, que se conecta com a medula espinhal. A medula espinhal transporta as mensagens entre o cérebro e todos os nervos do corpo. Esse incrível sistema de nervos ajuda as partes do corpo a se comunicarem umas com as outras e reage a mudanças dentro e fora do corpo. No caso de pessoas autistas, contudo, às vezes as mensagens podem ser enviadas muito rápido ou muito devagar.

A estereotipia tem muitos benefícios, entre eles o de regular o sistema nervoso central. Pode ajudar as pessoas a controlarem a sobrecarga de informação sensorial. A estereotipia pode reduzir a sobrecarga sensorial em pessoas hipersensíveis, pois concentra o cérebro em apenas um movimento constante, tranquilizador e encorajador. Em pessoas hipossensíveis, a estereotipia pode despertar os sentidos fornecendo mais *feedback*. A estereotipia pode estimular os sentidos. Também pode ajudar as pessoas a se concentrarem quando estão ansiosas ou quando demonstram euforia ou entusiasmo.

Porém, nem todos os tiques são físicos — a maioria de nós também tem hábitos verbais. Quando cheguei à faculdade para me tornar professora, um professor assistente filmou cada um de nós dando aula para os nossos colegas estudantes. O professor nos encorajou a observarmos a nós mesmos, e a prestar atenção não ao conteúdo do que dissemos, mas sim aos nossos maneirismos. Eu comecei quase todas as minhas falas com "um". Ouvir isso foi excruciante. Fiquei imaginando as crianças para as quais eu daria aula numa sala de aula do colégio apostando quantas vezes eu diria isso.

Todos nós usamos recursos verbais ou vocais a fim de ganharmos tempo para articular nossos pensamentos. Nós dizemos "certo" ou "não é?", e isso dificilmente chama a atenção, a menos que sua repetição se torne exagerada. Eu tenho um amigo que suspira quando há uma pausa na conversa, e outro que acrescenta "tá" no início e no final de quase todas as frases que diz. E quase todo adolescente usa demais a palavra "tipo": "Ou, tipo, quando eu, tipo, a encontrei na rua depois da aula, ela, tipo, me pediu para ir à casa dela".

Algumas pessoas neurodivergentes repetem palavras e frases não apenas como recurso, mas porque as palavras soam bem ou são agradáveis na boca. Conheço um jovem que diz a palavra *marshmallow* repetidamente quando está feliz; e outro jovem que diz "Estou completamente surpreso" sempre que inicia uma nova atividade. Suspirar, chiar, pigarrear e estalar os lábios são todos tiques vocais.

Nós usamos maneirismos repetitivos ao longo do dia, mas fazemos isso com mais frequência quando estamos incomodados ou nervosos. Certa vez, levei uma estudante autista da escola em que eu trabalhava para uma conferência sobre saúde mental para jovens, a fim de dar a ela algum aprendizado do "mundo real". Havia mais de quatrocentas pessoas no auditório da universidade, todas comprimidas como sardinhas. Os únicos dois assentos disponíveis ficavam no meio de uma fileira. Entramos no corredor e começamos a abrir passagem enquanto as pessoas colocavam as pernas para o lado, afastavam suas bolsas e dobravam os pequenos tampos presos às cadeiras da universidade. A estudante de catorze anos de idade que me acompanhava não gostava de locais apinhados, e quando ficava ansiosa ela se balançava. Assim que se sentou, a garota começou a demonstrar agitação: mexia nervosamente na pasta da conferência, abria e fechava a tampa da sua garrafa de água, e tamborilava com os dedos no descanso de braço entre nós. Quando o primeiro palestrante começou a falar, ela parou com toda essa movimentação, mas a sua perna começou a balançar. A perna dela se movia com tanta força que repercutia nas cadeiras ao nosso redor.

"*Pare* de se mexer assim!", esbravejou baixinho uma mulher sentada ao lado dela. (Algo um tanto irônico, levando-se em conta que estávamos em uma conferência sobre saúde mental.)

Arranquei uma folha de papel do meu caderno, peguei uma caneta e os entreguei à minha acompanhante. Ela começou a desenhar, e seu corpo se aquietou imediatamente. Eu sou uma "clicadora" de canetas, mas conheço giradores de canetas, arrancadores de etiquetas e desdobradores de clipes de papel. Muitos de nós precisam brincar com objetos para acalmar os nervos e obter concentração.

Nós também podemos nos entregar a maneirismos repetitivos por prazer. Você se lembra de ter rodopiado para ficar zonzo de propósito quando era criança? Zoe era uma giradora. Muitas vezes me ocorreu que ela deveria ter sido contratada pela companhia nacional de balé. No final da sua adolescência, ela era alta e forte, porém seus pés se moviam com leveza. Os músculos da sua panturrilha eram rijos como rocha. Zoe gostava particularmente de rodopiar ao ar livre, com os pés descalços na grama macia. Ela ficava na ponta dos pés e, com a cabeça jogada para trás e os braços abertos como as asas de um anjo, girava e girava e girava. Depois de quinze ou vinte giros, Zoe parava; então, sem mostrar o menor desequilíbrio, dava alguns passos e recomeçava. Ela estava nas nuvens.

Se Zoe poderia ter integrado uma companhia de balé, Grayson deveria ter sido girador de pratos num circo. Ele tinha centenas de piões, mas isso não era tudo o que ele gostava de girar. Quando era pequeno, ele girava as rodas de todos os seus brinquedos; girava as facas e os garfos na mesa, virava as tigelas de lado e as girava também. Ele adorava observar ventiladores de teto e de chão, bem como máquinas de lavar com porta frontal e secadoras. Grayson estava no sétimo céu dentro de uma lavanderia. Ele até comemorou a sua festa de aniversário de oito anos numa lavanderia!

Estereotipia por prazer não exige nenhum tipo de terapia ou intervenção; porém, alguns movimentos repetitivos podem causar danos físicos. Às vezes, pessoas autistas se ferem na tentativa de apagar tudo a sua volta. Elas podem bater a cabeça contra as coisas, se morder, puxar a própria pele até causarem ferimento, se cortar, puxar o próprio cabelo. A maioria de nós jamais sentirá um nível de confusão sensorial ou emocional tão severo que a única maneira de o bloquear seja machucando a nós mesmos. Mas algumas pessoas passam por essa situação, e quando isso acontece elas precisam de nosso amor e apoio, não do nosso julgamento.

Pense no baterista de uma banda. Todos veem o baterista como o elemento anárquico, mas quem mantém o ritmo é o baterista. Quando uma pessoa autista exibe tiques, ela se compara a um baterista. Se essa pessoa não mantiver o ritmo com sua estereotipia, suas vias neurais — como uma banda sem baterista — não serão capazes de se manter no ritmo.

Nós todos temos um baterista dentro de nós, e todos nós temos tiques repetitivos; mas alguns de nós são mais Iron Maiden do que Beatles.

*

Sentada em silêncio, Melanie continuou enrolando a sua longa mecha de cabelo. Fiquei à espera de que ela me permitisse compreender melhor como esse gracioso movimento a fazia se sentir.

Melanie levou algum tempo para processar as minhas perguntas, e eu adorei observá-la enquanto ela fazia isso. Diante de uma pergunta importante, Melanie fechava os olhos e só os abria quando chegava a uma conclusão. Ela sempre respondia com profunda compreensão.

"Quando eu brinco com o meu cabelo, imagino que seja como você e o modo como esfrega o seu peito", ela disse. "Às vezes, quando você ouve ou diz alguma coisa carregada de emoção, você levanta a sua mão direita e esfrega a região no meio do seu peito, como se tentasse ser agradável com o seu coração."

Enquanto ela falava, eu me dei conta de que a palma da minha mão estava pousada em meu peito e circulava com delicadeza o alto do meu esterno.

Todos nós usamos movimentos repetitivos para nos acalmarmos quando estamos ansiosos, quando estamos profundamente concentrados ou simplesmente porque nos sentimos bem fazendo isso. Você está clicando aquela caneta, puxando aquele pelo longo aleatório que cresceu em seu braço, analisando o cabelo em busca de pontas duplas ou sacudindo a perna nesse exato momento? Às vezes, você nem percebe que está fazendo algo assim até que alguém faça um comentário a respeito.

O mais sensato a se fazer é reconhecer que a estereotipia é tranquilizadora, apaziguadora e prazerosa. E o que há de tão errado nisso, afinal?

9

A estaca de Beth

"*Vou cortar as suas cabeças e enfiá-las numa estaca!*", Beth gritava. "*Vou atravessar os seus corações com uma espada e arrancar as suas línguas!*"

Beth era como um guerreiro viking sem o couro, o metal e os músculos salientes. Rechonchuda e macia nas extremidades, ela odiava sutiãs e nunca os usava. Para Beth, o conforto era fundamental, e arames, alças, ganchos e prendedores não se alinhavam com esse ideal. Ela usava sapatos ortopédicos, calças jogging com cintura elástica e camisetas velhas e surradas. Beth era uma propaganda ambulante de roupas confortáveis, mas o mais desconfortável para ela não eram sutiãs nem saltos altos — era ficar perto de outras pessoas.

Quando tinha cerca de vinte anos de idade, Beth deixou a escola e ingressou em serviços adultos, e grupos e atividades baseados na comunidade eram um desafio para ela.

"Vou serrar as suas pernas!", ela vociferou durante uma recente atividade em grupo. "E depois vou arrancar os seus olhos!"

Beth foi suspensa desse grupo até passar por terapia para aprender a controlar os seus "problemas de raiva".

"Você acha que ela estava falando sério?", perguntou-me a coordenadora de atendimento a pessoas com deficiência quando me ligou. "Acha realmente que ela seria capaz de fazer isso? Ela *parecia* estar falando sério…"

*

Quando estamos irritados ou zangados, nós podemos dizer coisas que não tínhamos intenção de dizer, palavras que retiraríamos se pudéssemos voltar atrás. O que sai da boca das pessoas às vezes é terrível e perturbador, e nem mesmo é verdade. Por um momento, elas se sentem justas, mas quando se acalmam elas se arrependem de ter dito o que disseram e buscam ser perdoadas por sua explosão. No calor do momento, as pessoas dizem coisas que jamais considerariam dizer quando estão calmas.

"Eu te odeio!", respondeu gritando a minha filha de sete anos de idade, do alto do escorregador, quando eu lhe disse para pegar as suas coisas para irmos embora do parque. Ouvir essas três palavras da minha menina me atingiu fundo, mas mesmo magoada eu não reagi. "Eu odeio você" é uma parte típica do desenvolvimento de uma criança, e intensifica o ato do adolescente de bater a porta do quarto quando recebe o indesejável aviso de que chegou a hora de ir dormir. Essas crianças não odeiam de fato os seus pais; apenas reagem a uma situação empregando impulsivamente as palavras mais incisivas e impactantes que conhecem. É a maneira mais poderosa que elas têm para expressar a sua raiva.

Diferente de crianças e adolescentes com alteração de humor, espera-se que os adultos saibam controlar as suas emoções, sobretudo emoções intensas como a raiva. Mas emoções podem ser como tigres enjaulados, e quando a oportunidade surge, eles atacam, às vezes em ocasiões ridículas.

Poucos dias atrás, enquanto eu dirigia, o carro na minha frente começou a acelerar e então colou na traseira do pequeno carro à frente dele. Eu vi o motorista que fez essa aproximação agitar os braços exasperado, e então, com uma manobra afobada, ele emparelhou com o carrinho amarelo que levava bem visível o aviso APRENDIZ DE DIREÇÃO, mostrou o dedo para a pessoa que estava ao volante e gritou alguma coisa pela janela.

Certa vez, escutei sem querer a conversa por celular de uma mulher dentro de um ônibus. (Não foi nada difícil, pois dentro do veículo silencioso a única coisa que se ouvia era a voz da mulher.) Ela gritava com um funcionário de atendimento ao cliente, que de acordo com ela era o único responsável por uma cobrança indevida em sua conta. E a coisa não parava por aí — o atendente do call center também foi responsabilizado pelas senhas de que a mulher não conseguia se lembrar.

Em outra ocasião, vi um cliente numa lanchonete movimentada repreender um garçom, alegando que era insuficiente a quantidade de bacon que acompanhava os seus ovos. "Essa é a quantidade correta para o prato pedido", o garçom adolescente explicou calmamente. "Você pode fazer um pedido à parte se desejar." Então o homem se descontrolou: "Por esse preço eu poderia comprar um porco inteiro!", ele respondeu, sorrindo com escárnio. O garçom não era a pessoa que tomava decisões sobre o tamanho das porções de bacon servidas, mas agora era a pessoa que teria de se manter firme e escutar o longo e tenso sermão sobre a quantidade correta de carne que deveria ser colocada no prato. Na Austrália, nós chamamos esses casos de adultos que perdem a compostura e agem como crianças de "cuspindo a chupeta longe".

Todos perdem a cabeça uma vez ou outra. Eu sou pacifista por natureza; não sou dada a grandes mudanças de humor, e sou razoavelmente equilibrada. Porém, como a maioria das pessoas, às vezes eu perco o rumo. Certa vez, atirei uma laranja na cabeça do meu companheiro. Mirei para acertá-lo em cheio e, no momento em que atirei a fruta, eu tinha a intenção de colocar algum juízo na cabeça dele de um modo ou de outro. Por sorte não tenho uma mira tão boa e não o acertei, mas fiquei horrorizada por ter feito uma coisa dessas. Horrorizada! Eu simplesmente surtei.

Regulação emocional é o oposto de atirar laranjas. Também conhecida como autorregulação, a regulação emocional é a capacidade de pensar antes de agir. A raiva pode fumegar e borbulhar, e a raiva pode explodir. Uma explosão pode destruir tudo em seu caminho, ou, como cinza vulcânica, pode levar semanas para assentar.

A raiva pode ser uma onda de choque de emoção negativa, uma torrente de sentimentos, mas as pessoas em sua maioria têm capacidade neurológica para mudar o curso dessa explosão e amenizar o surto. Elas podem parar por um momento para avaliar as suas ações e não reagirem de maneira prejudicial a outros ou autodestrutiva. Com uma boa autorregulação, as pessoas aprendem a parar.

Algumas pessoas nascem com temperamento mais equilibrado do que outras, mas nós todos aprendemos a autorregulação. Nós não esperamos que crianças pequenas consigam controlar seu estresse; nós compreendemos que os seus cérebros ainda estão em desenvolvimento, e que ter ataques de raiva faz parte de ser criança. À medida que crescem, as crianças são ensinadas a lidar com os seus fatores de estresse da vida cotidiana e a "respirar fundo" para que possam comunicar as suas necessidades com calma ou resolver problemas em situações difíceis. Conquistar essas habilidades é um processo lento, pois a área do cérebro envolvida no autocontrole não está completamente desenvolvida até os dez anos de idade; alguns cientistas acreditam que essa área não se encontra totalmente desenvolvida até que as pessoas atinjam a casa dos vinte anos de idade. A boa notícia é que nós podemos continuar a mudar os nossos cérebros ao longo da vida.

A maioria de nós é ensinada a parar e pensar. Somos ensinados a olhar antes de pular, e a não dizer nada se não tivermos nada de bom para dizer. Somos ensinados a ignorar pessoas irritantes e seguir nosso caminho. Somos ensinados a ser bons esportistas e a respeitarmos nossos próprios limites. Somos ensinados a comunicar nossa raiva de maneira assertiva, mas não agressiva, e nos dizem que é importante ter alimentação, exercícios e descanso suficientes para que alcancemos a nossa melhor forma. Temos de continuar a nos lembrar dessas habilidades no decorrer da vida.

Todas as pessoas uma vez ou outra enfrentam problemas para controlar as suas emoções, mas algumas pessoas neurodivergentes lutam para controlar os sentimentos em seus corpos e modular as suas emoções. Compreender a si mesmo é vital para a regulação das emoções. A maioria de nós fica irascível quando passa por privação de sono ou quando tem baixa de açúcar no sangue.

A fome quase levou uma amiga minha ao divórcio por causa de cortinas. Certa manhã, antes de sair para trabalhar, ela pediu ao seu companheiro para que abrisse as cortinas e deixasse um pouco de luz entrar na casa. Quando ela voltou para casa no começo da tarde, as cortinas ainda estavam fechadas. Ela ficou irada. Seu companheiro continuava na cama, e ela entrou no quarto e explodiu.

"Eu lhe pedi para fazer uma coisa! Só uma! E nem isso você consegue fazer! Como você é preguiçoso! Você *nunca* faz nada para ajudar! Eu tenho que fazer *tudo!*" E ela saiu enraivecida de casa, com as chaves na mão, jurando que jamais voltaria.

E então ela se acalmou.

"Foi uma grande idiotice", ela me disse mais tarde. "Eu tive uma manhã tão corrida que acabei não tomando o café da manhã. Estava faminta. Quando cheguei em casa, tudo o que eu queria fazer era comer alguma coisa." Para piorar, o parceiro dela estava com enxaqueca e não podia nem sair da cama. Minha amiga reconheceu que naquele momento enxergava o mundo apenas com suas lentes: "Queria as cortinas abertas".

Quando nós reagimos de maneira exagerada, isso frequentemente ocorre em razão das lentes através das quais enxergamos no momento. Com essas lentes nós só conseguimos ver o mundo em preto e branco, e isso se torna tudo ou nada. Nós fazemos afirmações que começam com "Você sempre" ou "Você nunca". Quando as nossas emoções nos cegam, nós não conseguimos ver o meio-termo. Às vezes um botão é acionado e ocorre uma reação desmedida associada ao passado, não ao presente. Sentimentos reprimidos de rancor, amargura e dor podem entrar em ebulição. Todos nós podemos ser panelas de pressão de emoções.

Irritar-se e perder o controle de vez em quando é natural, mas estar constante e persistentemente irritado e reativo não é. A desregulação emocional é reatividade permanente que é desproporcional à situação. Para algumas pessoas, como as que vivem com ansiedade e depressão, a desregulação emocional pode ser parte das agruras do dia a dia. Isso pode ter um impacto mais intenso sobre a qualidade de vida de uma pessoa e seus relacionamentos. A pessoa que se inflama e explode com frequência deixa os que estão em torno dela à mercê dessas emoções, e com frequência sente remorso, culpa e arrependimento por seu acesso de fúria.

O cérebro humano evoluiu para reagir com rapidez. Embutida nele há uma estrutura antiga: a amídala. Quando o cérebro detecta alguma ameaça, a amídala reage instantaneamente, guiando o corpo para a luta, a fuga ou a imobilidade. Milhares de anos atrás, essa reação (lutar/fugir/parar) era vital, pois tudo se resumia a sobreviver. A amídala ainda nos protege de ameaças e, quando somos ameaçados, a reação de lutar pode ser sentida e demonstrada numa rápida explosão de raiva.

A amídala também é responsável pelo processamento de emoções, mas nem todas as redes neurais processam emoções da mesma maneira. Para algumas pessoas autistas, os impulsos disparados pela amídala em uma fração de segundo as coloca em modo de sobrevivência e não dão ao lobo frontal — onde as consequências são avaliadas — a chance de participar da decisão. Todos sabem o que é ter um acesso de raiva. No momento do acesso, você pode querer gritar, quebrar coisas, socar alguma coisa ou xingar alguém da maneira mais horrível que conseguir. Mas o seu lobo frontal dirá nessa hora: *Espere um pouco! Acha mesmo que isso é uma boa ideia?* O lobo frontal coloca freios na raiva... mas às vezes esses freios falham.

Quando algumas pessoas neurodivergentes ficam com raiva, é como se houvesse uma grande parede de tijolos barrando a comunicação neurológica da amídala até o lobo frontal. As ligações cerebrais de uma pessoa neurodivergente podem deixá-la exaltada, com capacidade limitada para mobilizar a parte do cérebro *Eu devo fazer isso?* E quando não tem tempo para parar e pensar, você simplesmente faz.

Levi era uma dessas pessoas. Trabalhei com muitos clientes ao longo dos meus trinta anos de carreira, e sei bem que algumas pessoas não podem controlar as suas palavras ou ações quando as emoções atingem níveis altos. Posso visualizar a parede se erguendo em suas vias neurológicas no momento em que isso acontece. A parede de Levi era dupla e reforçada com aço.

Levi era um homem grande; eu mal alcançava a altura do seu peito. Era corpulento e forte, e levava a vida como John McEnroe na quadra de tênis depois de um juiz tomar uma decisão que não o favorecia. Levi chegou a uma de nossas consultas depois de ter tido uma manhã bastante ruim, e eu aparentemente tornei seu dia ainda pior. Levi culpava sistematicamente as pessoas que o cercavam pelos obstáculos que encontrava na vida. "Não é minha culpa" era a sua resposta padrão para cada obstáculo em seu caminho. Ele fornecia detalhes sobre quem ou que coisa havia causado o problema, mas nunca, jamais era Levi.

Naquela manhã, Levi havia sido multado por excesso de velocidade. Isso não tinha absolutamente nada a ver com a *sua* condução ao volante e tudo a ver com o "número de multas por excesso de velocidade que a polícia tinha de aplicar para alcançar a sua cota". Segundo Levi, a polícia tinha-o como alvo para seus fins. Cometi o erro de perguntar sobre responsabilidade pessoal. Eu poderia ter dito algo bobo como "Mas quem estava dirigindo o carro, Levi?". Foi como balançar um pano vermelho diante de um touro, e Levi reagiu com entusiasmo. Ele sacudiu a mesa diante de nós, lançando papéis e canetas para todos os lados, com um movimento do braço atirou longe os livros da estante, e deixou uma cadeira de pernas para o ar. E enquanto fazia isso, ele esbravejava: "De que lado você está?", "Você é a porra de um policial?" e mais alguns desaforos enraivecidos que me fizeram pressionar as costas contra a minha cadeira. Eu não estava assustada. Estava observando o jogador de tênis atirar longe a sua raquete de tanta frustração, e esperei em silêncio. Depois de dar alguns passos freneticamente, Levi levantou a sua cadeira e se sentou, ainda furioso, mas não mais espumando pela boca. Ele havia liberado a sua energia raivosa, e depois desse extravasamento a emoção se dissipou. A exibição inicial de desregulação emocional desaparecia. Eu precisei apenas controlar as *minhas* emoções e esperar.

Todos nós já ouvimos falar que devemos contar até dez antes de reagirmos quando estamos zangados ou alterados, e existe respaldo científico para isso. Na realidade, os elementos químicos e hormônios liberados pela amídala levam seis segundos para se dissiparem. Você não precisa contar literalmente até dez; só tem de saber que, fazendo essa pausa, dá ao lobo frontal do cérebro a chance de realizar uma ponderação. Quando uma pessoa tem uma reação exagerada, é importante ter isso em mente e manter-se tranquilo a fim de não colocar mais lenha na fogueira. No calor do momento, pode ser bem difícil não reagir de maneira extrema, porém duas pessoas enraivecidas e emocionalmente desreguladas colidem de frente. E isso não acabará nada bem. Quando uma pessoa tem desregulação emocional é necessário que ela enfrente esse problema, mas cabe a *você* controlar a *sua* reação.

As palavras rancorosas de uma pessoa, o ataque verbal ou o tratamento silencioso (o "gelo"), o ato de bater portas, de quebrar ou esmagar objetos ou o lançamento de frutas são todos sinais de desregulação emocional. Estou certa de que você pode se lembrar de uma ou mais ocasiões em que já teve uma reação desmedida.

Existe sempre um motivo para a raiva de uma pessoa. Às vezes a raiva é motivada pela mágoa e pela dor. Às vezes é uma objeção exaltada à injustiça ou uma resposta à frustração. Algumas vezes, o cérebro de uma pessoa está condicionado de tal modo que processa experiências comuns, do cotidiano — por exemplo, estar num grupo de pessoas — como ameaças. Todos nós sentimos raiva, e a raiva em si traz benefícios. Nós *deveríamos* sentir raiva quando somos ameaçados ou insultados. Nós *deveríamos* sentir raiva quando nos deparamos com injustiça ou exploração. Os sentimentos de raiva podem nos motivar e nos fornecer energia para nos erguermos e tomarmos uma atitude contra o que não está certo.

A raiva em si não é nem boa nem ruim. O que conta é o modo como reagimos a esses sentimentos. Não podemos levar nossas vidas sendo sempre calmos, frios e serenos, mas podemos aprender a controlar nossas emoções para que nossas emoções não nos controlem.

*

Cinco anos depois de ter ameaçado enfiar a cabeça das pessoas em estacas, Beth estava trabalhando na cozinha de um asilo para idosos, e ela adorava ouvir as histórias que vinham com a sabedoria da idade. Ela morava com o seu cão desmazelado e leal, e com seu igualmente desmazelado e leal namorado.

Para Beth, aprender a regular as emoções — sobretudo as mais intensas e difíceis — exigiu muita prática. Ela aprendeu a se conscientizar das suas próprias reações e do que as causava. Ela começou a reconhecer e a dar nome às situações em que era mais provável que perdesse o controle, como estar em um grupo cuja atividade ela odiava. Nós fizemos desenhos do cérebro e mostramos como ele envia mensagens para que Beth pudesse compreender visualmente como se conectam os pensamentos, sentimentos e ações. Ela praticou o reconhecimento dos sentimentos iniciais de raiva e a respiração na presença deles. Beth também criou o seu próprio sistema de reconhecimento. Ela visualizava a sua raiva como um trânsito de fluxo rápido numa autoestrada com várias pistas, e imaginava esse fluxo sendo reduzido por placas de "pare". Ela desacelerava os sentimentos para poder encontrar uma área de descanso na estrada e ter tempo para pensar.

Valendo-se desses métodos, Beth desenvolveu as ferramentas para regular as suas emoções. Ela até se juntou a um clube de reconstituição viking cheio de pessoas! Nos finais de semana, ela atacava gente brandindo uma espada ou um machado e esbravejando seu grito de guerra: "Matem todos! Matem todos!". E quando a batalha terminava, ela se sentava com os guerreiros vikings para uma xícara de chá.

"Eu sou uma Karl", Beth me disse.

"O que é uma Karl?", perguntei.

"São vikings de classe média: fazendeiros, artesãos, guerreiros."

Beth é uma guerreira viking, afinal de contas.

10

A intuição de Margot

"Eu não compreendo o que é a felicidade", Margot me disse. "Como você sabe do que se trata?"

Como é possível explicar a emoção da felicidade? Descrevendo-a como "júbilo, satisfação, contentamento"? Mas são emoções também! Você não pode explicar uma emoção com mais emoções... ou pode?

Adoro as perguntas inesperadas que muitas pessoas neurodivergentes me fazem. Adoro aquelas que me levam a parar e pensar, e às vezes preciso de tempo para conseguir formular uma resposta. "Como é sentir felicidade?" foi uma dessas perguntas.

Margot era linda por dentro e por fora. Ela poderia vencer um concurso de rosto mais perfeito, com seus grandes olhos de corça e seus lábios sensuais, e falava com uma voz musical. As sessões de aconselhamento com Margot aconteciam por chamada de vídeo, e quando eu a via na tela do meu computador ela geralmente estava sentada, segurando uma manta de pele de carneiro ou um brinquedo de pelúcia, com seu gato entrando e saindo do campo de visão. Ela morava em um estúdio numa grande cidade, e com seu amor pela arte e pela pintura havia construído em torno dela uma comunidade de pessoas. Ela poderia estar num quadro de Renoir.

Margot era muito falante, e eu sentia que poderia ouvi-la por dias. Ela estava na casa dos quarenta anos e, como muitas mulheres autistas, recebera o seu diagnóstico na vida adulta. Antes de ser diagnosticada com autismo, Margot tivera muitos diagnósticos equivocados, e estava abandonando alguns dos atributos que haviam sido associados a ela anteriormente. Ela ainda estava em busca da sua identidade, e aprendendo o que significava para ela ser uma mulher autista.

Margot procurou-me para que a ajudasse em seus relacionamentos. Ela havia sido magoada muitas vezes em sua vida. Margot atraía os homens, mas a maioria dos seus relacionamentos fracassara. Esses relacionamentos abarcaram desde um casamento infeliz e sem amor até várias experiências breves. Algumas terminaram em desinteresse, e outras foram abusivas. Apesar disso, Margot ainda acreditava no amor. Ela acreditava que todos estavam destinados a encontrar alguém. A sua descrição do seu "alguém" tomava a frente e o verso de uma folha de papel, numa escrita tão pequena que lembrava a impressão em uma velha lista telefônica.

As qualidades que Margot desejava num parceiro em potencial incluíam ser leal e confiável, e também alto e cabeludo. Incluíam compartilhar o apreço dela pela natureza e pela ciência, e uma lista do que ele deveria trazer ao relacionamento (segurança financeira) e o que não deveria trazer (filhos). Eu adorava a lista de Margot (mesmo tendo as minhas dúvidas de que houvesse um homem neste mundo capaz de satisfazer cada um dos seus 146 itens), mas percebi que não havia palavras relacionadas a *ela* em lugar nenhum.

"Como um relacionamento deveria fazer *você* se sentir, Margot?", perguntei. "Segura, satisfeita, realizada?" Margot inclinou a cabeça, reagindo como se eu lhe tivesse pedido para resolver uma equação de segundo grau.

Em uma consulta, Margot descreveu um encontro recente com alguém que ela havia conhecido *on-line*. "Nós fomos a um restaurante adorável", ela disse, "e ele era uma pessoa agradável para se conversar. Mas o tempo todo eu me senti como uma passageira num carro com um motorista péssimo, e não parava de pensar que ele acabaria batendo."

"Nossa", eu disse. "Você é muito intuitiva."

Ela olhou para mim sem entender.

"Sabe esse pressentimento?", tentei explicar. "Esse sentimento intuitivo que lhe diz que algo não está certo? É a sua intuição."

— Explique-me o que é esse sentimento intuitivo — Margot disse.

*

Palpite, o santo não bater, estar com um pé atrás, premonição — temos muitas expressões para definir os sentimentos em nossos corpos, mas como aprendemos a respeito dessas emoções? A maioria de nós sabe o que é sentir-se feliz, triste e zangado, mas essas são apenas algumas numa vasta gama de emoções que os humanos sentem e podem nomear.

Sentimos admiração, animação e prazer. Sentimos desespero, melancolia e culpa, e ficamos estressados, preocupados e ansiosos. Como conseguimos distinguir todas essas emoções? Como sabemos o que é euforia? Como sei que o meu sentimento de amargura é o mesmo que o de qualquer outra pessoa? Como sabemos o que vem a ser a esperança?

Um dia desses vi um pai ensinando o filho a andar de bicicleta no parque. O garoto era pequeno, talvez tivesse quatro anos, e ainda não dominava a arte de empurrar e rodar os pedais. Ele estava disposto a tentar de verdade, mas quando me aproximei mais deles, o garoto estava no chão, ao lado da bicicleta, tentando movimentar os pedais com as mãos. Ele chorava e gritava para a bicicleta.

"Essa bicicleta é estúpida!", ele choramingava. "Está quebrada. Não funciona."

Por alguns momentos, seu pai apenas o observou, sem interferir. "Raj", o pai disse finalmente. "Raj, você está frustrado."

Ele poderia ter dito "Raj, você está zangado", ou "Raj, você está nervoso", mas não fez isso. Ele deu o nome exato à emoção experimentada pelo filho. Com sorte, o cérebro de Raj registraria os sentimentos físicos de frustração e associaria esses sentimentos à palavra. Na próxima vez que Raj sentir um resmungo nascendo em sua garganta, talvez ele seja capaz de articular: "Eu estou frustrado".

Algumas crianças têm sorte por estarem sob os cuidados de pessoas que as ajudam a desenvolver um dicionário emocional pessoal. Todos nós ouvimos pais de crianças pequenas expressarem aos seus filhos o que acreditam que as crianças estejam sentindo: "Lisa está triste"; "Ally está feliz". Isso permite que as crianças gravem o sentimento dessas emoções em seus cérebros para que possam recordá-las, expressá-las e comunicá-las quando necessário.

Muitas pessoas têm problemas para expressar as suas emoções, ou têm vocabulário emocional pobre. Existem centenas de palavras para emoções que eu não costumo usar em conversas cotidianas — por exemplo, *pensativo, melancólico* e *triunfante* —, mas ainda assim conheço essas palavras. Quando eu pensava em uma lista grande de emoções, muitas vezes voltava a estas perguntas: como é realmente sentir medo ou empolgação? De que maneira eu descreveria isso? Como sei a diferença entre todas essas emoções?

Umas das minhas emoções favoritas é a antecipação — não a antecipação do pior, mas aquele sentimento por saber que algo excelente vai acontecer. Aprecio isso particularmente quando está ligado a pessoas de quem gosto. A maioria das pessoas conhece esse sentimento de antecipação — quando, por exemplo, você está prestes a receber a visita de alguém por quem você tem uma atração, ou de um amigo que você não vê faz algum tempo, ou de um membro amado da família. É deliciosa essa sensação de esperar pela chegada deles. Eu adoro o sentimento de antecipação em meu corpo, a vibração de expectativa no estômago. Fico mais alerta e não consigo ficar parada. Minha mente se enche de tudo o que está por vir, dos sentimentos e pensamentos de que logo irei vê-los e poderei abraçá-los e conversar com eles, e que ficaremos acordados até tarde da noite contando histórias. A antecipação também é porque eu adoro aeroportos e estações de trem, portas da frente e portões. É porque adoro locais de encontro. Mas eu raramente paro para pensar no modo como o meu corpo *sente* a antecipação, como ele envia a mensagem para o meu cérebro e o meu cérebro diz "É, você está antecipando, e você adora isso!".

Corpos fazem coisas incríveis em resposta ao ambiente e a diferentes situações. O seu sistema nervoso central enviará um calafrio através da sua espinha, aumentará a sua frequência cardíaca e fará você se arrepiar. Ele pode fazer seu estômago se revirar ou os seus olhos se fecharem de dor. Ele pode imprimir mais velocidade aos seus passos ou fazer você querer se curvar em posição fetal. Todas essas sensações corporais e suas diferentes combinações e intensidades recebem nomes como *medo, ansiedade* e *desgosto*. Mas às vezes nós nos esforçamos para decodificar essas sensações mescladas e nomeá-las exatamente pelo que são.

Alguns dias atrás eu estava em uma sala de espera, e a certa altura uma menininha se sentou ao meu lado; ela assistia a um vídeo, em seu tablet, da canção infantil "If You're Happy and You Know It" [Se você estiver feliz e souber disso]. Mas essa era uma nova versão, que abrangia muitas emoções. A pequena imitava todos os movimentos corporais mencionados na música: "Se você estiver feliz e souber disso, bata palmas. Se você estiver com medo e souber disso, esconda os seus olhos. Se você estiver zangado e souber disso, bata o pé". Enquanto eu a observava, percebi que muitos de nós aprendemos sobre nossas emoções de um modo invertido.

Na escola, ensinam-nos a identificar emoções — nos outros. Mostram-nos imagens de rostos de outras pessoas — rostos felizes, rostos surpresos e rostos tristes — e perguntam "O que essa pessoa está sentindo?". Mas não deveríamos ser ensinados a observar primeiro o que os nossos *próprios* corpos sentem e a nomear esses sentimentos? "Se você estiver animado e souber disso, então você está feliz. Se você estiver fechando os seus punhos e souber disso, então está zangado. Se o seu coração estiver batendo forte e você souber disso, então você está assustado." Ser capaz de identificar sentimentos em nossos corpos e nomear as nossas emoções parece uma maneira bem melhor de se começar.

Muitos de nós estão desconectados dos próprios corpos. O nosso tempo é curto, e às vezes nós registramos as sensações em nossos corpos apenas quando elas são intensas e esmagadoras. Mas o nosso sentido interoceptivo nos envia pistas constantemente. Os receptores interoceptivos ao longo do nosso corpo captam as menores mudanças, mas nós raramente damos alguma atenção a essas sensações. Quando você dedicar algum tempo a si mesmo para conferir como está, você se conscientizará e poderá dizer "Eu estou sentindo...". O sentido interoceptivo o guiará na descoberta da melhor maneira de cuidar de si mesmo. Você precisa dormir? Comer? Vestir um suéter quando sentir os pelos da sua pele se arrepiarem?

Muitas pessoas autistas processam informações sensoriais de maneira única, e o sentido interoceptivo não é exceção. Esse sentido de percepção das sensações do nosso corpo pode ser processado de modo veloz e furioso ou vice-versa, ou mensagens podem ser enviadas de maneira confusa. Para algumas pessoas, sinais corporais são tão dispersos e vagos que é difícil saber de onde os sentimentos vêm, ou os sentimentos podem ser mal interpretados.

Testemunhei a confusão de sentimentos corporais em muitas pessoas autistas. Vi uma criança cair de um brinquedo e, enquanto sofria a óbvia dor da queda, gritar entre lágrimas "Estou com fome!". Claro que essa criança não sentia fome, mas sim dor. Mas o sentido interoceptivo de dor era incerto, e a divergência do sentimento no cérebro introduziu as palavras de um mal-estar diferente.

Jarrad é uma pessoa que tem dificuldade para decifrar os sinais que o seu corpo lhe envia. Ele era um botânico brilhante cujo conhecimento de nomes latinos de plantas me fascinou. Estava cursando a universidade, e lá havia encontrado a "sua gente", isto é, outros que conheciam a linguagem das plantas. Juntos, ele e os seus colegas colecionavam sementes de plantas australianas nativas a fim de contribuir para um banco de sementes. Jarrad estava prosperando — em quase tudo, pois havia um problema.

Com muita frequência, Jarrad dava entrada no hospital com ataques de pânico incontroláveis. Juntos, eu e ele procuramos os gatilhos que causavam esses seus ataques. Talvez estivessem ligados à universidade e aos trabalhos?

Prazos finais e sua necessidade de perfeição? Mudanças inesperadas? Não. Esses ataques estavam relacionados ao calor. Jarrad tinha ataques de pânico quando se encontrava dentro de um recinto muito quente, quando estava vestindo roupas pesadas uma por cima da outra, ou quando estava dentro de um carro estacionado ao sol. Jarrad não era capaz de decifrar as sensações no interior do seu corpo. Seu sentido interoceptivo enviava mensagens confusas, e todas as sensações de "quente" eram percebidas como apenas uma coisa: pânico.

Nem todos podem processar e identificar com clareza as sensações que o corpo envia ao cérebro, e dar a essas sensações os seus nomes emocionais corretos. Quando sentimos tristeza, os nossos corpos podem parecer pesados, e quando estamos ansiosos podemos nos sentir agitados. Mas como saber interpretar essas sensações corporais? Algumas pessoas (particularmente as que têm alexitimia) de fato têm dificuldade para identificar e expressar as suas emoções.

Todos nós, vez ou outra, nos sentimos de certa maneira, mas não sabemos ao certo por quê. *Por que tenho essa sensação angustiante? Por que estou nervoso? Por que estou deprimido?* Essas sensações são pistas, e prestar atenção a essas pistas nos permite agir.

Alguns anos atrás, eu e uma amiga caminhávamos em uma feira. O lugar estava cheio de gente, e a rua estava cheia de carros estacionados lado a lado. Estava comentando com a minha amiga coisas bastante simples, mas de grande interesse para mim: quão suculentos eram os morangos que eu havia acabado de comprar, e como as pessoas cultivavam cogumelos. Minha amiga e eu andávamos uma ao lado da outra quando de repente ela acelerou o passo, e então disparou a correr.

Uma criança andando vários passos à frente dos seus pais chamou a atenção da minha amiga. No que pareceu ser uma fração de segundo, o garotinho correu para o meio dos carros que estavam estacionados. Minha amiga agarrou o pequeno pela parte de trás da jaqueta bem no momento em que ele ia entrar na frente de um carro que passava. Eu senti a brisa do carro, ouvi o grito da mãe do menino, e vi o reflexo daquela jaqueta vermelha quando a minha amiga puxou a criança para trás bem na hora. Senti náusea quando pensei no que poderia ter acontecido. Depois que os pais agradeceram efusivamente, com lágrimas nos olhos, minha amiga e eu continuamos o nosso passeio.

"Como você percebeu?", perguntei.

"Uma sensação em meu estômago", ela respondeu. "Com tantos carros e crianças, eu senti que algo ruim estava prestes a acontecer. Foi só uma intuição."

Ouvir o que o nosso corpo nos diz e atentar para o nosso sentido interoceptivo é o ponto de partida para se alcançar a desenvoltura emocional. Podemos ser capazes de dar nome a centenas de emoções, mas se não soubermos de fato como cada uma delas é, teremos apenas um enorme vocabulário sem utilidade. Nós perguntamos uns para os outros o tempo todo "Como você está se sentindo?". Para muitas pessoas, porém, essa não é uma pergunta fácil de responder.

E nós não podemos esperar que os outros nos respondam isso a contento, a menos que possamos responder por nós mesmos.

*

"É difícil explicar o que é intuição", eu disse a Margot, "e cada pessoa sente isso de maneira diferente."

Eu disse a ela que algumas pessoas chamam isso de sexto sentido, e que você sente isso quando o seu corpo lhe envia sinais. Pode ser uma agitação no seu estômago, umidade nas mãos. Você pode ficar mais consciente e vigilante. Algo na sua cabeça sussurrou: *Isso não parece certo.* E esse sussurro deveria ser a deixa para que você entrasse em ação.

"Na verdade", eu concluí, "é mesmo como se você fosse a passageira num carro com um péssimo motorista, e você acredita que ele está prestes a bater."

Margot começou a chorar. Grandes lágrimas rolaram por seu rosto, e, a seiscentos quilômetros de distância, eu nada podia fazer além de observá-la por uma tela.

"A minha intuição falou comigo durante toda a minha vida, mas eu não escutei", Margot disse, chorando. "Meus sentimentos são como um grande emaranhado de luzes de Natal que eu queria ter desembaraçado antes de guardá-las por mais um ano."

"Você apenas não conhecia a sensação em seu corpo, ou ainda não conhecia a linguagem", assegurei a ela.

Nós começamos a desembaraçar as luzes de Natal, e Margot começou a nomear suas diferentes sensações corporais.

"A tristeza é pesada e vazia", ela disse. "Tristeza são tentáculos pegajosos enrolando-se em torno dos seus órgãos."

"E a alegria?", indaguei.

"A alegria é uma explosão borbulhante de energia. Você sente o seu corpo quente e iluminado. Como se estivesse brilhando."

Criando um dicionário para as sensações do corpo, Margot acabou se tornando uma das pessoas mais articuladas emocionalmente que eu conheço.

11

A rocha de Nikko

Dormir no mesmo quarto com seis garotos adolescentes não é algo que eu queira fazer todas as noites da minha vida, mas quando você é um professor de educação especial num acampamento escolar faz parte do trabalho.

Muitos dos estudantes do ensino médio no acampamento viviam pela primeira vez a experiência de dormir fora de casa. Houve muita saudade de casa, e as três noites pareceram uma eternidade. Cada um dos estudantes estava cheio de temor, e todos estavam tentando fazer coisas pela primeira vez: primeira vez que comiam espaguete à bolonhesa, primeira vez que dormiam num saco de dormir, primeira vez que tinham de procurar as suas meias e roupas de baixo pela manhã, e seus pijamas à noite. Um verdadeiro caos. Todos estavam nervosos, e todos derramaram muitas lágrimas — exceto Nikko.

Nikko não estava para brincadeiras. Ele vestia camiseta da banda Metallica e calça jeans preta. Havia cortado as mangas da sua camiseta para poder exibir seus músculos, mesmo sem ter bíceps dos quais se gabar. Ele era esquelético e frágil e seu rosto era o de uma criança negligenciada, com maçãs do rosto muito salientes e pele translúcida.

Ele sempre falava com impertinência. Não importava o que você fizesse, ele faria melhor. Se você tivesse escalado uma colina, Nikko teria escalado o Monte Everest. Se você tivesse atravessado a nado uma piscina olímpica, Nikko teria atravessado a nado o Canal da Mancha.

Nós tivemos muitas aventuras no acampamento. Subimos em árvores, cantamos em volta de fogueiras, apanhamos girinos no dique. Nikko anunciava suas habilidades de escalar e de fazer fogueiras, e compartilhava com todos os que quisessem ouvir as suas escapadas para pescar em alto-mar.

Certa manhã, todos nós saímos para uma caminhada por uma estrada rural. Nós fizemos muitas paradas, porque um dos estudantes estava assustado com os carneiros e as vacas, e passou boa parte do tempo chorando e precisando sentar-se na beira da estrada. Nikko ficou frustrado com tantas paradas, e começou a se queixar de garotos que agiam como bebês.

"Todo mundo sente medo, Nikko", comentei. "Do que você tem medo?"

"Eu não tenho medo de nada", ele respondeu.

Eu sabia que a afirmação orgulhosa de Nikko não era de todo verdadeira. Qualquer um que se vanglorie tanto, que conte tanta vantagem, tem geralmente alguma coisa a esconder.

No caso de Nikko, a verdade foi revelada por uma rocha de menos de meio metro de altura.

*

Todos nós experimentamos o medo. Os seres humanos são programados para sentirem medo, pois isso nos ajuda a evitar o perigo. É uma emoção que nos mantém em segurança.

A maioria de nós tem medo de uma série de coisas. Alguns se assustam fácil com cobras, aranhas, ratos. Outros têm medo de voar, de ir ao dentista ou de altura. Algumas pessoas temem eventos que não aconteceram e podem nunca acontecer, como perder os filhos, ser sequestrado, adoecer ou envolver-se num acidente de carro. As pessoas temem a crise climática, tsunamis, inundações e terremotos. Alguns desses medos são sensatos, mas outros são criados em nossa imaginação.

Um quarto escuro à noite é terreno fértil para medos infantis irracionais. "Não consigo dormir", as crianças choramingam. "Tem fantasmas e monstros no meu quarto!" A escuridão incendeia a imaginação. Quem espreita nos cantos? Quem pode estar escondido no armário ou debaixo da cama? Luzes noturnas afastam o desconhecido, e é no desconhecido que o perigo existe. É no "e se…?" que se baseia o medo de muitas pessoas.

Eu tenho uma amiga que adora nadar, mas não no mar. Ela nadaria até a exaustão numa piscina, porque dentro de uma piscina ela está a salvo de tubarões.

Ela jamais se deparou de fato com um tubarão, mas sempre que entra na água do mar acredita que encontrará um.

"É totalmente irracional", ela me disse, "mas a minha imaginação assume as rédeas. Para mim, os tubarões estão por toda parte. Se uma alga marinha encosta de leve em mim, eu grito."

Eu não tenho medo de tubarões; eles jamais invadem os meus pensamentos. Às vezes, porém, eu me pego pensando na lula-gigante, com seus olhos grandes como discos de frisbee e mandíbula em forma de bico forte o suficiente para romper um cabo de aço. Quando estou na água, imagino os seus tentáculos de doze metros de comprimento enrolando-se em mim, e as suas ventosas, com seus pequenos ganchos, sugando a minha pele. Sim, é claro que eu sei que a lula-gigante vive nas profundezas do oceano, e no ponto em que estou a água só chega à minha cintura — mas o medo não se baseia sempre em fatos. E como eu amo a água salgada, tenho de dizer a mim mesma que o meu medo não é real. Mas às vezes é difícil acreditar nisso.

Weylan tinha quarenta e poucos anos quando me contou a história das linhas elétricas. Ele tinha um diploma de doutorado, trabalhava como pesquisador na universidade local, e havia publicado mais artigos científicos do que o número de dedos que tenho nos pés e nas mãos. Ele era um homem de muitas palavras, mas não havia sido sempre assim; Weylan não usou palavras nos primeiros seis anos da sua vida.

Ele vivia em uma fazenda quando era criança, e sua mãe o levava do campo até a cidade para fazer tratamento fonoaudiológico várias vezes por semana. Ele me contou que recentemente havia dirigido pela mesma estrada com a mãe.

"Minha mãe me disse que eu costumava gritar quando passávamos por essa estrada", ele disse. "Ela me perguntou se eu era capaz de me lembrar por que fazia isso. E eu podia me lembrar, é claro. Eu gritava por causa das linhas elétricas."

Weylan explicou que havia grandes linhas elétricas ao longo da estrada: cabos elétricos enormes de alta tensão que levavam eletricidade da central elétrica até a cidade. A certa altura, os cabos cruzavam a estrada, pulando de um poste para outro.

"Sempre que passávamos naquele lugar na estrada, eu olhava para os cabos através do para-brisa e achava que eles iam desabar em cima de nós", ele contou. "Parecia que iriam se romper e atingir o carro."

Na época, Weylan ainda era uma criança pequena e não falava, e não foi capaz de explicar esse medo à sua mãe; por isso ela não fazia ideia do que o deixava tão perturbado. "Minha mãe achava que eu agia assim porque não gostava do tratamento fonoaudiológico, mas eu adorava a terapia", ele afirmou. "Caso contrário, eu jamais teria entrado no carro."

A motivação nos ajuda a superar o medo. Faremos coisas que nos deixariam mortos de medo para sentirmos a alegria de fazer isso, mas nós geralmente precisamos nos convencer disso. Um dos recursos mais simples de que as pessoas dispõem para vencer o medo é falar consigo mesmas.

Dizemos a nós mesmos palavras de encorajamento. Minha vizinha Amber recentemente saltou no *bungee jump* mais alto da Nova Zelândia. Ela me mostrou o vídeo, mas eu estava mais interessada na filmagem dela *antes* do salto do que no salto propriamente dito. Ela estava de pé numa plataforma a mais de cem metros de uma pequena piscina, e tudo em sua linguagem corporal gritava *Eu não quero fazer isso!* No vídeo, seus dentes estavam cerrados e seus olhos se moviam rápido de um lado para o outro. Ela finalmente olhou para baixo, e cobriu o rosto com as mãos. Ela balançou a cabeça, mas caminhou gingando na direção da beirada. Quando chegou, em vez de se empertigar cheia de confiança, ela se agachou.

"Faça isso, Amber. Vamos lá, Amber! É só fazer", ela murmurou para si mesma com convicção. E então, como se uma corrente elétrica a tivesse atingido, ela se ergueu e em seguida mergulhou, de cabeça, com os braços estendidos.

"Foi tão emocionante", ela contou. "Não existe sensação que se compare a essa. Mas superar o medo foi uma das coisas mais difíceis que já fiz na vida."

Nem todos são capazes de seguir em frente e vencer o sentimento de medo. Convencer-se de realizar uma façanha que desafia a morte é uma coisa, mas há pessoas que lutam para se convencerem a sair de casa, a falarem em público, a iniciarem uma conversa. O medo pode impedir as pessoas de participarem das mais simples situações do cotidiano.

Muitas pessoas amam cães. Eles podem ser companheiros incríveis, com seu estoque infinito de amor e de afeição; mas eles também pulam, lambem, cheiram mal. Com quinze anos, Gaby conhecia poucas palavras, e uma das suas primeiras palavras foi *cachorro*. Mas não porque ela os adorasse. Gaby *odiava* cães.

A maioria dos adolescentes adora correr riscos e testar limites; Gaby, contudo, adorava a segurança do quintal da frente da sua casa — porque do lado de fora da cerca havia cães. Quando deixava o quintal, ela sempre segurava a mão do seu pai, e se ela localizasse um cachorro (mesmo que a muitos metros de distância), ela se escondia atrás do pai, tremendo e gritando. Levar Gaby para passear no parque era impossível; lá havia muitos cães. Ir ao supermercado com a garota também estava fora de questão, pois as pessoas amarravam os seus cachorros na entrada do estabelecimento. Gaby tinha de ser levada para a escola todos os dias, mesmo que a escola ficasse a apenas duas quadras de distância, porque se visse um cão em seu caminho ela sairia correndo na direção contrária.

Certo dia, os pais de Gaby examinaram o café local em frente à praia e não viram cães na vizinhança, então conseguiram encorajar Gaby a sentar-se numa mesa para tomar um *milk-shake*. Foi uma grande conquista para a garota, a primeira vez que ela saboreava um *milk-shake* em local público. Porém, isso não durou mais que alguns minutos. Não demorou para que um casal entrasse no café e se sentasse a uma mesa... com o seu cachorro. Eles estavam a poucos metros de distância, e Gaby, ao ver o sedoso golden retriever, reagiu tomada de horror e subiu na mesa. E se recusou terminantemente a descer até que o cão não pudesse mais ser avistado.

Muitas pessoas autistas experimentam emoções intensamente. Aumente o seu sentimento de medo, e talvez você tenha uma ideia do terror que eles devem sentir. Eu conheço pessoas autistas que ficam aterrorizadas com balões, horrorizadas com a grama, ou morrem de medo de liquidificadores e aspiradores. Gaby ficava apavorada com cachorros.

Quando uma pessoa neurodivergente fica paralisada de medo, as vias neurológicas podem acabar paralisadas também. Quando as pessoas experimentam as sensações do medo, seus cérebros podem ficar tão sobrecarregados que elas são incapazes de pensar com clareza. Elas não conseguem ouvir os pensamentos tranquilizadores que vêm com o diálogo interno. Para piorar, os outros às vezes minimizam a causa do pavor, seja ela qual for. Para Gaby, não era "só um cachorro" — tratava-se de uma ameaça imediata.

"É difícil explicar a amantes de cães esse medo paralisante da Gaby", disse-me um dos pais dela. "Na verdade, nós também não entendemos por que isso ocorre. Ela nunca foi mordida. Talvez isso aconteça porque os cães são muito imprevisíveis, e Gaby adora a previsibilidade."

O medo pode se basear na imprevisibilidade. Todos nós queremos conhecer o desenrolar dos acontecimentos e, quando não sabemos qual será o resultado de uma situação, os nossos pensamentos podem sair do controle. Nós imaginamos todas as coisas que podem dar errado e invocamos cenas de dor e sofrimento. E é natural que tentemos evitar o que nos causa dor, mesmo que isso exista apenas em nossa imaginação. Todos nós nos afastamos das coisas que são ruins, como comida estragada. Nós também somos motivados por recompensas e queremos nos aproximar de coisas de que gostamos, como bolo e o cheiro de gardênias. Como humanos, nós somos destinados a buscar o que é bom e a evitar o que é ruim, e isso também se aplica às nossas emoções.

Animação e felicidade são consideradas emoções "boas"; incerteza e tristeza são "ruins". Mas as emoções não devem ser rotuladas assim. Todas as emoções têm um propósito, e cada uma delas desempenha um papel importante em nossas vidas. O medo não é "ruim". O medo é necessário. É um sinal de advertência para que fiquemos vigilantes e tomemos cuidado. Nós precisamos ouvir nossos corpos e saber quando ficar alerta. É o medo que nos diz: *Não chegue perto demais da beirada*.

Do medo também vem a adrenalina, que nos ajuda a atravessar momentos difíceis. Alguma vez você já fez algo realmente difícil, algo de que você realmente se orgulhou por ter feito? Tirar a sua carteira de motorista, fazer um exame com sucesso, jogar num campeonato com o seu time? Quando avançamos na direção de um objetivo e queremos alcançá-lo, com frequência nos sentimos amedrontados. Esse medo nos diz: *Eu quero muito me sair bem nisso*, ou *Isso é importante para mim*. É o medo de fracassar, o medo de não conseguirmos dar o nosso melhor quando queremos tanto isso. Mas nem sempre reconhecemos esses sentimentos como bons para nós.

As pessoas que têm dificuldade para interpretar as sensações e sentimentos em seus corpos, principalmente quando são neurodivergentes, podem passar por maus bocados na tentativa de diferenciar o tipo de medo que alerta para o perigo e o tipo de medo que sentimos porque desejamos ter êxito. Elas podem temer o medo em si mesmo, e evitarão qualquer atividade que o cause.

Quando estamos amedrontados, quando nos afastamos do que nos assusta, nós precisamos de encorajamento. A palavra *encorajamento* significa literalmente "colocar coragem em". Quando nós apoiamos uns os outros, desenvolvendo confiança mutuamente, forjamos coragem. Podemos ajudar uns aos outros a saltar, a se arriscar, a se expor, a experimentar ou simplesmente a continuar.

Ser corajoso não significa *não* sentir medo. Na verdade, o medo é que nos faz valentes. A verdadeira coragem surge quando você está tremendo em pé, seu estômago está se revolvendo e cada uma das células do seu corpo grita *Não dá, não faça isso!* — mas você faz isso mesmo assim. As pessoas não são corajosas apenas quando combatem incêndios ou mergulham em rios turbulentos; elas também podem ser corajosas quando fazem exame de sangue, andam numa montanha-russa ou nadam em um mar cheio de lulas do tamanho de contêineres.

Quando o rugido do medo não deixa um indivíduo ouvir os seus próprios pensamentos, outras pessoas precisam sussurrar ou gritar para esse indivíduo: "Continue tentando. Está tudo bem. Você pode fazer isso!".

*

Nikko, segundo ele próprio, já havia estado em um acampamento-base nas montanhas do Himalaia, mas isso não pareceu se confirmar no dia em que fomos à praia. Nós descemos caminhando por uma trilha que seguia até o oceano e terminava numa rocha. Essa rocha não estava encravada na encosta de um penhasco ou coisa parecida — tinha a altura aproximada de um rolo de macarrão, e estava coberta de areia macia por baixo.

Os estudantes caminharam um após o outro, e cada um deles desceu pela pedra com passadas largas. Até que chegou a vez de Nikko.

Nikko olhou para baixo, e eu vi os seus olhos se esbugalharem e as veias no seu pescoço magro saltarem. Então ele ficou paralisado, sem mover um músculo, com uma expressão de medo estampada em seu rosto pálido.

"Venha, Nikko", eu disse. "É só um pequeno degrau."

Mas era como se eu estivesse pedindo a ele para pular de um avião. Ele cambaleou alguns passos para trás, e então se moveu para a frente de novo. Para mim, aquilo não passava de um pequeno passo para baixo, mas Nikko enxergava ali um precipício sem fim. Aquele degrau transformou as pernas dele em gelatina, e era impossível para ele fazer algum movimento.

"Não, não, não", ele repetia sem parar.

Então uma criança gritou: "Você consegue, Nikko!". E os outros estudantes começaram a repetir o apelo em coro, como uma torcida num jogo de futebol. Isso me surpreendeu. Nikko havia passado os últimos dois dias zombando dos medos de cada um deles — "Só um maricas não consegue comer espaguete à bolonhesa", "Você é um bebê chorão", "Tanto barulho por causa de um saco de dormir" —, mas ninguém riu ou zombou de Nikko por ele demonstrar tanto medo. Ninguém fez pouco caso dele; pelo contrário, eles o encorajaram a seguir adiante e descer o degrau.

Os estudantes repetiam o seu nome várias e várias vezes, apoiando-o em coro: "Nikko, Nikko, Nikko!".

E então Nikko começou a falar consigo mesmo, baixinho. Era como se ele tivesse saído do próprio corpo para encorajar a si mesmo. "Está tudo bem, Nikko", ele murmurou. "Você pode fazer isso, Nikko."

Ele precisou de toda a coragem que pôde reunir. Ergueu o queixo e endireitou o corpo, projetando os ombros para trás. Por um momento, ele ficou imóvel, determinado.

"*Faça, Nikko!*", ele bradou de repente. E com os olhos fechados, ele avançou rumo ao seu desconhecido.

12

Os três dias de Ellis

Ellis gostava de regras, e ele gostava que *todos* seguissem as regras. Se você estiver na estrada quando Ellis estiver dirigindo, é bom você se comportar da maneira correta. Se Ellis o pegar quebrando as regras de trânsito, ele anotará o número da placa do seu carro e chamará a polícia.

Durante os anos de pandemia, havia regras por toda parte: quarentenas, máscaras, distanciamento regulamentar entre as pessoas nas ruas e em filas. Ellis, que trabalhava num escritório, perguntou ao seu chefe se ele podia garantir que todos os funcionários usassem máscara e se sentassem nos lugares designados a eles, com a distância exigida entre cada um.

"Nós estamos tentando, Ellis", seu chefe lhe assegurou. "Estamos seguindo as condições que nos permitem voltar ao trabalho, mas eu não posso lhe afirmar com cem por cento de certeza que todos os funcionários manterão a distância requerida e usarão as suas máscaras de maneira apropriada."

"Não me diga uma coisa dessas!", Ellis respondeu duramente. "Eu terei de denunciar isso. Terei de ligar para o número de emergência da covid se a empresa não puder fazer exatamente o que se espera que seja feito!"

Depois disso, Ellis não voltou ao seu trabalho no escritório por semanas. Ele esperou até que todas as restrições tivessem sido relaxadas e retornou ao trabalho somente quando teve certeza de que todos seriam capazes de fazer *exatamente* o que se esperava deles.

"Por que as regras são tão importantes, Ellis?", perguntei.

"Porque regras são estabelecidas para a proteção de todos", ele respondeu. "Se você usa o seu celular enquanto dirige seu carro, ou se não higieniza as mãos, você obviamente não se importa se vai prejudicar outras pessoas. Quem desobedece a regras pensa apenas em si mesmo." Ellis era a polícia da justiça social, e para ele regras *não* foram feitas para serem quebradas.

Certo dia, Ellis disse casualmente:

"Meu pai faleceu duas semanas atrás."

"Ah, meu Deus. Sinto muito, Ellis", eu disse. "Nem posso imaginar quanto isso deve ser difícil."

"Não tem problema, agora estou bem. Meu pai morreu duas semanas atrás. Eu fiquei triste durante os três dias em que temos autorização para ficar tristes."

"Três dias?", eu respondi, sem entender. "Como assim, três dias?"

"Essa é a licença por luto prevista em nossos contratos de trabalho", ele declarou simplesmente. "De acordo com as regras, nós temos permissão para três dias de luto, portanto eu fiquei triste durante as setenta e duas horas determinadas."

Ellis seguia os regulamentos; ele não atravessava a rua fora da faixa nem descartava lixo em locais impróprios. Ele cumpria zelosamente com as leis que exigiam que usasse cinto de segurança e pagava seus impostos no prazo. Mas certamente não havia regras para definir o tempo de luto.

*

Todos nós enfrentamos perdas. Isso infelizmente está associado à condição humana.

Algumas perdas são leves, outras são gigantescas. Nós perdemos corridas, chegando em segundo lugar ou em último; nós perdemos brinquedos que adoramos ou joias valiosas. Nós perdemos nossos empregos, amigos, relacionamentos, animais de estimação. Todas as perdas trazem tristeza. Sentimos que há algo de errado com o mundo, e que levará tempo para nos recuperarmos novamente.

E há ainda a maior perda de todas: perder as pessoas que amamos.

O coração representa amor. Quando era adolescente, dependendo do meu estado emocional, enchia meus cadernos de desenhos de corações vermelhos e redondos, corações atravessados por flechas de Cupido e corações partindo-se ao meio. Quando desenhava esses corações partidos, eu nunca compreendia de fato por que eles tinham linhas de fratura como placas tectônicas. Eu não percebia que um coração partido era como um terremoto com poder tremendo de destruição.

E então Maria morreu.

Maria e eu éramos como Shrek e Burro. Nós éramos o oposto uma da outra, mas ela podia descascar todas as camadas da minha cebola. Ela era a mais leal e confiável das amigas. É uma sorte ter pessoas assim em nossas vidas, pessoas com quem podemos contar quando as coisas ficam feias, pessoas que nos fazem crer que somos capazes de enfrentar dragões. Quando estamos destroçados, na pior, esses amigos vêm até nós de braços abertos, sem julgamento. Quando temos sucesso, eles abrem champanhe (embora a minha Maria odiasse champanhe). Mesmo em um dia comum, corriqueiro, quando nós vemos algo especial ou aprendemos algo novo, queremos compartilhar com amigos assim.

Maria era esse tipo de pessoa. Era a minha amiga especial.

Alguns anos atrás, Maria recebeu o diagnóstico de câncer. O nome do câncer de Maria não é do tipo que reconhecemos fácil, porque é tão agressivo que o tempo para pesquisas é curto. Esse câncer não tem um "dia" nem fita dessa ou daquela cor. É um câncer brutal e cruel.

Maria era uma pessoa cheia de vida; no entanto, em poucos meses toda essa vida foi levada para sempre.

E então ela se foi... simplesmente se foi.

Foi durante o luto por Maria que eu compreendi por que a emoção tem o nome de coração partido: porque você tem a sensação de que o seu coração explodiu em pedaços. Foi pulverizado. Eu pude sentir isso, e tive de agarrar meu peito com força e pressioná-lo para evitar que ele explodisse por todo o chão.

O luto é visceral. Ataca cada parte de nós, nossos pensamentos e nossos sentimentos. Faz sangrar cada nervo, cada ligamento. Invade os músculos e os ossos. Rouba o nosso apetite e o nosso sono. Rouba a nossa concentração, a nossa memória recente, a nossa capacidade de ouvir, de prestar atenção e de nos conectarmos com outras pessoas. Emoções que você jamais soube que existiam assomam à cabeça em rugidos e lamentos.

O luto é psicológico e físico também. Pode trazer depressão, raiva, culpa e desesperança. Quando você está passando pelo luto, o cérebro libera quantidades enormes de hormônios e substâncias químicas que alteram as suas funções corporais. O luto muda todos nós, mas o modo como o luto é sentido, o modo como é experimentado e a forma como se apresenta é bem diferente para cada indivíduo.

Na época em que eu trabalhava como professora de extensão para facilitar a inserção de estudantes com deficiências em escolas de ensino regular, recebi um telefonema: Sean estava urinando na sala de aula. Sean estava defecando nas calças. Sean não fazia isso desde que aprendera a usar o banheiro, quando ele tinha cinco anos de idade; mas estava fazendo isso agora, com treze anos. Havia algo de errado.

Sean expressava-se por meio de risadas. Ele adorava gravetos, e os apanhava e juntava sempre que estava ao ar livre. Sua coleção era impressionante. Ele não gostava de gravetos sólidos e sem curvas; esses ele descartava. Sean gostava de gravetos verdes flexíveis, de crescimento novo, que sibilam como uma bola de basquete passando pela rede, ou como um vestido de seda em contato com as pernas de uma mulher quando ela caminha. Cada som sibilante arrancava uma risada de Sean.

Ele não falava, mas se expressava por meio de resmungos, gemidos, ranger de dentes e risos e gargalhadas. Ele tinha um sistema de comunicação para indicar "sim" ou "não", fazer escolhas básicas de comida e pedir para entrar ou para sair. Ele comunicava a maioria das suas necessidades e desejos através de ações. Quando não queria participar de algo, ele ia embora. Quando queria algo no alto de uma prateleira, ele subia até lá.

E agora Sean estava tentando dizer algo.

"Aconteceu alguma coisa na escola?", perguntei ao membro da equipe. "Houve mudanças? Algo novo?"

"Não, nada."

"Alguma reforma? Uma nova pintura? Carpete novo? Novos professores? Novos estudantes? Mudança na rotina?"

"Nada."

"Quando isso começou?"

"Ah… Faz alguns meses. Uns cinco, eu acho."

"Alguma mudança na casa dele, talvez? Algo que ele possa estar tentando nos contar?"

"Bem, a mãe dele morreu cerca de seis meses atrás", disse o assistente do professor. "Sean nem mesmo sabe em que dia da semana estamos. Ele não faz ideia do que está acontecendo no mundo ao redor dele, e não tem nenhuma compreensão da morte. Seja como for, isso aconteceu há meses."

De súbito, minha mente foi invadida por pensamentos sombrios. Mesmo que eu jamais tenha feito algo assim, imaginei como seria dar um soco na cara de alguém.

A mãe de Sean havia morrido. Num momento ela estava ali, e no outro não estava mais.

A mãe de Sean era tudo para ele. Ele abria os olhos pela manhã e sua mãe era a primeira pessoa que via. Era a mão dela que segurava a de Sean quando havia um cão por perto; era ela quem cantava para ele no banheiro quando o xampu fazia seus olhos arderem, e era ela quem o secava com delicadeza. Ela era a responsável pelas meias sem costura e pela contagem de botões um a um do topo até a base de suas camisas. Ela era quem fazia o sanduíche de presunto e queijo cortado em quatro triângulos sem borda. Ela era a voz de Homer, Marge, Bart e Lisa quando as coisas estavam feias; e também quem coçava a cabeça de Sean à noite para que ele dormisse. E então, um dia... ela não estava mais lá.

A mãe de Sean havia desaparecido e nunca mais voltara.

"Então você está mesmo me dizendo que nada, *absolutamente nada* mudou a ponto de deixar esse menino tão perdido, ferido e confuso que ele começou a se urinar e se cagar desse jeito?", retruquei, furiosa. Eu não podia acreditar no que havia acabado de ouvir.

A perda, em todas as suas formas, é algo complexo para todos. Algumas pessoas reagem de modo intenso e imediato; já para outras a dor leva dias, semanas ou meses para se manifestar. Não há uma reação típica quando se trata de perder alguém que se ama, nenhum manual do processo de luto. Todos nós enfrentamos o luto à nossa própria maneira, e jamais devemos julgar o processo de luto de ninguém. Nós só precisamos apoiar aqueles que perdem o rumo nesse processo.

A maneira de as pessoas neurodivergentes demonstrarem luto, algumas vezes, pode ser vista como um comportamento associado ao autismo, não como uma expressão natural de perda. Algumas pessoas autistas têm dificuldade para processar seus sentimentos, ou podem não mostrar sua angústia por meio dos gestos esperados. Elas podem não exibir nenhuma emoção visível — nem choro, nem lágrimas, nem tristeza aparente. Sua atitude pode não mudar. Seu comportamento pode ser interpretado como insensível, mas isso simplesmente não é verdade: eles apenas sentem a perda de modo diferente.

Pessoas autistas podem ter aumento da hipersensibilidade ou mais ataques de fúria; elas podem se distanciar ou se tornar pegajosas e experimentar ansiedade devido à separação. Algumas podem não mostrar nenhuma reação durante meses, e então a sua angústia adiada pode ser mal interpretada e vista como uma reação a algo totalmente diferente. Uma pessoa autista talvez não tenha a capacidade de comunicar, meses depois de uma morte, o sentimento de "Estou encolhido em posição fetal e chorando agora porque acabo de sentir o cheiro de talco de lavanda que a minha avó usava, e senti saudade dela".

Algumas pessoas autistas acabam empacadas tentando compreender tudo isso, e perguntam as mesmas coisas várias e várias vezes: "Então a vó está enterrada? O que aconteceu com o corpo? Por que ela morreu?". Isso pode ser considerado insensível, mas a morte deixa a todos nós perguntas que não podem ser respondidas. O modo como discutimos a morte e o processo de morrer pode levar ainda mais confusão para algumas pessoas autistas, que necessitam de informação clara e simples, apresentada de uma maneira que elas possam compreender. Dizer a uma pessoa autista que alguém "dormiu" é basicamente deixar subentendido que esse alguém irá acordar. E quando dizemos "fulano *se foi*", qual é o significado disso? Quando nos esquivamos da verdade, evitando dizer a palavra "morte", "morreu", nós aumentamos a incerteza e a incompreensão da morte, principalmente para pessoas que necessitam apenas dos fatos.

O luto atinge a todos nós em ondas e de modo contínuo. Somos esmagados, golpeados e descartados, colocados de cabeça para baixo e virados pelo avesso. Depois, lenta mas infalivelmente, embora ainda possamos nos sentir perdidos no mar, com a passagem do sol e das estações e a mudança do calendário de um ano para o outro, nós alcançamos águas mais calmas. Todos nós sentiremos isso, mas cada um de nós reagirá de um modo diferente ao impacto da turbulência.

*

"O que você achou desses três dias, Ellis?", eu perguntei.

Ellis me disse que não sabia o que era luto. Ninguém que ele conhecia havia morrido antes. Ele jamais tivera um peixe dourado, um hamster ou um gato. Ele nunca tomara conhecimento de que depois da morte havia um tempo de luto. Ninguém jamais havia falado com Ellis a respeito da morte ou do luto.

Ele não sabia o que teria de fazer, e queria seguir as regras — então ele fez pesquisas. Na internet, soube que havia estágios do luto. Ellis entendeu esses estágios como uma sequência de passos que tinha de seguir: choque, negação, raiva, barganha, depressão, aceitação.

"Eu fiz um cronograma minucioso para passar por todos os estágios nesses três dias", Ellis explicou. "Mas não passei por todos eles. Não houve raiva nem negação da minha parte. A morte do meu pai — não é possível negar esse fato. Eu fiquei triste, mas essa tristeza já passou."

Isso soou tão clínico, tão alheio, mas eu sentia o meu coração pesado demais. Ellis podia já não sentir mais tristeza, mas eu estava triste por ele. Eu gostaria muito que o luto pudesse ser encaixado num cronograma claro para que soubéssemos quando chegou ao fim — para que soubéssemos que há um fim visível. Mas tal coisa não seria possível, e eu sabia disso. Eu sabia que no cronograma do luto de Ellis não tinha espaço onde ele pudesse ticar *Finalizado*.

"O que você fez nas duas últimas semanas, então?", indaguei. "Voltou ao trabalho?"

"Isso é algo que tenho de conversar com você", ele disse. "As coisas no meu trabalho não vão bem."

Ellis me contou que costumava ser excelente no que fazia, mas vinha cometendo diversos erros. Ele sentia que não conseguia processar informações da maneira apropriada, e seu chefe havia descoberto seus erros.

"Será que isso está acontecendo porque não consigo dormir direito?", ele disse em voz alta, como se perguntasse a si mesmo. "Eu tenho insônia e fico acordado a maior parte da noite. E acho que estou adoecendo também; talvez esteja ficando gripado. Faz dias que tenho dor de cabeça. Começa bem atrás dos meus olhos e desce até a minha nuca. Você acha que eu peguei algum vírus, Jodi?"

O luto é como um vírus: entra no seu corpo e na sua mente e espalha destruição. Pisa em você, apunhala, tortura e faz sofrer — mas não sai de você. A tristeza da perda se introduz sob a sua pele e faz morada em você. A princípio, ela se enterra profundamente, e vai mudando até virar algo que você sente, mas já não se lembra que está ali. E sempre se manifesta, às vezes na forma de vazio, às vezes como descrença, às vezes na forma de lágrimas, às vezes na alegria de lembranças maravilhosas.

O luto não tem regras e não tem prazo para terminar. A intensidade da perda acaba diminuindo, mas nós nunca nos recuperamos completamente.

As cicatrizes de ter amado sempre ficam.

PARTE 2

Compartilhando nosso ponto de vista

Expressar e compreender

Na década de 1990, cheia de entusiasmo para viajar e buscar aventuras, eu me mudei para o Sudeste Asiático. Na época, ainda não havia telefone celular nem internet, e minha única forma de contato com o meu país era por cartas escritas a mão entregues por serviço posta-restante a cada dois meses.

Por quase dois anos, vivi numa ilha remota a 0,4 graus da linha do equador. Para chegar a essa ilha partindo de Singapura era necessário utilizar três barcos em sequência, cada um menor e menos confortável que o anterior. A parte final da viagem se resumia a fumaça de óleo diesel e enjoo. Essa ilha não era uma rota turística, e não havia festas sob a lua cheia para atrair mochileiros. Um guia de viagens (nosso TripAdvisor nos anos 1990) informava que "os mercados de peixe e de vegetais perto do porto são lugares interessantes para se visitar". Eram a principal — e a única — atração da ilha.

Quando cheguei à ilha, vivi um choque cultural. Os costumes locais eram completamente desconhecidos para mim. Eu não compreendia a religião nem o modo de vestir dos habitantes da ilha. Não conseguia entender o que as pessoas diziam. Eu não percebia o seu senso de humor, e entendia errado as regras de cortesia e de gentileza. Não sabia que deveria inclinar meu corpo abaixo dos rostos de duas pessoas que estivessem conversando, e estender a minha mão direita à minha frente quando eu caminhasse entre elas. Eu não sabia que deveria levar ambas as mãos ao meu coração quando cumprimentasse alguém; também não sabia que eu só poderia dar ou aceitar alguma coisa usando minha mão direita, e que mostrar as solas dos meus pés era desrespeitoso.

Chegar a um país estrangeiro sem conhecer a língua falada nesse país, sem conhecer também a linguagem corporal, a cultura e os costumes do seu povo é assustador. Eu era uma mulher branca e não muçulmana de língua inglesa vivendo numa comunidade de asiáticos muçulmanos que não falavam inglês. Eu não tinha ideia do que estava fazendo, e não sabia o que fazer para me adaptar. Era fatigante.

Quando acordava pela manhã, eu repassava a rotina do meu dia na minha cabeça. Eu praticava as palavras que precisaria usar em situações sociais. Conferia rapidamente as instruções relacionadas a essas interações que ainda não haviam acontecido, repassava os movimentos que faria com meu corpo, como me vestiria e o que seria apropriado para uma mulher dizer nessa comunidade. Passei a confiar nessas palavras, instruções e rotinas.

Todas as manhãs eu ia ao mercado comprar as coisas necessárias para passar o dia. Eu tinha listas de palavras para vegetais e frutas, e as repetia para mim mesma várias e várias vezes. Foi difícil no início porque eu não compreendia as pessoas no mercado, e elas não me compreendiam. Eu ficava acanhada e envergonhada, demorava para entender e demorava mais ainda para falar. No mercado, porém, encontrei uma pessoa que teve paciência para me mostrar cada vegetal e fruta, e repetir as palavras para mim a fim de que eu aprendesse os seus sons. E essa pessoa tornou-se parte da minha rotina.

Todos os dias eu me dirigia à mesma barraca do mercado e encontrava a mesma pessoa que se sentava entre as cenouras, a carne de soja e as jacas. E a cada visita, a minha ansiedade diminuía um pouco mais.

Nos primeiros dias, depois que ia para essa barraca, eu precisava ir a algum lugar tranquilo, um lugar onde pudesse ficar sozinha para pensar na minha próxima lista de palavras e no próximo roteiro para o dia. Mas à medida que a minha confiança aumentava, eu me aventurava um pouco mais longe, talvez para mais uma loja ou cafeteria, ou então para comprar macarrão frito. Embora eu ainda me cansasse com facilidade dessas interações simples, que exigiam que eu recorresse a um grande volume de recursos cerebrais para me comunicar, essas conexões me proporcionavam grande alegria.

Então eu tentei aprender para valer. Aprender a língua. Aprender a cultura. Aprender os costumes. Aprender a me comunicar. Tentei diminuir o abismo que sentia haver entre mim e as outras pessoas.

Mas as pessoas que integravam essa comunidade não esperavam essas coisas de mim. Não esperavam que eu "me tornasse" um deles. Não esperavam que eu falasse a língua corretamente, e não me apressavam nem riam de mim. Quando eu fazia algo culturalmente inapropriado, eles me explicavam como proceder. Não me evitavam nem me criticavam. Sentavam-se comigo com paciência, repetindo as palavras devagar e mostrando-me gestos. E com o tempo essas lindas trocas me fizeram perceber que a minha diferença era tão maravilhosa para eles quanto a deles era para mim.

Eu era diferente, mas aprendi que ser diferente era perfeitamente aceitável. Afinal, as pessoas ao meu redor aceitavam essas diferenças e tentavam se comunicar comigo tanto quanto eu tentava me comunicar com elas.

As pessoas usam palavras, gestos, expressões faciais ou uma combinação desses três elementos para comunicar seus desejos e necessidades, seus pensamentos e emoções. Mas nós também temos de ser receptivos ao que está sendo comunicado. Temos de ouvir, ver, entender e compreender. Não somos sempre claros no modo como nos expressamos, e às vezes podemos entender mal o que outra pessoa está tentando comunicar. É evidente que pessoas neurotípicas também estão sujeitas a equívocos de comunicação; tenho certeza de que você pode pensar em inúmeras situações nas quais o que foi dito não correspondia ao que foi entendido. Muitas pessoas autistas experimentam esse tipo de mal-entendido em todas as interações sociais. Pessoas autistas podem se expressar de maneira diferente, e ter dificuldade em interpretar o que está sendo comunicado. Pode parecer que pessoas neurodivergentes e neurotípicas falam línguas completamente diferentes.

Se você realmente quiser saber como é sentir-se assim, viaje para um lugar cuja língua, costumes e cultura você não conheça, e então você começará a entender quão complexo e difícil isso pode ser — quão *exaustivo* isso é. Essa é a experiência que muitas pessoas autistas vivem todos os dias.

Durante o tempo em que fiquei na Indonésia, aprendi quão difícil é comunicar-se, e esse foi um dos maiores presentes que já recebi. Ao longo da minha carreira, essa experiência não me deixou esquecer a importância de desenvolver empatia e conexão profundas com pessoas que são diferentes de mim. Ajudou-me a me livrar de todas as minhas ideias preconcebidas, a perder o apego ao meu ponto de vista, e a me aproximar de pessoas com sua própria maneira de se comunicar e interagir.

Todos nós precisamos em nossas vidas de pessoas que nos ajudem a compreender o mundo. Precisamos do nosso próprio dono de barraca de vegetais numa ilha remota com algum tempo de sobra e muita paciência. Precisamos ajudar uns aos outros a traduzir as coisas.

13

O onze de Jonathan

"Desculpe, desculpe, desculpe", Jonathan dizia sempre que ele e sua família andavam por uma rua apinhada. Ele não se dirigia particularmente a ninguém quando dizia isso, e seus parentes não entendiam por quê.

Quando conheci a família de Jonathan, ele era um garoto tímido e calado de dez anos de idade que sempre levava consigo uma calculadora, caneta e caderno de anotações. Ele adorava números e cálculos, e era bom em tudo que envolvia números. Ele se saía muito bem em matemática, e ainda na quarta série seguia o currículo de matemática do ensino médio. Ele podia ser desajeitado e descoordenado, e odiar as aulas de ginástica, mas era capaz de citar de cabeça os jogadores de todos os times de basquete e as estatísticas correspondentes ao desempenho de cada um. (O professor de educação física adorava isso, o que dava a Jonathan uma vantagem de outras maneiras.)

Jonathan havia recebido um diagnóstico de autismo apenas dezoito meses antes. O pediatra enviara aos pais dele uma carta informando sobre o diagnóstico e lavou as mãos a respeito do assunto, deixando a família por sua própria conta. Os pais de Jonathan não sabiam ao certo o que isso significava para Jonathan, nem como poderiam ajudá-lo devidamente. Eles estavam lutando para entender o filho e um ao outro. A informação mais acessível que os pais de Jonathan tinham vinha do Google, e todos nós sabemos que esse tipo de informação não é totalmente confiável.

Basta clicar na palavra *autismo* para se perder nesse assunto por dias. E o Google não estava dando aos pais de Jonathan as respostas de que necessitavam. Não dava a resposta para esta pergunta *fundamental*: Por que Jonathan só seguia instruções se fossem dadas por seu pai?

Todos nós fazemos pedidos às crianças: "Recolha a sua toalha molhada". "Coloque o seu prato na pia." "Tire os seus brinquedos do caminho." Esperamos que as crianças participem das tarefas domésticas quando alcançam determinada idade. Os pais de Jonathan não eram exceção; afinal Jonathan tinha dez anos.

"Ele não faz nada do que eu peço", lamentou a sua mãe quando ela e seu marido me procuraram por conta própria. "Eu dou a Jonathan uma instrução e ele me ignora. E eu peço várias vezes. Ficar repetindo as coisas dessa maneira me deixa maluca. Isso me deixa frustrada, e eu até chego a ficar irritada com ele. Ele nunca faz *absolutamente nada* do que peço, mas o meu marido só precisa pedir uma ou duas vezes e ele obedece na mesma hora!"

Às vezes, tentar entender como uma pessoa autista percebe o mundo é como tentar resolver um mistério. O primeiro passo é simplesmente perguntar por que uma pessoa faz o que faz. Eu perguntei a Jonathan por que ele seguia as instruções do pai e não seguia as da mãe.

"O papai fica zangado, mas a mamãe nunca se zanga", ele respondeu. "Eu sei que ela nunca se zanga porque ela não tem um onze!"

"Um onze? O que isso significa?", ponderei, apertando o meu nariz e um canto da minha boca em resposta.

*

Nós comunicamos *muitas coisas* com os nossos rostos. Na pequena região do rosto existem quarenta e três músculos, e eles se contraem e se expandem em diversas combinações para expressar sentimentos e pensamentos. Todas as culturas do mundo reconhecem as expressões faciais por dezesseis emoções. Faça uma tentativa: abaixe o volume da próxima vez que assistir a um filme e veja se consegue reconhecer raiva, divertimento, admiração, concentração, confusão, desprezo, satisfação, desejo, decepção, dúvida, euforia, interesse, dor, tristeza, surpresa e triunfo nos rostos na tela.

Expressões faciais geralmente duram por até quatro segundos, por isso a maioria das pessoas pode dar uma boa olhada nelas e perceber com facilidade como a outra pessoa está se sentindo. Muitas crianças pequenas podem nos dizer quando alguém está feliz, triste ou assustado pelo modo nítido como os rostos demonstram essas emoções.

Mas nós também temos microexpressões, que podem ter meio segundo de duração. Nesses momentos é que as nossas verdadeiras emoções aparecem, e qualquer divergência entre nossos pensamentos e sentimentos pode ser vista. Captar essas expressões fugazes exige certa habilidade. Muitos de nós, neurotípicos e neurodivergentes, podem não registrar esses movimentos, interpretá-los errado ou não entender o seu significado.

Acredita-se, de modo geral, que pessoas autistas têm grande dificuldade para interpretar expressões faciais, mas isso não é totalmente verdadeiro. Muitas pessoas autistas são capazes de interpretar as principais expressões faciais porque elas são bastante uniformes em todos os rostos humanos, e elas se estampam por tempo suficiente para que as pessoas as vejam. Porém, a sugestão de um milésimo de segundo da microexpressão pode ser difícil de distinguir, e aí é que se encontra a dificuldade.

Leve em consideração o fato de que as pessoas podem ser bastante espertas ao exibir suas expressões — às vezes elas demonstram uma coisa, mas sentem outra. Por exemplo, quando você sorri e finge estar agradecido quando ganha um presente que detesta.

Eu não sou nada boa em dar presentes, por isso estou acostumada a receber esse sorriso forçado. Não faz muito tempo, comprei um presente para uma pessoa de quem gosto, e estava entusiasmada porque pensei que tivesse acertado em cheio. A pessoa abriu o presente, sorriu graciosamente e disse "Ah, agradeço muito, é brilhante". Mas vislumbrei um sinal confuso. Foi delicado e rápido, mas dizia "Mas que diabo de presente é esse que ela me deu?". Se eu não tivesse percebido essa hesitação de meio segundo, ainda estaria me parabenizando por minhas insuperáveis habilidades de compra.

Quando dei um presente de aniversário a uma amiga autista alguns anos atrás, ela não se esquivou da verdade nem fingiu de forma alguma. Ela disse simplesmente: "Jodi, eu odeio isso". Eu adorei a sinceridade. Quando essa mesma amiga olhou com total indiferença para o presente que eu lhe dei um ano depois, mas disse "Eu adorei isso", eu soube que era verdade, ainda que não visse nenhuma expressão facial que indicasse apreciação.

Embora as pessoas em sua maioria reconheçam as expressões faciais universais, essas expressões podem transmitir muitas emoções diferentes dependendo do contexto. Uma pessoa precisa ser capaz de levar em conta o contexto em que essas expressões estão sendo usadas, caso contrário a intenção por trás da expressão pode ser interpretada erroneamente. Um sorriso pode significar muitas coisas, dependendo de quando e como é usado.

Sabia que existem dezenove tipos diferentes de sorriso, mas apenas seis expressam realmente felicidade? Podemos sorrir quando estamos envergonhados, horrorizados ou com dor, embora eu não esteja muito convencida de que "rir para suportar a dor" seja um bom uso para os nossos sorrisos. Sorrisos podem ser contagiantes quanto transmitem felicidade, mas nem todos os sorrisos expressam de fato alegria.

Recentemente, estive com uma pessoa que me conhece muitíssimo bem. Eu estava indo para a cozinha para lavar alguns pratos, enquanto ele assistia ao seu programa favorito de culinária. Quando passei, eu me voltei para ele e sorri.

"Esse é o sorriso mais falso que já vi em seu rosto", ele disse. "Totalmente artificial."

"Como você sabe?", perguntei, porque ele estava certo. Eu estava apenas lançando um sorriso *na direção* dele; não era um sorriso genuíno *para* ele.

"Porque esse sorriso não chega aos seus olhos", ele respondeu. Ele sempre sabia no que eu estava pensando.

Embora todos nós consigamos escapar impunes com sorrisos falsos vez ou outra, nós às vezes confundimos um tipo de sorriso com outro. Não ser capaz de interpretar de maneira exata o que um sorriso expressa pode causar problemas.

"Ele nunca nos leva a sério", disse a mãe de Isaac ao telefone antes que eu conhecesse seu filho. "Acha que tudo o que nós dizemos é uma completa piada. Teve problemas com a polícia, e está prestes a ser expulso da escola, mas sempre que tentamos discipliná-lo ele simplesmente ri na nossa cara. É de dar raiva."

Isaac era intimidador. Era um garoto robusto de dezoito anos de idade, com corte de cabelo em estilo militar e cara de poucos amigos. Em uma mão ele carregava uma moeda que rolava entre os dedos com incrível destreza. Depois de ver esse truque executado por Jack Sparrow em *Piratas do Caribe*, Isaac passou meses e mais meses treinando o movimento. Mas não era seu truque de prestidigitação que chamava a atenção; era o seu "sorriso", que transmitia uma confiança ousada, pomposa.

O sorriso afetado de Isaac, que está gravado em meu cérebro, era convencido e rígido. Eu levei um bom tempo para enxergar o outro lado de Isaac — para ver que ele era um sujeito muito engraçado. Ele tinha um repertório de piadas terrivelmente bobas, e eu abria um sorriso amarelo e resmungava sempre que ele contava uma. Mas se eu tivesse continuado com a minha primeira impressão acerca do jovem, jamais teria visto esse Isaac. Não o teria visto porque o seu riso era tão cheio de arrogância que eu definitivamente o teria considerado condescendente e cheio de si.

Mas o sorrisinho de Isaac era sempre forçado, tenso. Eu suspeitava de que havia algo de errado, porque a mesma expressão aparecia em seu rosto sempre que falávamos sobre coisas complicadas — coisas que o estavam colocando em grandes confusões.

"Isaac, quando você sorri desse jeito", eu disse, reproduzindo o seu sorriso em meu próprio rosto, "o que você está sentindo?"

"Medo", ele respondeu. "Meu rosto faz isso quando estou nervoso."

Um sorriso nervoso pode se assemelhar a um sorriso galhofeiro ou irônico. Por estar ansioso, Isaac não podia apagar o sorriso do rosto como seus pais pediam que fizesse quando o repreendiam. Todos nós estávamos interpretando errado o rosto de Isaac. Precisávamos entender o seu sorriso pelo que realmente era: ansiedade.

Pessoas como Isaac têm expressões que levam a erros de interpretação. Existem também pessoas que mostram pouca ou absolutamente nenhuma expressão facial.

Dean tinha uma expressão estoica no rosto, e uma atitude semelhante perante a vida. Se você quisesse saber sobre minimalismo, se quisesse saber como afastar o consumismo da sua vida ou como fazer cada centavo trabalhar em seu favor, Dean era o cara com quem você deveria falar.

Aos trinta e quatro anos de idade, Dean não acreditava em usar energia que não fosse renovável. Ele nunca tirou carteira de motorista, e se deslocava apenas de bicicleta. Ele havia estudado a quantidade mínima de calorias que uma pessoa precisava consumir para se manter saudável, e comia somente a quantidade diária adequada de vegetais, frutas, gordura, grãos e proteína. Ele havia estudado alimentos crus, podia acender uma fogueira sem sílex e mantinha atualizado o seu certificado de primeiros socorros.

Um terapeuta passa a maior parte do seu tempo com clientes observando atentamente as suas expressões faciais. No pôquer, todos têm um "sinal": uma rápida e sutil mudança na atitude que dá ao adversário uma dica a respeito do que está na mão dessa pessoa. No caso dos clientes, você procura pelas microexpressões que fornecem informações a respeito dos seus pensamentos e sentimentos.

O rosto de Dean era inalterável, e não exibia sinal algum de emoção. Ele não franzia a sobrancelha nem mostrava as rugas da expressão. Seu rosto permanecia sereno e imóvel. Isso é conhecido como "embotamento afetivo". Quando estou alegre, eu abro um grande sorriso que deixa ver as obturações nos meus molares de trás. Quando Dean estava alegre, seu rosto ficava impassível. Quando estou horrorizada, fico de boca aberta e meus olhos se arregalam. Quando Dean estava horrorizado, seu rosto ficava impassível. Quando a tristeza toma conta de mim, meus olhos mostram abatimento e os cantos dos meus lábios também. Quando Dean estava triste, seu rosto ficava impassível. Nós esperamos que os outros registrem emoções em seus rostos, mas as emoções de Dean permaneciam ocultas.

Embora eu não conseguisse interpretar o rosto de Dean, ele também não conseguia interpretar o meu: "Você está zangada comigo?". "Acha que foi engraçado?" "Isso a deixa triste?" Quando estávamos juntos, Dean me observava constantemente em busca de indicações. Ele me contava uma história, mas não podia entender minha reação a ela, pois ele não conseguia interpretar minhas expressões faciais. Quando eu o escutava com atenção, com os olhos baixos, ele achava que eu estivesse contrariada. Quando eu ficava preocupada e franzia as sobrancelhas, Dean pensava que eu estivesse triste. Dean não conseguia julgar um livro pela capa.

"As pessoas dizem que eu sou rude", Dean me contou. "Às vezes dizem que sou convencido, ou que sou mal-agradecido. Também dizem que eu sou insensível... isso magoa. Eu não sou nada disso que essas pessoas dizem só porque o meu rosto não funciona como os rostos delas. Tenho sentimentos também."

Nós não podemos presumir que todo sorriso signifique expressão de felicidade, nem que todo rosto impassível signifique o oposto. Nós também não podemos presumir que expressões semelhantes nos rostos de duas pessoas transmitam a mesma emoção, nem que duas expressões diferentes não signifiquem a mesma coisa. Os movimentos faciais das pessoas transmitem o que elas estão sentindo e pensando, mas quando as expressões variam muito, quanto há muitas mudanças momentâneas, é maravilhoso que consigamos entender uns os outros.

*

E quanto ao onze de Jonathan?

A fim de entender melhor as muitas expressões faciais que as pessoas exibem, Jonathan inventou um sistema de numeração especial para cada uma.

"O papai fica zangado quando me pede para fazer alguma tarefa, então eu faço", ele me revelou. "Mamãe nunca fica zangada; por isso, quando ela me pede para fazer algo e eu não faço, ela não liga muito."

Jonathan chamava de onze o rosto zangado do pai, porque quando o seu pai ficava frustrado ele franzia as sobrancelhas e elas se uniam, desenhando duas linhas profundas na testa. Sua mãe, contudo, expressava a sua raiva de maneira mais calma e sem exibir emoções. Como ela não mostrava um onze entre as suas sobrancelhas, Jonathan presumia que os pedidos dela não fossem algo importante ou sério, e simplesmente os ignorava.

O código numérico de Jonathan também explicava o seu constante pedido de desculpa a estranhos. Quando lhe perguntei por que ele dizia "Desculpe" a todos enquanto caminhava pela rua, ele respondeu que não pedia desculpa a todos — só aos zangados que exibiam um onze. "Muitos deles são velhos e têm rugas", ele comentou, "mas todos têm um onze, então acho que devo ter feito alguma coisa para irritá-los!"

Os pais de Jonathan ficaram impressionados quando souberam que seu filho havia desenvolvido um sistema de códigos para emoções, mas também ficaram estupefatos com o fato de que Jonathan via de maneira tão diferente as suas expressões da mesma emoção. Jonathan explicou mais sobre o seu sistema. Um 0 indicava surpresa, devido ao próprio formato da boca. Medo era 000, porque era o formato dos olhos *e* da boca. Animação era 3, porque um 3 era o que ele enxergava no rosto da mãe quando ela estava feliz: "É o seu sorriso e duas covinhas", Jonathan disse à mãe. Depois de aprenderem o sistema, a mãe e o pai de Jonathan passaram a usar os códigos do garoto para darem nome às suas emoções com ele.

"Jonathan, eu estou em um onze agora, estou irritada e zangada", dizia agora a sua mãe com o rosto impassível, mas ainda assim irritada.

E diante disso, Jonathan recolheria a sua toalha molhada do chão acarpetado do seu quarto.

14

O aceno de cabeça de Dennis

"Eu realmente não consigo entender", disse a professora de Dennis. "Dennis parece não estar interessado, mas segue adiante porque tira as melhores notas em seus testes. Ele não demonstra absolutamente *nenhum* interesse na aula, não presta a menor atenção."

Quando eu trabalhava como professora de sala de recursos numa grande escola secundária, meu trabalho era ajudar a equipe regular de professores a ser inclusiva em suas práticas de ensino e a modificar seus planos de aula para apoiar o aprendizado de crianças neurodivergentes.

Quando vi Dennis pela primeira vez, ele estava sentado numa sala de aula cheia de meninos. Ele me lembrou um cão de corrida: era sinuoso e magro, e sua cabeça parecia grande demais para o seu corpo mirrado. Ele tinha olhos grandes e saltados, que eram aumentados pelos óculos de leitura de lentes grossas. Dennis era inteligente. Tirava notas altas em matemática e em ciências, e até aquela ocasião havia recebido prêmios acadêmicos no final de cada ano do ensino médio.

Os estudantes na classe de Dennis eram brigões, e havia uma combinação distinta de vozes baixas e profundas e explosões de grunhidos barulhentos que se costuma ouvir em grupos de garotos no final da puberdade. Porém Dennis não se envolvia nas palhaçadas dos outros alunos, nem mostrava o menor interesse no que a professora dizia na frente da sala de aula. Sentava-se em silêncio num canto, a cabeça apoiada na mão, olhando para fora da janela.

Dennis e eu nos encontramos depois da aula para que eu pudesse avaliar a sua capacidade de interagir socialmente. Fiz-lhe algumas perguntas, e ele me disse que adorava biologia e que havia dissecado o olho de uma vaca na aula de ciências no dia anterior.

"Nossa, as coisas não mudaram muito", eu comentei, e compartilhei minhas lembranças dos tempos em que dissecava sapos e corações de vaca, décadas atrás.

Por um momento, achei que Dennis não estava interessado no que eu dizia. E então, num estalo, algo me ocorreu. Ele parecia não estar interessado porque não usava a linguagem corporal típica.

Dennis não acenava com a cabeça.

*

Quando faço uma apresentação para um auditório cheio de pessoas, eu sempre examino a sala. Em busca de *feedback*, eu observo rapidamente as centenas de rostos diante de mim. Corro os olhos pela audiência para ver se há alguém dormindo (se eu estiver sem sorte) ou sorrindo e rindo (se eu estiver com sorte), mas procuro principalmente pelo aceno de assentimento com a cabeça. Procuro pela linguagem corporal que diz *Sim, eu entendo. Sim, isso faz sentido. Sim, continue falando.*

As pessoas balançam a cabeça para encorajar os outros a continuarem falando. O aceno de cabeça demonstra que você está acompanhando o que está sendo dito. Da próxima vez que conversar com alguém, tente o seguinte: conte-lhes uma história envolvendo o seu dia (certifique-se de que essas pessoas não estejam distraídas com nenhuma outra coisa) e veja com que frequência elas balançam a cabeça. Elas nem mesmo perceberão que estão fazendo isso.

Não somos ensinados a assentir com a cabeça. Ninguém se senta com uma criança e diz a ela: "Balance a cabeça quando outra pessoa estiver falando, para que ela saiba que você está ouvindo". Nós simplesmente fazemos o movimento. Quando os bebês começam a balbuciar, os cuidadores fingem que estão conversando com eles, balançando a cabeça para os bebês a fim de incentivá-los a continuarem balbuciando. Nós fazemos isso para os bebês porque as pessoas acenam com a cabeça para nós desde que *nós* éramos bebês. Esse aceno de assentimento nos transmite confiança, por isso nós acenamos para a próxima geração para transmitir-lhes confiança também.

Nós nos comunicamos usando os nossos corpos desde cerca de três meses de idade. Bebês esfregam os olhos quando estão cansados, e balançam braços e pernas quando estão felizes. Nesses primeiros anos de vida, uma criança neurotípica começa desenvolvendo uma variedade de habilidades de interação social não verbal imitando os outros. Muitas crianças autistas, porém, não estão programadas para observar e imitar o que as outras pessoas fazem, e às vezes elas interpretam gestos de maneira singular. Por exemplo, o gesto de acenar com a mão. Quando as pessoas acenam para dizer "olá" ou "até logo", geralmente mostram as palmas das mãos. Eu vejo crianças autistas pequenas copiarem o gesto com as mãos, mas em vez de mostrarem as palmas para a outra pessoa elas acenam ao contrário, com as palmas viradas para si mesmas. Isso faz muito sentido, pois elas refletem exatamente o que a outra pessoa faz.

Usamos os nossos corpos para comunicar e responder a inúmeros gestos todos os dias. O corpo reforça o significado que há por trás das nossas palavras, além de comunicar emoção e intenção. As pessoas voltam as suas pernas na direção daqueles com quem estão conversando para mostrar envolvimento; cruzam os braços para demonstrar insatisfação ou uma atitude defensiva, e dão de ombros para indicar "eu não sei". Elas se inclinam para a frente para demonstrar interesse, e apertam o dorso do nariz quando estão confusas. Elas fazem sinais com as mãos, esfregam os dedos um no outro para indicar dinheiro, beijam as pontas dos dedos para indicar que algo é delicioso, apontam o polegar para baixo para indicar algo negativo e apontam o polegar para cima para indicar algo positivo. Nós não aprendemos esses gestos não verbais da mesma maneira que aprendemos as letras do alfabeto. O uso de gestos acontece naturalmente para a maioria das pessoas neurotípicas; elas os aprendem prontamente, e o fazem sem nenhum pensamento consciente. Quando elas se comunicam, seus corpos simplesmente entram em ação.

Maeve não usava nenhum desses gestos. Embora fosse atenciosa e generosa, ela me procurou para que a ajudasse a desenvolver relacionamentos. Certa vez, comentei que gostava de nadar no mar pela manhã. Na sessão seguinte, Maeve me trouxe uma tabela impressa com as marés daquele mês. Ela sempre me oferecia metade do seu muffin, e sempre chegava ao meu consultório com ramos de lavanda selecionados. Se a linguagem corporal de Maeve correspondesse à sua generosidade, sua expressão física seria expansiva e solta; em vez disso, seu corpo era mais como um manequim numa vitrine de loja. Os movimentos dela eram robóticos, precisos e hesitantes. Maeve não falava com as mãos; suas mãos estavam bem coladas ao lado do seu corpo.

"Você já ouviu falar em linguagem corporal?", perguntei a ela certa vez.

"Linguagem corporal?" Ela riu com desdém. "Corpos não têm uma linguagem!"

Perguntei se ela já tinha brincado de adivinhação. Quando ela respondeu que não, eu baixei um aplicativo para que pudéssemos jogar juntas.

"Mas você não pode falar", expliquei. "Nenhuma palavra pode sair da sua boca. Em um minuto, você tem de usar o seu corpo para comunicar quantas palavras puder."

Eu tive de começar. O aplicativo me deu *arco e flecha, marteladas, fazendo um sanduíche, pula-pula* e *brincar de pega-pega*. Eu não me saí muito bem, e Maeve não adivinhou tudo.

Depois foi a vez de Maeve; ela tirou *malabarismo, tirando uma fotografia, gargarejando, tocando violino, amarrando os sapatos* e *sonambulismo*. Eu entendi todas as coisas que ela tentou me transmitir; entendi tudo que o seu corpo dizia. Maeve era uma excelente mímica.

"Agora eu entendi", ela disse. "Os corpos falam."

Diferentes culturas têm suas próprias linguagens corporais, passadas de geração a geração. Alguns gestos são universais, mas outros têm significados diferentes dependendo de onde estamos. Um gesto específico pode ser muito agradável em uma cultura, mas sinal de desrespeito em outra. Dois dedos levantados podem indicar o número dois, paz, vitória ou "Vá à merda!". Quando você quer indicar a alguém que venha até você, você faz um sinal com a palma da mão para cima e um dedo oscilando (como se faz nos Estados Unidos) ou com a palma para baixo (como se faz no Japão)? Quando você encontra um amigo, aperta apenas as mãos dele? Ou beija-o no rosto uma vez (Filipinas), duas vezes (Itália) ou três vezes (Suíça)? Apontar também é particularmente negativo. "É rude apontar" é uma regra ligada a esse gesto, pois apontar diretamente para uma pessoa pode ser considerado um gesto ameaçador e agressivo. O dedo usado para apontar pode variar dependendo do país em que se está; e se você estiver em Papua-Nova Guiné, usa o nariz para apontar, não o dedo.

Independentemente do fato de você usar o nariz, o dedo ou outra extremidade, apontar é um gesto particularmente poderoso e que se aprende cedo. As crianças aprendem a apontar antes de aprenderem a falar, mas em nenhum momento alguém toma a mão de uma criança e fecha todos os seus dedos, menos o indicador, para mostrar como se faz. Não; as crianças observam os seus cuidadores enquanto eles apontam para imagens em livros e para o mundo ao redor, e então elas imitam esses gestos para fazerem pedidos e se manifestarem sem palavras.

Eu costumava conversar com a minha vizinha enquanto ela carregava seu bebê pelo jardim. Era maravilhoso observar esse bebê aprendendo a se comunicar em seu primeiro ano de vida. Ele via uma borboleta ou um avião no ar, balançava-se para cima e para baixo nos braços da mãe e apontava. Eu observava enquanto a minha vizinha olhava para onde ele indicava, e levando em conta os gestos dele eu quase podia ouvi-lo dizer: "Isso é muito legal!". Nós não precisamos falar para nos comunicar de um modo tão dinâmico.

O gesto de apontar é uma habilidade social que se desenvolve cedo, conhecida como "atenção conjunta". Apontar e seguir esse gesto com o olhar permite que duas pessoas foquem o mesmo objeto ou evento, e interajam uma com a outra. Quando as crianças apontam, os adultos quase sempre se envolvem e se comunicam com elas a respeito do que quer que elas estejam apontando. ("Sim, é um au-au", os adultos dizem.) Mas e se você nunca aprendeu a apontar? Algumas crianças autistas nunca apontam nada. Para pedir alguma coisa que esteja dentro de um armário, algumas crianças simplesmente param diante dele e esperam a ajuda chegar. Algumas crianças pegam você pela mão e o levam até o que elas querem. Algumas gritam e balançam o corpo enquanto olham para algo que está tornando o seu mundo maravilhoso, mas talvez não incluam outra pessoa em seu entusiasmo por meio desse gesto.

Quando uma pessoa não aponta para envolver você, ela pode empregar uma linguagem corporal diferente. Algumas pessoas podem interagir inclinando o corpo contra o seu. Elas invadirão o seu espaço a fim de conseguir a sua atenção.

Eu sou uma invasora de espaços, e às vezes entro no espaço dos outros. Tenho também tendência a tocar, abraçar e segurar mãos. Toco o braço de uma pessoa quando ela está me contando uma história, ou esfrego as costas de uma pessoa quando ela está triste ou precisa de encorajamento. Expresso o meu afeto por meio do toque, embora eu tente refrear os meus modos melosos — afinal eu sei que ser tocado não é uma coisa agradável para todas as pessoas. Minha ideia de espaço pessoal pode ser bem diferente da de outros indivíduos, e é preciso que todos tenhamos consciência dos limites de espaço das outras pessoas.

Em meus primeiros anos como professora, exibi um vídeo (sim, eu me refiro a uma fita VHS) para alunos numa sala de aula. O vídeo explicava o significado de espaço pessoal, e o conceito foi demonstrado por dois atores.

"Quando nós conversamos, a regra é ficar a um braço de distância da outra pessoa", afirmava o narrador. Um dos atores erguia a mão e colocava as pontas dos dedos no ombro do outro ator, num movimento repetido várias vezes. Os dois atores executaram o gesto de colocar a mão no ombro do outro antes de iniciar uma conversa.

Não pensei muito nisso até o momento em que vi no pátio, no horário do recreio, um aluno aproximar-se de um professor. Esse aluno estendeu o braço e o colocou no ombro do professor, pisando um pouco mais para trás a fim de que o seu braço ficasse completamente esticado e reto; então começou a falar. Eu ri. Sabia o que teria de falar na aula do dia seguinte. Precisava corrigir a falha que havia na velha fita de VHS: nós calculamos a proximidade em nossas mentes, não a medimos usando os nossos braços literalmente.

Algumas pessoas têm dificuldade para lidar com o conceito de espaço pessoal, e podem se posicionar perto demais ou longe demais dos outros. Há as que fazem gestos singulares com as mãos, ou não usam quase nenhum gesto. Alguns podem ter dificuldade para compreender os gestos de outros, ou podem não perceber sugestões visuais. E alguns podem interpretar equivocadamente a comunicação não verbal.

Binh e eu éramos amigos. Era uma amizade improvável — eu estava na casa dos trinta anos, e Binh era dez anos mais jovem. Eu gostava de movimento, e Binh gostava de ficar quieto. Eu gostava de luz do sol, e ele gostava de luzes artificiais. Eu gostava do sol, mas Binh odiava. Na verdade, Binh acreditava que não era aceitável ser amigo de alguém que gostasse de se bronzear ao sol. Segundo Binh, quem gostava de ficar ao sol e de se bronzear expunha-se ao risco de ter câncer de pele; portanto, obviamente, não se importava com os cuidados necessários para se viver uma vida longa. Binh não queria amigos que fossem tão levianos ou que pensassem de modo tão limitado. Afinal de contas, ele explicou, eles não viveriam muito e quem quer ter um amigo com os dias contados? Felizmente para mim, sou sardenta, pálida e acredito em protetor solar fator 50.

Binh e eu nos conhecemos por meio de um comitê na organização onde eu trabalhava. Ele era o presidente de um comitê de clientes que determinava a direção estratégica da organização, e nós éramos enviados com frequência para trabalharmos juntos em eventos a fim de aumentar a visibilidade da organização. Ele era a voz dos clientes, e eu era o seu copiloto. Nós formávamos uma grande equipe — ele era direto e objetivo, e falava com convicção sobre as necessidades das pessoas com deficiências; e eu o apoiava com o jargão da política e do financiamento do governo. Uma das principais metas desses eventos era construir relacionamentos com possíveis financiadores, o que significava basicamente muita conversa fiada. E Binh odiava conversa fiada.

Binh era fanático por carros, e era capaz de fornecer informações detalhadas sobre a marca e o modelo de qualquer carro, sua economia de combustível e como se comparava a modelos similares. Ele também era um grande advogado de direitos das pessoas com deficiência, e nunca se cansava de falar sobre esse assunto. Mas se você quisesse conversar sobre o tempo, os jogos de futebol do fim de semana ou a excursão da escola do seu filho, Binh se desligava totalmente. Como muitas pessoas, era difícil para ele entender a estranha dança social da conversa fiada.

Certa noite, Binh e eu comparecemos a um baile de premiação à inclusão de pessoas com deficiência, e ficamos empacados por algum tempo numa conversa com um homem particularmente chato que trabalhava para um departamento do governo do estado. Ele fez comentários sobre o serviço de bufê para o evento e sobre suas recentes férias, mas essa conversa inútil e interminável não interessava a Binh. O funcionário público parecia não se dar conta disso, e continuou falando, revelando a ele alguns dos seus pensamentos ultrapassados a respeito de pessoas com deficiência. Para piorar, o homem parecia não se interessar por carros.

Todos nós já nos encontramos em situações como essa — situações das quais queremos desesperadamente fugir. Nesses momentos, as pessoas usam seus olhos para enviar uma mensagem para um amigo, um parceiro ou um colega; uma mensagem dizendo: *Por favor, me tire dessa conversa!*

Enquanto o servidor público prosseguia com o seu bombardeio, eu tentei sinalizar o meu aborrecimento para Binh rolando os olhos de modo sutil. Meu corpo estava voltado para ele, por isso o burocrata não podia ver o meu rosto. O meu sinal não era exagerado nem óbvio; era apenas um ligeiro movimento dos olhos. Eu estava enviando a Binh uma mensagem que dizia: *Esse sujeito é um idiota!* Mas naquela ocasião eu havia esquecido que para Binh a sutileza da comunicação não verbal era difícil e complexa. Ele não percebeu a mensagem que eu tentava transmitir.

"Jodi!", ele exclamou. "Por que está revirando os olhos? Tem alguma coisa em seu olho?"

Olhei para ele com uma expressão intensa — *Binnhhhhh!* —, mas isso só piorou tudo.

"Jodi! Você vai ter uma convulsão?", ele disparou.

Eu fiquei mortificada. O funcionário público, que não havia percebido o nosso tédio, sem dúvida conhecia o significado de revirar os olhos. "Que grosseria", foi tudo o que ele disse antes de ir embora. Nós não voltamos a falar com ele pelo resto da noite e eu me perguntei como era possível que a linguagem corporal comunicasse algo a uma pessoa, mas transmitisse algo completamente diferente a outra.

Na universidade, quando eu estava aprendendo a ser orientadora psicológica, recebi treinamento em habilidades sociais neurotípicas. Fui ensinada a prestar atenção na linguagem corporal das pessoas e a interpretá-la. Um orientador observa a correspondência entre as palavras, as emoções e a linguagem corporal de uma pessoa. Você também procura pela divergência, quando as palavras faladas e a linguagem corporal de uma pessoa transmitem significados diferentes. Depois de anos trabalhando com pessoas neurodivergentes, aprendi que essa incongruência é uma característica comum do autismo. E isso significa que eu atirei pela janela o meu método de leitura de linguagem corporal baseado em habilidades sociais neurotípicas.

Aprendi que a negligência de uma pessoa pode não indicar enfado, que uma história dramática pode ser contada sem movimentos amplos e vigorosos dos braços, e que braços cruzados e corpo arqueado não são necessariamente sinais de que alguém não quer participar de algo. Eu aprendi que não devo esperar que pessoas neurodivergentes usem comunicação não verbal neurotípica, porque elas não são neurotípicas. Mas também precisei ensinar a muitas pessoas neurodivergentes o que pessoas neurotípicas *esperam* ver, e como a linguagem corporal delas pode ser interpretada. Precisei explicar que cruzar os braços quando você está com frio pode ser visto como uma atitude defensiva, e que entrelaçar as mãos por trás da cabeça pode ser visto como uma atitude arrogante, e não apenas como um movimento de alongamento. Todos nós temos dificuldade para decifrar a linguagem corporal, porque o modo como gesticulamos e a nossa capacidade de interpretar e compreender os corpos uns dos outros é tão diversificada quanto nós.

*

Dennis e a sua professora precisavam de um tradutor para a comunicação não verbal, porque estavam falando línguas diferentes. Como Dennis não acenava com a cabeça, sua professora achava que ele não prestava atenção às aulas, e isso também significava que ela não recebia a confirmação de que precisava tão desesperadamente. Quando expliquei à professora que ela se sentia esnobada por Dennis porque não via o sutil movimento do aceno, ela mostrou surpresa.

"Eu não sabia que precisava tanto assim do *feedback* dos alunos!"

Dennis também aprendeu alguns truques novos. Ensinamos a ele o que os seus professores neurotípicos esperam ver como sinais não verbais de envolvimento e atenção. Não lhe foi pedido que mudasse o modo como usava o seu corpo; ele apenas foi informado de que a sua linguagem corporal podia ser percebida de diferentes maneiras. Nós vimos fotografias e vídeos de diferentes posturas e de pessoas sentadas eretas, movendo as cabeças para acompanhar o deslocamento de um palestrante e, é evidente, acenando com a cabeça.

"Puxa, mas como as pessoas podem se concentrar quando têm de pensar em tudo isso?", Dennis perguntou.

Vou contar um segredo: graças ao Dennis, percebi que pessoas neurotípicas dão grande importância à demonstração de assentimento, ao aceno com a cabeça e às vezes eu uso isso como vantagem. Quando compareço a um evento social e me pego falando com alguém cuja ignorância me faz querer chorar, eu simplesmente paro de assentir com a cabeça. Fazer isso é difícil, porque esse comportamento foi incorporado ao meu cérebro, mas é incrível testemunhar a rapidez com que uma pessoa neurotípica interrompe a sua conexão comigo quando paro de acenar com a cabeça. Posso enxergar a confusão nos olhos dessa pessoa. Eu não me retiro — não saio de perto dela —, mas posso ver que ela se dá conta de que algo não está certo. Então ela muda de posição, olha ao seu redor e dá uma desculpa para se afastar. Pessoas neurotípicas costumam ansiar pelo aceno de aprovação, porque é o equivalente não verbal de: *É, você está indo bem.*

Nossos corpos falam, e falam muito. Nós os usamos para nos comunicar, mas todos nós os usamos de maneiras diferentes. Se pensarmos na linguagem corporal neurodivergente como algo apenas diferente da linguagem neurotípica, talvez possamos enxergar as diferenças simplesmente assim.

Além do mais, eu não usaria meu dedão e o indicador para formar um *O* no Brasil; lá não quer dizer "Ok" como nos países de língua inglesa.

15

A *Mona Lisa* de Joseph

Assédio sexual e perseguição foram citados como razões para que Joseph fosse enviado a mim. Ele havia sido expulso da faculdade, e houve até envolvimento da polícia. Antes de conhecer Joseph pessoalmente, tentei imaginar como ele seria: grande, insolente e um tanto assustador. Mas ele era o contrário disso: franzino e de baixa estatura, com pele macia como a de um bebê. Durante a nossa primeira consulta ele se mostrou arredio, distante e tímido, e não tomava a iniciativa de falar nem de iniciar uma conversa. Se eu lhe perguntasse algo, ele dava uma resposta breve, sucinta; caso contrário, ele simplesmente se mantinha em silêncio, observava e esperava.

Havia um assunto, contudo, sobre o qual Joseph poderia falar sem parar: *Game of Thrones*. Ele havia lido todos os livros e assistido a todos os episódios da série de televisão incontáveis vezes. Conhecia a história de cada personagem, sabia como as histórias se interligavam, e também conhecia a história de cada família. Conhecia ainda o *making-of*, e era capaz de citar cada um dos países onde a série foi filmada, quantos figurantes havia no *set*, os nomes dos vários diretores (incluindo o da única mulher, Michelle MacLaren), e como a computação gráfica e outras tecnologias foram empregadas em episódios específicos. O amor de

Joseph por *Game of Thrones* despertou nele o interesse por produção de filmes, e ele se matriculou num curso de Cinema e audiovisual na faculdade da sua cidade.

Além de filmes, porém, algo mais o encantou: uma garota que se parecia exatamente com Daenerys Nascida da tormenta da Casa Targaryen, Primeira de Seu Nome, A não queimada, Rainha dos Ândalos e dos Primeiros Homens, Khaleesi do Grande Mar de Grama, a Quebradora das Correntes e Mãe dos Dragões.

Joseph e ela estavam numa sala cheia de gente, e os olhares dos dois se cruzaram. Bem, na verdade os dois não trocaram olhares; foi Joseph quem colocou os olhos *na* garota — para não mais desviá-los dela. Joseph seguia cada passo da jovem, observava cada movimento dela. Ele a vigiava quando ela chegava à faculdade e saía do ônibus, vigiava-a enquanto ela se deslocava de uma sala de aula para outra, vigiava-a quando ela ia à cafeteria. Ele a observava e a encarava. E "Daenerys" ficou assustada.

Em *Game of Thrones*, Daenerys não tinha medo de nada; mas essa estudante não estava conduzindo soldados para a batalha pelo Trono de Ferro. Para ela, o olhar fixo de Joseph era mais enervante do que qualquer Caminhante Branco, e ele simplesmente não entendia por quê.

*

Existem muitas expressões que descrevem os olhos e como as pessoas os usam: *olhos de cachorrinho, ter brilho nos olhos, olhos amáveis, olhos cansados, olhos penetrantes, olhos astutos*. Há também *olhar sujo, olhar de soslaio* e *olhar sedutor*. Olhos expressam emoções; nós os usamos para nos comunicar uns com os outros e para estabelecer conexão. Nós também os usamos para entender onde a atenção das pessoas está concentrada, e para antecipar e compreender o seu comportamento.

Nossos olhos transmitem uma miríade de emoções por meio de sutis movimentos e mudanças. Percebemos os sentimentos das outras pessoas pelo tamanho das suas pupilas, pelos olhos mais abertos ou mais fechados, pela distância entre os seus olhos e suas sobrancelhas, e até pela inclinação das sobrancelhas. (Sempre fico impressionada com as pessoas que conseguem erguer apenas uma sobrancelha.) Observamos as rugas em torno dos olhos, do nariz e das têmporas, e percebemos a intenção de uma pessoa pelo movimento e pela direção do seu olhar.

Os olhos humanos são únicos, e são distintos dos olhos de todos os outros animais. Nós somos os únicos mamíferos cujo branco dos olhos circunda todo o globo ocular. Isso nos permite seguir o olhar um do outro. Se você estiver sentado conversando com uma pessoa e ela mover os olhos para olhar por uma janela, você estará tão sintonizado com o branco dos olhos que circunda a íris que olhará pela janela também. Você quer ver o que os olhos do outro veem. Usamos os nossos olhos para indicar direção e para pedir. Nós os usamos para concordar ou para discordar, para encorajar e para enviar alertas de tédio. Quando interagimos com os outros, os nossos olhos saltam, dançam e se movem rápido, ou derramam lágrimas ou parecem totalmente inexpressivos e vidrados. A quantidade de emoção e de pensamento que comunicamos com os nossos olhos é colossal.

Desde muito cedo na vida, os humanos são sensíveis ao contato visual com outras pessoas. Poucos dias após nascer, um bebê olhará para o rosto que olha para ele. Os olhos de um bebê são grandes em relação à cabeça, por isso os adultos são atraídos por eles e pela maravilha que são. Nós acreditamos nas afirmações daqueles que fazem contato visual imediato e, quando uma pessoa faz contato visual conosco, percebemos que estamos sendo ouvidos. Supõe-se que as pessoas que fazem contato visual são confiantes e sinceras, que estão enviando a mensagem: *Estou aqui e pode contar comigo.*

As pessoas podem conversar entre si satisfatoriamente apenas por meio de alguns olhares. Recentemente meus pais vieram me visitar. Meu pai, que estava lutando contra a dor, foi um pouco rude em sua comunicação e ralhou com a minha mãe. Foi mais um rosnado que expressou a sua frustração, não uma mordida. Minha mãe e eu olhamos uma para a outra e, em silêncio, entabulamos uma conversa completa. *Nossa, isso foi um pouco rude*, eu disse ao abrir meus olhos com expressão de surpresa. *Foi mesmo*, ela replicou, com os olhos fixos nos meus, então seu olhar se suavizou. *Mas não precisa se preocupar. Nós entendemos por que, e às vezes você tem de deixar momentos assim passarem.* Eu olhei para ela com profundo respeito — *Você é tão boa, mamãe* — e os cantos dos olhos da minha mãe se vincaram.

Em culturas ocidentais, o contato visual é socialmente apropriado, mas em muitas outras culturas não é. Na verdade, pode ser um sinal de desrespeito. Para os aborígenes australianos e em alguns países da Ásia e da América do Sul, fazer contato visual direto pode ser considerado rude. Isso também depende da pessoa com quem você está falando e do seu relacionamento com ela.

O modo como fazemos uso dos nossos olhos depende do lugar onde moramos, com quem estamos e em que circunstâncias nos encontramos. Todos nós sabemos que há situações em que é preciso desviar os olhos para dar privacidade aos outros. No mundo, há lugares em que famílias inteiras vivem juntas dentro de um pequeno cômodo; nesses lugares, desviar o olhar é a única maneira de dar ao outro espaço e senso de dignidade.

Quando a minha filha era adolescente, nós viajamos para o Japão e nos hospedamos em hotéis com banheiros compartilhados. Na primeira noite, ela me fez checar o banheiro para ver se havia alguém lá. "Não, não tem ninguém", eu avisei, e só então ela entrou. Com catorze anos de idade, ela ainda estava tentando se acostumar ao seu novo corpo. Durante alguns anos antes dessa viagem, ela escondera o seu novo corpo atrás das portas da nossa casa, mas no Japão não havia onde se esconder. Nessa primeira noite no Japão, sua necessidade de privacidade era extrema. Ela havia crescido numa cultura que a fez acreditar que "todos" estariam olhando. Nas poucas semanas que passamos no Japão, vi minha filha aprender o poder dos olhos. Nós tomávamos banho todos os dias em banheiros compartilhados de hotel e *onsens*, e em um dos nossos últimos dias no Japão nós usamos um *sentō* (uma casa de banhos pública) na cidade que visitávamos.

O vestiário estava repleto de mulheres de todos os tamanhos, idades e formas. As mais velhas eram enrugadas e magras, recurvadas e debilitadas, e as mais jovens não passavam de bebês; e entre esses extremos havia mulheres de todas as idades. Minha filha de catorze anos, uma garota ocidental da geração Instagram, entrou no vestiário, despiu-se e perambulou completamente nua pelo lugar. Ela aprendera que ali, entre muitas outras, podia ter total privacidade. Ninguém a estava olhando. Todas davam umas às outras dignidade e respeito pelo simples fato de saberem para onde dirigir o olhar.

Já na infância nós aprendemos algumas habilidades básicas relacionadas ao uso dos nossos olhos. Não é incomum ouvir parentes encorajarem os seus filhos pequenos a olharem para as pessoas quando interagem com elas. "Olhe para a Jodi quando diz olá", meus vizinhos dizem para o filho quando nos encontramos na rua. Adultos estão constantemente ensinando habilidades sociais aos filhos, mas são habilidades para interação social neurotípica. Pessoas autistas se conectam com o mundo de modo diferente, e os indivíduos neurotípicos precisam se ajustar ao modo como essas pessoas interagem para realmente aceitarem essa diferença.

Muitos anos atrás, quando comecei a ensinar e a trabalhar no setor da deficiência, a equipe usava constantemente o bordão "Olhe para mim" para fazer os alunos prestarem atenção. Isso parece absurdo agora, mas na época nós não entendíamos por que as pessoas autistas resistiam ao contato visual. Nós também não entendíamos que, pedindo-lhes que nos olhassem nos olhos, estávamos na verdade interferindo em sua comunicação e compreensão.

Várias pessoas autistas me explicaram que elas não conseguem fazer três coisas ao mesmo tempo. "Eu posso olhar para você e ouvir as palavras que você diz, mas não consigo processar essas palavras. Se eu não olhar para você, serei capaz de ouvir de fato o que você diz, e de processar as palavras que você está dizendo." Isso faz sentido, não faz? A maioria das pessoas não precisa realmente dos seus olhos para ouvir. Os olhos enviam uma mensagem para quem está falando. Quando você olha para a pessoa que fala, você diz: *Estou ouvindo você*. Porém, algumas pessoas que são forçadas a fazer contato visual perdem a capacidade de ouvir.

Ninguém faz contato visual contínuo. Nós olhamos uns para os outros, e então desviamos o olhar para pensar sobre o que estamos ouvindo e processar a informação. Cientistas mostraram que as pessoas tendem a olhar para a direita quando estão imaginando algo, e para a esquerda quando estão relembrando algo. Desviar o olhar nos dá tempo para pensar.

Algumas vezes nós nos comunicamos melhor quando não olhamos uns para os outros. Quando trabalho com pessoas autistas, gosto de pensar na comunicação que ocorre entre duas pessoas que estão pescando, ou que estão sentadas lado a lado num banco de parque olhando a paisagem, ou que estão deitadas lado a lado na cama no escuro. Os olhos não são necessários nesses momentos em que se pode compartilhar um pouco mais de sinceridade e verdade.

Ziggy, um homem jovem, veio me ver em busca de orientação psicológica de duas em duas semanas durante meses, e jamais fez contato visual comigo. Quando eu o recebi pela primeira vez, sua dificuldade em travar contato visual era evidente; ele olhava para todos os lugares, menos na minha direção. Preparei a sala para que ele nunca se sentisse pressionado a olhar para mim, e fiz questão que soubesse que não esperava nem precisava que ele fizesse isso. A técnica comum de orientação que consiste em sentar-se frente a frente foi deixada de lado; Ziggy e eu nos sentávamos lado a lado, às vezes numa mesa, onde desenhávamos para não nos concentrarmos um no outro, e às vezes no sofá. Eu nunca me sentei diante dele porque queria que nos conectássemos, e Ziggy não podia se conectar comigo com os seus olhos.

Dizem que os olhos são a janela para a alma, pois exibem muita emoção. As pessoas neurotípicas captam instintivamente os pensamentos e emoções dos outros através dos seus olhos; mas, para algumas pessoas autistas, as constantes variações e mudanças nas emoções exibidas nos olhos podem ser complexas e difíceis de processar. "Eu simplesmente não consigo lidar com todos os pensamentos e sentimentos nos olhos de alguém", é uma explicação que ouço com frequência. Algumas pessoas autistas dizem que o contato visual as deixa incomodadas, que é "desconcertante" ou até mesmo "torturante". Uma vez, numa sessão de terapia de uma hora de duração, talvez Simone tenha me lançado um olhar bem rápido. Charmaine parecia estar olhando para mim, mas na verdade olhava apenas para a minha testa e meus lábios; e Alec olhava nos meus olhos, mas havia um artifício nisso. Ele me disse que fora ensinado a fazer contato visual, mas isso era difícil demais para ele; então ele inventou uma estratégia útil: ele olhava para os olhos da pessoa, mas não aplicava foco nesse olhar. Ele turvava a própria visão.

O contato visual pode ser enervante. Todos sabemos como é quando alguém nunca interrompe o contato visual; nós desviamos o nosso olhar para evitar a intensidade do olhar dessa pessoa. As pessoas neurotípicas entendem que o contato visual é importante, mas elas não sustentam esse contato o tempo todo. Na verdade, na maioria das interações cotidianas, elas mantêm contato visual por cerca de três segundos apenas antes de desviarem o olhar. Um contato de três segundos é a medida perfeita, mas um de nove segundos é considerado intimidador.

A falta de contato visual é um componente de diagnóstico de autismo, mas é somente uma pequena peça de uma história maior. O nível de timidez, a autoestima, hipersensibilidade, identidade cultural e gênero também podem influenciar o modo como as pessoas usam os seus olhos. Levando em conta que nenhum de nós permanece olhando nos olhos de alguém por um intervalo de tempo prolongado, talvez possamos desviar o foco da atenção do contato visual quando necessário e buscar maneiras diferentes de nos conectar.

*

O modo como Joseph usou seus olhos não apenas tornou mais difíceis as suas conexões interpessoais, como também lhe trouxe a reputação de pervertido no *campus*. Eu nunca havia pedido a uma pessoa autista (nem a ninguém) que fizesse contato visual comigo, porém Joseph precisava de ajuda para entender que o modo como ele usava seus olhos afetava os outros.

"Três segundos, Joseph", expliquei. "Nós olhamos para alguém por cerca de três segundos, e depois desviamos o olhar."

"Então por que colocam cadeiras nas galerias de arte?", ele perguntou.

Fiquei perplexa. O que as galerias de arte tinham a ver com isso?

"Nas galerias de arte", Joseph explicou, "eles colocam cadeiras diante das pinturas que as pessoas mais gostam. Quando você ama realmente alguma coisa, você quer olhar. Quando você acredita que existe algo de glorioso nisso, você quer continuar olhando e não quer parar. Nas galerias de arte há cadeiras para que a gente possa fazer isso. Você não desviaria o olhar da *Mona Lisa*, desviaria?"

E uma vez mais o modo diversificado que as pessoas tinham de ver e de perceber o mundo confundiu a minha mente.

Nesse momento, compartilhei com Joseph a técnica Mills & Boon. A editora Mills & Boon publica livros daqueles chamados romance de banca, e no começo da minha adolescência eu atacava a estante de livros da minha avó atrás deles. (Infelizmente a vovó parou de comprar esses livros quando sentiu que os protagonistas estavam passando para as relações sexuais rápido demais.) Eu devorava essas histórias, e acreditava que Mills & Boon me mostraria como ter um príncipe chegando à minha porta em um cavalo branco. Os livros seguem uma fórmula de romance, e quase todos têm uma cena específica em que os amantes desafortunados se encontram pela primeira vez.

Os olhos de ambos se encontraram em meio à multidão. Todos nós conhecemos essa cena. Você já viu isso em filmes, e talvez até já tenha vivido essa situação. É o momento em que os olhos dos protagonistas se encontram, eles sustentam o olhar um do outro, e esse olhar se estende por um milésimo de segundo apenas. Nesse instante, alguma coisa acontece entre os dois. Mas esse momento em que os seus olhares se fixam *não é* o momento importante. O importante é o que acontece em seguida: *e então eles desviaram o olhar.*

O momento em que desviam o olhar é crucial. Nesse momento, os seus corações se agitam, e eles esperam que seja verdadeiro o que passou por seus olhos e o que eles perceberam. Eles interrompem o contato visual e se distanciam — e então se voltam e olham outra vez. Um olha para trás na esperança de que o outro também olhe, na esperança de que seu sentimento seja correspondido.

Algumas pessoas acreditam em amor à primeira vista, mas é na verdade a quebra desse contato visual e a segunda troca de olhares que torna isso real.

16

O tapete mágico de Frankie

Frankie parecia uma Branca de Neve de quatro anos de idade, com sua imaculada pele de porcelana e seu cabelo de um preto intenso e lustroso — mas os pássaros não pousavam em sua mão, porque ela era o oposto de uma princesa agradável e cantante. Frankie abria seu caminho pelo mundo aos trancos e barrancos, e seguia em frente sem parar, dando cambalhotas e piruetas, e virando de cabeça para baixo para ver a terra invertida. Acompanhá-la era difícil; ela se atirava de uma atividade para outra, deixando traços da sua existência em lápis espalhados, cubos largados e peças de quebra-cabeças abandonadas.

Frankie era um redemoinho em forma de criança, tomando de assalto objetos e depois os deixando para trás. Ela não conseguia ficar parada, nunca — a não ser quando assistia a algum filme da Disney.

Frankie adorava filmes da Disney, e os assistia repetidas vezes. Como qualquer criança que deseja que os mesmos livros sejam lidos várias vezes, Frankie se encantava com um filme em particular e se agarrava a ele por meses antes de passar para um novo filme e recomeçar o ciclo. *O Rei Leão* a divertiu durante um longo tempo, bem como *101 Dálmatas* e *102 Dálmatas*. Ela amava os clássicos antigos, como *Dumbo, Mogli: O Menino Lobo* e *Robin Hood*, e como resultado disso a sua casa era cheia de elefantes, ursos e raposas cantantes, todos fazendo barulho sem parar na televisão.

Em voz baixa, Frankie repetia o tempo todo frases dos seus filmes favoritos do momento. Essas frases eram um mantra persistente nas horas que ela passava acordada, frases murmuradas à meia-voz, de maneira que ninguém conseguia entender o que ela dizia. Frankie não conversa do mesmo modo que muitas outras crianças. Com exceção das falas de filmes que repetia, a sua capacidade de se comunicar com outras pessoas por meio da fala era limitada. Frankie pegava na sua mão para lhe mostrar o que ela queria; por exemplo, ela levaria você até a porta de trás para que a deixasse sair. E ela conseguia dizer algumas coisas, como leite e bolinho, coisas das quais ela gostava muito. Afora isso, contudo, a sua interação com os outros quase sempre se baseava em citações da Disney.

Frankie era um filme ambulante da Disney, e sua família acabou mergulhando também no mundo da Disney, na tentativa de criar envolvimento com a menina. Quando Frankie ficou obcecada por *A Pequena Sereia*, sua família assistiu ao filme com ela centenas de vezes. Eles cantavam juntos "Under the Sea" e "Kiss the Girl". Conheciam a coleção de Ariel: canecas, globos, caixas de joias e objetos variados. Sabiam que Ariel gostava de pentear o cabelo com um garfo, e que Úrsula, a bruxa do mar, era uma combinação maluca de humano e polvo. Eles conheciam o filme de cor; assim, quando Frankie citava falas do filme, podiam responder com a fala seguinte:

"Eu não vejo isso há anos. Isso é maravilhoso", Frankie murmurava.

"O quê?", sua família perguntava.

"Um cachimbo listrado e redondo!"

Poucas semanas depois que conheci Frankie, ela trocou *A Pequena Sereia* por *Aladdin*, e ouvir as palavras do robusto Gênio de Robin Williams brotando da pequena boca de Frankie provocou muitas risadas.

Certo dia, visitei Frankie no centro de assistência à infância ao qual a levavam três dias por semana. Fui até lá para ajudar a elaborar uma rotina para a menina, a fim de que ela pudesse se envolver mais nas atividades do dia. Durante as brincadeiras ao ar livre, Frankie pegou na minha mão e me levou até os balanços. Eu sabia que ela queria que eu a empurrasse. (Todas as crianças sabem que balançar é melhor quando alguém empurra.) Então eu me posicionei atrás de Frankie e dei início à brincadeira, empurrando-a para a frente no balanço. Frankie gostou do movimento que imprimi ao balanço, e encontrou um meio de me mostrar a sua aprovação.

"Estou começando a gostar de você, filha", ela disse, imitando a voz do Gênio. "Não que eu queira escolher cortinas ou algo parecido."

Nada poderia me deixar mais feliz naquele momento. Frankie estava se comunicando comigo à sua maneira, expressando os seus pensamentos e sentimentos por meio da linguagem de *Aladdin*. Ela não tinha as palavras para "Eu estou feliz" ou "Eu gosto de você", nem mesmo para dizer "Obrigada"; mas ela tinha o Gênio.

E o Gênio podia se expressar muito bem.

*

Memorizar grandes quantidades de diálogos exige uma habilidade excepcional, e a maioria de nós só tem capacidade para memorizar e repetir um pouquinho do que ouvimos. Algumas pessoas podem citar falas dos seus filmes favoritos na sequência certa e da maneira correta com muita precisão. Esses momentos podem fazer as pessoas ao redor rirem ou rolarem os olhos, mas se essas pessoas também conhecessem o filme isso as ajudaria a se conectarem.

Quando criança, meu irmão era capaz de citar cada uma das falas de *Trocando as Bolas*, e gostava mais ainda de imitar as várias vozes de Eddie Murphy. Tenho uma amiga que dispara falas de *Shrek* como se fizessem parte de uma conversa. (E ela geralmente tem razão: "Depois de algum tempo você aprende a ignorar os nomes pelos quais as pessoas te chamam, e a confiar apenas em quem você é".) Outra amiga cita de maneira compulsiva falas de filmes tão diferentes quanto *Nascido para Matar* e *Zoolander*.

A maioria de nós tem citações desse tipo armazenadas em nossos cérebros, falas de filmes aos quais nós assistimos e letras de canções que ouvimos. Essas falas ecoam em nossas mentes, mas às vezes as palavras ou letras nos contagiam e nós as repetimos sem parar. Nós escutamos um fragmento de música a caminho do trabalho, e então esse mesmo pequeno ritmo e as palavras se repetem em nossas mentes o dia inteiro. Os psicólogos chamam isso de "imagística musical involuntária"; mas é um fenômeno mais popularmente conhecido como "música-chiclete".

A música-chiclete costuma ser um pequeno fragmento de uma música — talvez dois ou três compassos musicais e letras —, no qual a nossa memória fica empacada; assim, o mesmo verso se repete inúmeras vezes, e essa música-chiclete pode nos levar ao desespero até finalmente sair da nossa cabeça. A música é definida pela repetição, é incrível — e às vezes irritante — que nós possamos guardar a melodia, as batidas e as letras de tantas canções e melodias.

A ecolalia, ou a repetição do que escutamos, é um lindo estágio no desenvolvimento da fala e da linguagem. Bebês pequeninos começam a descobrir como falar imitando sons, palavras e padrões de fala daqueles que os cercam; como adultos, nós encorajamos esse instinto usando ecolalia para ensinar as crianças a interagirem conosco. Transformamos nossas palavras em palavras que nós queremos que elas digam. Dizemos "por favor" e "obrigado" quando entregamos objetos aos bebês para encorajá-los a fazerem o mesmo, e estimulamos os bebês a dizerem "mamãe" e "papai". Um dia desses, vi uma mulher com duas crianças muito novas no supermercado voltar-se para a sua filha e dizer: "Obrigado, papai. Eu adoro croissants". Essa mãe estava proferindo as palavras que ela desejava que a sua filha repetisse. (E eu queria dizer-lhe que ela parecia ser uma ótima mãe.)

Nós também ensinamos fala e linguagem empregando ecolalia de maneiras mais sutis e inconscientes. Por exemplo, você pode chamar o seu parceiro de mamãe ou papai na frente das suas crianças, ou chamar os seus próprios pais de vovó ou vovô perto das crianças para que elas imitem você e os chamem pelo grau correto de parentesco.

Antes de aprenderem linguagem recíproca e comunicação, a maioria das crianças usa a ecolalia para brincar com palavras nos estágios iniciais do desenvolvimento da sua fala. Crianças entre dezoito e trinta meses imitarão as palavras e frases que ouvirem; mas quando a sua linguagem se desenvolve e elas encontram suas próprias vozes, as vozes dos adultos começam a desaparecer e elas falam por si mesmas. Quando as crianças pequenas se tornam mais espontâneas e criativas com a sua fala, deixam de lado o recurso da repetição.

O estágio inicial do desenvolvimento social e da comunicação baseia-se em imitação, por isso a repetição da linguagem é natural para as crianças. Algumas crianças neurodivergentes, porém, aprendem a linguagem à sua própria maneira.

Quando Theo tinha quatro anos de idade, todos acreditavam que ele não falava. Theo tinha um rosto de anjo, e grandes olhos castanhos com cílios inacreditavelmente lindos. Ele era um garoto do interior que vivia numa fazenda com seus pais e sua irmã, e também com galinhas, patos e cães pastores. Theo adorava os animais, e os animais adoravam Theo.

Theo não havia passado pelos estágios de linguagem neurotípica, do balbucio para o uso de palavras isoladas, e daí para o uso de várias palavras. Na verdade, ele simplesmente não falava — ou pelo menos era o que todos pensavam. Certo dia, seus pais estavam na cozinha quando ouviram alguém cantando, e foram verificar do que se tratava. Theo, o menino que jamais havia pronunciado uma palavra, estava cantando todas as palavras da canção de ninar "Dona aranha" em voz estridente, porém clara. Seus pais ficaram radiantes. Seu garoto estava cantando! Seu pai ficou tão animado que registrou o momento em seu celular, como fazem todos os pais orgulhosos quando os seus filhos dizem as primeiras palavras.

Descobriu-se então que Theo, embora não repetisse palavras isoladas nem frases que seus pais haviam acabado de lhe dizer, conseguia repetir longas sequências de palavras que tinha ouvido antes. Ele poderia ter escutado essa canção de ninar repetidas vezes no centro de assistência à infância, na televisão ou quando a sua irmã a cantava. Ele coletou essas palavras e as repetiu em sua mente, e quando estava pronto simplesmente cantou.

Nós jamais saberemos o que desencadeou esse primeiro canto, essas primeiras palavras faladas. Talvez tenha sido uma aranha na parede do quarto de Theo. Ou talvez fosse a chuva chegando. Ou ele ouviu, quem sabe, alguém mencionar alguma coisa sobre a luz do sol ou mangueira de água. Para Theo, porém, as palavras da canção de ninar estavam conectadas; desse modo, quando uma palavra foi articulada, todas as palavras que se seguiam foram articuladas também.

A repetição é essencial no aprendizado da linguagem. Para algumas pessoas autistas, observar personagens conversando numa tela proporciona essa consistência, e muitas crianças aprendem suas primeiras palavras não com seus cuidadores, mas sim com programas que as divertem. Aprender a falar por intermédio da televisão e dos filmes, e não por meio de conversas da vida real, pode trazer alguns resultados fascinantes. Há anos me perguntam por que algumas pessoas autistas falam com sotaque. Na Austrália, alguns adultos autistas têm sotaque britânico ou norte-americano mesmo sem jamais terem visitado esses países. Eu já tive contato com crianças autistas que falam com sotaque latino, como *Dora, a Aventureira*, e com crianças autistas que falam com sotaque britânico, como *Thomas, o Trem*. Ainda que suas famílias falem com essas crianças com sotaque australiano, elas aprendem a linguagem nos programas e filmes da televisão, imitando sotaques de várias partes do mundo.

Uma vantagem de se aprender uma língua assistindo a filmes é que um filme que você viu uma dúzia de vezes é previsível e confiável, diferente de uma pessoa. A verdade é que as pessoas podem ser bastante contraditórias no modo como se comunicam. Elas podem dizer coisas de maneira diferente, ou usar as mesmas palavras sem querer dizer a mesma coisa. Já as letras de músicas e as falas ditas nos filmes permanecem de fato coerentes. C sempre virá depois de B na música "ABC"; Romeu e Julieta não viverão milagrosamente felizes para sempre; e a "Bohemian Rhapsody" do Queen será sempre uma das melhores músicas-chiclete de todos os tempos. (Perdão — agora ela vai "grudar" na sua cabeça também.) Nós temos de agradecer aos roteiristas e aos letristas por tornarem a linguagem dos filmes e da música tão significativa para tantos de nós.

*

Havia uma linguagem que o Gênio não falava e que Frankie *precisava* aprender. Uma linguagem física: nadar.

Frankie vivia perto do mar, o que significava que seus irmãos e irmãs ficavam na água o dia inteiro. A família dela surfava e nadava, por isso era importante que Frankie ficasse em segurança perto da água. Sua família a colocou em aulas de natação, mas esse processo se mostrou problemático, pois ela não conseguia seguir as orientações do instrutor de natação. Seus pais a retiraram das aulas em grupo e a colocaram em aulas individuais, mas isso não ajudou. Toda semana a aula terminava em lágrimas — não de Frankie apenas, mas também da sua mãe e da instrutora de natação. Por mais persuasão e adulação que usassem para convencê-la, Frankie não entrava na água. Ela se sentava na beira da piscina e balançava os pés acima da água, mas não ia além disso.

A instrutora tentou encorajá-la espalhando brinquedos na água, mas isso não despertou o menor interesse em Frankie. Sua mãe entrou na água para mostrar a Frankie como era bom, mas a garota simplesmente foi embora.

"Pule aqui, Frankie!", sua mãe chamou.

"Venha, Frankie!", a instrutora acrescentou. "É divertido!"

Mas a menina não concordava nem um pouco com elas.

Elas não estavam falando a língua de Frankie.

Eu já fiz coisas estranhas em minha vida para tentar me conectar com pessoas autistas. E eu sabia que se quisesse me conectar com Frankie, teria de aprender a linguagem de *Aladdin*. Sendo assim, assisti ao desenho várias e várias vezes. Aprendi todas as falas e o que essas falas representavam, e estudei maneiras de usá-las nas ocasiões perfeitas. Armada dessa nova linguagem, fui às aulas de natação de Frankie para ser a sua tradutora.

Frankie se sentou na beira da piscina. Sua mãe e a instrutora de natação tentaram convencê-la a entrar na água, mas como sempre ela nem se mexia.

Entrei na piscina até o ponto em que a água chegasse ao meu peito. Posicionei-me diante de Frankie e comecei a falar com ela em aladdinês.

"Você não gostaria de dar um passeio?", eu disse, imaginando-me sobre o tapete mágico de Aladdin, flutuando no ar sob a sacada de Frankie. "Nós podemos sair do palácio. Ver o mundo."

Frankie olhou para cima. Ela respirou fundo e recitou a fala seguinte, fala que ela conhecia muito bem. "É seguro?", Frankie indagou com as palavras de Jasmine, olhando para a água.

"Claro que é. Você confia em mim?" Estendi minha mão para a menina.

"O quê?"

"Você confia em mim?"

E assim, vendo a minha mão estendida bem perto da dela, Frankie deu um passo para fora da borda e para dentro da piscina.

17

A Madonna de Leo

Leo e eu somos amigos há mais de trinta anos. Nós vivemos distantes, mas nos vemos sempre que estamos na mesma cidade. Nós nos conhecemos quando eu trabalhava como sua assistente de apoio aos meus vinte e poucos anos. Posso ter ajudado Leo a fazer as contas durante as compras, e mostrado a ele como ler as laterais das caixas a fim de seguir as instruções de cozimento, e também lhe ensinei a deslocar-se de ônibus, mas ele me ajudou fazendo-me rir até não poder mais. Depois que deixei esse trabalho, nós desenvolvemos uma verdadeira amizade.

Leo estava no final da adolescência quando começamos a sair juntos. A melhor e única maneira de descrevê-lo é que ele era um completo pateta. Ele falava sem parar sobre as coisas que amava — principalmente seriados de televisão ruins e seus personagens mais atraentes. Ele sempre usava sua camiseta de futebol favorita e, quando saía, prendia as chaves no cinto com uma corrente e colocava-as no bolso.

Leo não tinha controle sobre o volume de sua voz. Ele achava que estivesse falando baixo, mas a pessoa com quem ele falava lhe perguntava por que ele estava gritando. Leo falava aos berros em casa, na biblioteca e nas lojas. Sua voz explodia. Quando ele saía para jantar, todas as pessoas no restaurante ficavam sabendo que ele achava que abacaxi não ia bem na pizza.

Felizmente, Leo adorava espaços abertos. Ele fazia manutenção de jardins; trabalhava para uma empresa que contratava pessoas com deficiência. Uma abóbora que ele havia cultivado ganhou um prêmio num festival de horticultura local. Ele adorava pescar, e me ensinou a colocar a isca no anzol, lançar na água e tirar as vísceras do que pegávamos.

Acima de tudo, porém, Leo amaaaaava Madonna.

Leo tinha fitas cassete de Madonna (nós ainda não éramos sofisticados o suficiente para os CDs) que ele não se cansava de ouvir. Ele cantava "Like a Virgin", "Like a Prayer" e saía dançando no ritmo de "Vogue". Vestia camisetas com a imagem de Madonna e tinha pôsteres dela nas paredes do seu quarto. Até carregava em sua carteira uma fotografia de Madonna recortada de uma revista. Leo era sem dúvida gamado na Madonna.

Em 1993, o filme *Corpo em Evidência* — estrelando a eterna e insuperável musa de Leo — chegou aos cinemas. Leo falava o tempo todo no filme antes da sua data de lançamento, e prometi levá-lo no primeiro dia de exibição no nosso cinema local. *Corpo em Evidência* contava a história de um julgamento em que a personagem de Madonna necessitava de defesa, e o personagem de Willem Dafoe a defendia. Imaginei que seria perfeito — um bom drama de tribunal, e Leo se deliciaria vendo Madonna na tela, mesmo que não compreendesse muito bem o jargão legal.

Eu devia ter me informado melhor sobre esse filme. Devia ter reparado que Madonna estava nua num pôster do filme, e que ela e Willem Dafoe estavam agarrados um ao outro num abraço apaixonado. Talvez eu devesse ter desconfiado de algo porque o filme era proibido para menores de 18 anos, mas Leo e eu éramos ambos maiores de idade, portanto simplesmente fomos assistir ao filme.

O que aconteceu em seguida mudou para sempre o modo como eu e todas as pessoas presentes naquele cinema víamos Madonna. Mas enquanto eu comunicava em voz baixa os meus pensamentos a Leo, ele despejava os pensamentos dele sobre o auditório usando o seu megafone embutido.

*

Eu sempre odiei a minha voz. Todos nós temos estranhos problemas com autoestima; o meu é com o meu sotaque. Durante muito tempo, acreditei que não me expressava como uma pessoa inteligente, e eu queria que minha voz soasse como a de alguém inteligente.

Uma amiga minha é fonoaudióloga, e eu lhe perguntei se poderia ser a sua Eliza Doolittle. Essa minha amiga é alguns anos mais nova que eu, não conhecia o filme *Minha Bela Dama* e não fazia a menor ideia do que eu estava falando. Dei a ela um DVD do musical, que conta a história de Eliza Doolittle, uma vendedora de flores pobre que é preparada para ser apresentada como uma dama da alta sociedade. Eu queria ser capaz de me expressar com refinamento e sonoridade; esperava que a minha amiga aceitasse o papel de Professor Higgins e me ajudasse a aprender a falar com uma ameixa na boca.

"Não", ela disse. "Eu adoro a sua voz!"

Algumas pessoas têm vozes mais diferenciadas que outras, vozes que são imediatamente reconhecíveis, e as pessoas em sua maioria conseguem identificar determinados cantores, atores e comentaristas esportivos apenas com base em suas vozes. Mas todas as vozes são como impressões digitais: cada uma tem o seu próprio som. Mesmo que muitas vozes sejam semelhantes, todas têm suas próprias características distintivas.

A voz humana não expressa apenas palavras; a voz também transmite significado. Os recursos vocais e de entonação que utilizamos para acentuar o que dizemos — tom, volume, velocidade e inflexão, cujo estudo denomina-se prosódia — amplificam as palavras que falamos e às vezes até mudam o significado das palavras.

Tente dizer o seguinte em voz alta:

Mesmo (com o intuito de dizer "Não acredito muito em você")
Mesmo (com o intuito de dizer "Estou dizendo a verdade").

Até a mais leve diferença na entonação pode mudar o significado de uma palavra.

Quando estamos animados ou ansiosos, os músculos das nossas cordas vocais se tensionam, e a altura da nossa voz aumenta. Quando estamos relaxados, a altura é menor. O tom é o padrão de altos e baixos na altura, e aplicar inflexão é usar a altura em uma palavra ou sentença. (Na Austrália, muitas vezes aumentamos a altura no final de uma frase, o que faz tudo soar como se fosse uma pergunta.) Além do ajuste da altura, ajustar a velocidade e o ritmo muda o significado das palavras. E há também o sotaque, a clareza, a pronúncia e a projeção. A voz é uma coisa simples, não é mesmo? (Contém sarcasmo.)

Irene não tinha variação de altura em sua fala. Ela falava num tom monótono, mas as suas palavras estavam longe de ser monótonas. As histórias que Irene me contava durante suas consultas eram assombrosas. Elas costumavam envolver as escapadas de uma jovem de vinte e poucos anos e muitas "drogas, sexo e rock and roll". O delineador de Irene era grosso e borrado; ela sempre parecia ter acabado de acordar depois de uma grande noitada e deixado de remover a maquiagem. Ela adorava alfinetes, usava-os para segurar os rasgos em sua calça jeans e também como brincos em suas correntes. Suas camisas e sua bolsa eram repletas de broches com slogans tais como GAROTA PODEROSA e MULHERES BEM-COMPORTADAS RARAMENTE FAZEM HISTÓRIA. Ela era brilhante, mas se expressava como um professor que eu tive certa vez que podia fazer a classe inteira pegar no sono apenas com o som da sua voz.

Ela e eu tivemos de administrar esse obstáculo para conseguirmos nos comunicar.

"Uau, essa é uma atividade interessante", ela comentou enquanto nós criávamos uma lista do que deveria envolver um relacionamento respeitoso.

"Ah, que bom que acha isso", respondi.

"Jodi, eu estava sendo sarcástica!"

Mas como eu poderia saber? O sarcasmo é complexo. Você sabe que alguém está sendo sarcástico detectando sutilezas no seu tom de voz, pausas entre as palavras, e onde a ênfase é colocada. Algumas pessoas autistas não conseguem detectar a inflexão e o tom que produzem o sarcasmo, e algumas pessoas (neurodivergentes ou não) não empregam a pausa sutil necessária para dar a entender que estão sendo irônicas. Sarcasmo, ironia e piadas necessitam dessas ligeiras mudanças e variações. Se você não as aplica ou não pode aplicá-las, a piada não funciona.

O modo como projetamos nossas palavras favorece a mensagem que queremos transmitir. Nós aumentamos e diminuímos o volume de nossa voz para refletir o ambiente em que nos encontramos, e a intensidade das nossas emoções. Falaremos mais alto para causar impacto, e sussurraremos para transmitir vulnerabilidade.

Para muitas pessoas, encontrar o nível certo de decibéis para falar pode estar fora do seu controle consciente. As pessoas muitas vezes me dizem "Eu ouvi você antes de vê-la", porque eu falo alto. *Empolgação além da conta* é como eu gosto de descrever isso, porém tento suavizar esse tom e falar com voz mais baixa, porque entendo que nem todos precisam saber que o meu dia está tão bom.

A minha filha, como a maioria das crianças, teve de aprender a arte de guardar seus pensamentos para si. Quando ela era jovem, nós vivemos em Singapura, uma ilha com mistura de raças, culturas e etnias. Estávamos certo dia num trem, e ela reparou que havia um homem sikh sentado diante de nós.

"Mãe, por que esse homem tem um lenço amarrado na cabeça?", ela perguntou, numa voz que ecoou por todo o vagão silencioso.

Fiquei envergonhada, e o homem olhou para mim. O que eu podia fazer? Era uma pergunta inocente, feita com grande curiosidade. Quis silenciá-la, mas o amável homem respondeu em voz tão alta quanto a dela.

"O nome disso é turbante", ele disse, sorrindo para ela.

Crianças fazem perguntas desse tipo antes de aprenderem a ajustar o volume das suas vozes, e antes de entenderem etiqueta social. Por meio de tentativa e erro social, aprendemos quando as perguntas que temos em nossa cabeça devem ser formuladas e quando devem permanecer apenas em nossos pensamentos. Nós aprendemos quando devemos falar baixinho ao ouvido de outra pessoa com uma mão em concha, e quando podemos gritar esse mesmo sentimento a plenos pulmões. Eu ainda estou aprendendo a modular o volume da minha voz! Hoje mesmo eu me desculpei diante das pessoas, num café cheio de gente, depois que anunciei a um amigo em voz alta que tinha areia em minhas calças.

Algumas pessoas autistas podem ter dificuldade para regular o volume de suas vozes no decorrer da sua vida. Talvez elas tenham problemas para sentir o volume da própria voz, ou lutem para filtrar o ruído do ambiente e sintam a necessidade de suplantá-lo com sua voz. Alguns talvez não tenham consciência de que certas conversas ou perguntas devem ser realizadas em privado e alguns podem não se dar conta de que nem todos os pensamentos têm de ser ditos em voz alta.

Nós constantemente comunicamos significado por meio do nosso tom, volume, inflexão e velocidade. Mas nós não falamos da mesma maneira, e precisamos ter alguma tolerância uns com os outros. Nem todos nós somos mestres da comunicação; no máximo, somos eternos aprendizes.

*

Leo e eu nos acomodamos na sala de cinema para a matinê com caixas gigantes de pipoca e imensos copos de refrigerante. Enquanto os vários anúncios nos falavam dos filmes que logo entrariam em cartaz, eu relaxei em meu assento e pus os meus pés na cadeira à minha frente. (Nós ainda podíamos fazer isso naquela época.)

E então o filme começou.

Nos primeiros três minutos, Madonna estava nua e fazendo sexo. E as cenas de sexo continuavam. Era a versão de 1993 de *Cinquenta Tons de Cinza*. Havia cintos e cera pingando. Champanhe era lambida diretamente de peitos, seios, torsos. Eu me encolhia no assento, suando, e olhava para Leo furtivamente; os olhos dele ficaram do tamanho de pratos de tão arregalados.

Ah, não, eu pensei, *O que é que a gente veio fazer aqui?*

E ficaria ainda pior com a cena da garagem.

A personagem de Madonna entra numa garagem de vários andares com pouca iluminação e sobe no capô de um carro. Ela levanta a saia até a altura do quadril e espera enquanto Willem Dafoe se aproxima dela. Com o rosto na cintura de Madonna, ele remove devagar a calcinha dela, e ela, com a força de quem está acostumado com a rotina de exercícios físicos em academias, agarra com as duas mãos uma viga acima dela, suspende o próprio corpo com a tração dos braços e enlaça as pernas em torno da cabeça de Dafoe.

Uma cena intensa, cheia de luxúria e cheia de desejo. E então...

"Jodi, o que a Madonna tá fazendo?", Leo perguntou, com voz alta o bastante para que todo o cinema ouvisse.

Eu me afundei em meu assento enquanto as pessoas ao nosso redor davam risada.

"Eu explico mais tarde", sussurrei para ele com o canto da boca.

"Mas, Jodi", Leo trombeteou de novo com voz de trovão, "por que a Madonna passou as pernas pela cabeça dele? Ela tá tentando aplicar um golpe de luta livre? Tá tentando estrangular ele?"

E durante a cena, quando a audiência devia estar sentindo os seus corações acelerados e se perguntando se teriam tanta força nos braços, o cinema inteiro explodiu em gargalhadas.

18

Os tênis de Nash

Nash chegou ao meu consultório com um novo par de calçados ainda dentro da caixa. Isso foi bizarro, porque Nash não fazia compras.

Ele vestira as mesmas roupas nos últimos dois anos. Mesmo no mais quente dos dias de verão, Nash usava a sua única calça jeans larga e uma das suas três camisetas — com as imagens de Chewbacca, Yoda ou Jabba, o Hutt. Essas roupas duraram muito tempo porque Nash jamais as lavava. Depois de cada sessão com Nash eu tinha de abrir as janelas do meu consultório a fim de arejar o ambiente.

Com vinte e cinco anos de idade, Nash não tinha consciência da própria higiene pessoal nem do cheiro forte que exalava do seu corpo. Certa vez, quando eu tive a impressão de que já o conhecia, comentei sobre a necessidade de banho diário usando sabonete, e mencionei que desodorante era uma coisa útil.

Levei algumas semanas para sentir que o nosso relacionamento era sólido o bastante para que eu tocasse no delicado assunto "Nash, você cheira mal"; mas desde o dia em que nos conhecemos Nash sempre comunicou o que lhe passava pela cabeça. Ele me revelava imediatamente as suas opiniões sobre tudo:

"Jodi, o seu hálito cheira a café."

"Jodi, que vestido horrível esse seu."

"Jodi, esse seu penteado te faz parecer velha."

Nash não tinha filtro e dizia exatamente o que pensava, e por isso presumia que todos fizessem o mesmo.

"Que legal, Nash, sapatos novos!", exclamei. "Estou surpresa."
"O cara da loja disse 'Você devia comprá-los.'"
"Ele disse 'Você devia comprá-los' como estímulo ou como sugestão?"
"Ele só disse 'Você devia comprá-los'. Então eu comprei."

*

As pessoas fazem um grande esforço para compreenderem umas às outras. Usamos um grande número de palavras para tentar nos comunicar — o adulto médio falante de inglês tem um vocabulário de 20 a 35 mil palavras —, mas nem todas elas são tão objetivas quanto parecem ser. O inglês é uma língua particularmente estranha: por que temos tantas palavras com a mesma pronúncia, mas significados diferentes?

As palavras podem ser confusas, mas também são lindas; e o modo como nós as encadeamos pode trazê-las à vida e torná-las vívidas. A linguagem pode ser divertida; nós podemos produzir significado a partir de imagens mentais. Em alemão, *Sein herz auf der Zunge tragen* traduz-se "Deixar falar o coração" — e significa dar abertura às emoções. Em francês, *Occupe-toi de tes oignons* traduz-se "Preocupe-se com suas próprias cebolas", mas na verdade significa "Cuide da sua própria vida". Na Indonésia, *Makan angin* traduz-se "Coma vento", mas na verdade significa relaxar ou tirar férias.

Eu adoro metáforas e uso muitas delas; elas dão cor à linguagem. As pessoas as usam tanto que talvez nem mesmo se deem conta. Porém, nem todos compreendem as metáforas.

Muitos dos meus clientes autistas me mostraram de que modo eu introduzo metáforas nas minhas conversas cotidianas. Sri foi uma dessas pessoas.

> Eu: Ei, Sri, posso entrar na sua cabeça?
> Sri: De jeito nenhum, que horror.
> Eu: Você tem o mundo todo nas mãos.
> Sri: Não tenho, não (olhando para as mãos).
> Eu: Pois é, estava pensando aqui com meus botões…
> Sri: Botões? Mas você não está usando nada com botões.

Sri me ensinou a rir das minhas próprias palavras. Ela tomava de maneira literal tudo o que saísse da minha boca. Certo dia, nós bebemos chá e chocolate juntas. Coloquei a minha embalagem dentro da xícara quando terminei, e Sri fez o mesmo. Depois, querendo ajudar, ela pegou nossas xícaras para levá-las à pia.

"Pode jogar direto no lixo", eu disse.

Depois que ela saiu, fui lavar as xícaras, mas não consegui encontrá-las. Sri havia jogado as embalagens de chocolate, as xícaras e as colheres na lixeira! Pelo visto, houve uma falha de comunicação.

A linguagem pode ser literal — as palavras significam exatamente o que parecem significar. Ou pode ser figurada — as palavras têm significado diferente das suas definições literais. Pessoas que pensam de modo literal, como Sri, ouvem as palavras e pensam nelas em termos concretos; elas não enxergam as imagens que outros tentam pintar com linguagem figurativa. Em razão disso, algumas pessoas autistas têm dificuldade em entender frases quando elas são metafóricas, e não objetivas e claras.

Muitas pessoas dão como certo que os outros compreenderão suas palavras, mas pode ocorrer um colapso na comunicação se a intenção por trás das palavras não for entendida.

*

Eu trabalhei certa vez para uma organização que ajudava famílias a entenderem o autismo dos filhos na primeira infância. Não há duas famílias iguais, por isso esse apoio sempre se baseou nas necessidades de cada família separadamente. Durante essa época, aprendi que a informação fornecida aos cuidadores na ocasião do diagnóstico nem sempre é entendida por completo.

Clarisa e Ned tinham deficiência intelectual, e o serviço de assistência social solicitou que os visitássemos para fornecer orientação a respeito das suas habilidades como pais. Max, seu filho de quatro anos de idade, tinha autismo, e sua irmã de dezoito meses de idade, Nellie, estava atrasada em todos os aspectos do seu desenvolvimento. Uma fonoaudióloga e eu visitamos a casa da família para saber como poderíamos ajudar.

Antes de entrar na casa, vi uma grande lata cheia de guimbas de cigarro do lado de fora da porta da frente. Era uma enorme lata de suco de abacaxi, do tamanho de um galão, com centenas e centenas de guimbas. Esse era um sinal de que ninguém fumava dentro da casa; Clarisa e Ned obviamente se preocupavam com a saúde das suas crianças.

É difícil abrir as portas da sua casa para assistentes sociais que aparecem para avaliar as suas necessidades e as dos seus filhos. Não seria surpresa se fôssemos recebidas com desdém, mas Ned abriu a porta para nós com um grande sorriso no rosto.

"Toda a ajuda que pudermos ter é bem-vinda!", ele anunciou, alegre.

Era evidente que a casa estava em total desordem. Havia coisas espalhadas por todo lado, e quando digo *coisas* quero dizer restos e refugos descartados imediatamente após o uso. Havia roupas e brinquedos sujos e pedaços quebrados de bugigangas tomando todas as superfícies. Havia tigelas e pratos usados, canecas e talheres deixados onde haviam tocado uma boca pela última vez, ainda com restos de comida endurecida nas bordas. Contudo, havia em um canto algo perfeitamente organizado numa pilha: caixas de pizza.

"Aqui, sentem-se", Ned disse, empurrando para o lado um monte de roupas sobre o sofá. A casa cheirava a mofo, e o carpete parecia empapado e esponjoso sob os pés. Mas nós nos sentamos em uma floresta de pelos de gato, cercada pelo caos da vida cotidiana dessa família.

Ofereceram-nos café. Embora alguns terapeutas não aceitem bebidas na casa de clientes, eu acredito que a hospitalidade e a generosidade são fundamentais para os relacionamentos, e em algumas culturas a comida representa conexão. Por isso eu aceitei. Não foi o melhor café que já provei na vida, então eu o sorvi devagar. Eu sabia que era um gesto de boas-vindas deles, e sua gentileza foi valorizada, mesmo que o café em si deixasse a desejar.

Nós ouvimos Max antes de vê-lo. Ele falava consigo mesmo enquanto pulava pelo corredor em nossa direção, e entrou na sala como um artista de circo cambaleante, ricocheteando em todas as superfícies sólidas. Um dia ele poderia ser um campeão de parkour. Mas não naquele momento! Quando eu o vi, fiquei surpresa que ainda lhe restasse alguma energia.

Max parecia um fantasma. Sua pele era quase translúcida, e sob os seus olhos viam-se os círculos escuros de olheiras alérgicas. Ele era magrinho, com braços e pernas longos e esguios e uma barriga sólida, redonda e intumescida. Não havia dúvida de que Max não estava bem, e os seus pais o haviam levado ao médico.

"O médico disse que o Max precisava comer espinafre para ficar saudável", Clarisa nos informou. "Nós oferecemos espinafre a ele, mas ele não quer comer de jeito nenhum."

"Então nós dissemos a ele: 'Se você não comer agora, vai ter que comer no café da manhã!'", Ned disse, continuando de onde Clarisa havia parado. "Há quatro dias ele não come o espinafre! Quatro dias!"

"Mas ele comeu mais alguma coisa? Ele comeu alguma coisa?", perguntei.

"Não, nada, porque a gente só deu espinafre pra ele."

Clarisa e Ned explicaram que o médico lhes dissera que Max tinha de comer filé e espinafre, e como eles não podiam comprar a carne, estocaram espinafre congelado. Colocavam o alimento no micro-ondas e davam a Max em todas as refeições. Eles estavam se esforçando tanto para serem bons pais, e seguindo as ordens do médico como pais responsáveis fariam, não é?

"O médico disse que o Max precisava daquela coisa... Qual é o nome mesmo, Ned?", Clarisa perguntou.

"Ferro. Eu me lembro que a gente até achou engraçado, porque nós nem temos um ferro." Ned deu uma risadinha.

Ned e Clarisa haviam tomado literalmente a sugestão do médico; eles não entenderam que Max podia comer também outros alimentos ricos em ferro. Juntos, nós acrescentamos carne moída, ovos e manteiga de amendoim às refeições dele, e também os novos favoritos de Max, espinafre e bolinhos de queijo.

Há ocasiões em que nós precisamos de um pouco de ajuda para compreender informações complexas. A maioria das pessoas espera que os outros leiam nas entrelinhas o que está sendo dito e entendam o significado implícito, mas isso nem sempre acontece. Eu aprendi isso do jeito difícil.

Na época em que eu estudava para me tornar professora de educação especial, trabalhei na assistência comunitária a pessoas com deficiência. Na ocasião, eu acreditava que fosse uma assistente excepcional, porque estava aprendendo estratégias e técnicas na universidade e colocando-as em prática em meu trabalho. Eu era jovem, e a juventude é sempre acompanhada de uma saudável dose de ego. Eu me considerava uma especialista no trabalho de assistência, mas Tony me mostrou que eu estava errada.

Tony era um de quatro meninos de uma família. Ele e seu irmão mais velho eram autistas, embora Tony tivesse deficiência intelectual e seu irmão não. Os outros dois irmãos eram neurotípicos. Tony tinha quinze anos, e recebia orientação para ser mais independente. Nós nos encontrávamos depois da escola, duas vezes por semana. Eu praticava com o pobre Tony tudo o que aprendia na universidade sobre deficiência de desenvolvimento e autismo.

Ele e eu íamos à piscina pública em nossas tardes juntos. Tony precisava de ajuda para se vestir, mas vinha praticando vestir suas roupas em casa e também comigo depois de nadar. Nessa época, ainda não existiam banheiros adaptados para cadeiras de rodas, e durante muitos meses Tony teve de entrar nos vestiários femininos em minha companhia. Dá para imaginar isso? Ele tinha quinze anos, e precisava trocar de roupa na presença de mulheres e garotas. Eu o levava para um canto reservado, mas nunca me senti bem com relação a isso. Ter de estar num espaço assim roubava-lhe a dignidade, e eu tinha de enfrentar muitos comentários irados a respeito da presença de um adolescente no vestiário feminino.

Aprender a vestir-se é difícil. Muitas partes do corpo necessitam ser manobradas e posicionadas para que pernas entrem em calças e braços em mangas. Você tem de saber se uma camisa está do avesso ou de trás para a frente, e precisa lidar com botões e zíperes. Levou um bom tempo até que Tony dominasse a arte de se vestir, e quando conseguiu ele quis tentar sozinho no vestiário masculino.

Em nossa próxima ida à piscina pública, eu segui com confiança as estratégias que tinha aprendido na universidade: (1) analise a tarefa; (2) divida a tarefa em passos; (3) comunique em linguagem simples a sequência de passos a ser seguida; e (4) verifique o entendimento, a compreensão e a retenção.

"Certo, Tony", eu disse. "Vá para o vestiário. Tire o seu traje de banho. Tome uma ducha. Vista-se. Volte e me encontre aqui. Bem, você pode me dizer o que fará?"

E Tony repetiu toda a sequência: "Ir ao vestiário. Tirar meu traje de banho. Tomar uma ducha. Vestir-me e voltar".

"Muito bom. Vamos lá, então."

Eu achei que tivesse feito tudo com perfeição! De pé sob o chuveiro no vestiário feminino, eu me parabenizei. *Uau, Jodi Rodgers... você é brilhante nisso!*, eu pensava. Enquanto me vestia, eu enveredei por outras tarefas em minha mente, dividindo-as em pequenos passos. Como escovamos os dentes, lavamos as mãos, fervemos água?

Enquanto eu conferia a mim mesma o Prêmio Nobel em análise de tarefas, saí do vestiário, dei alguns passos e vi Tony esperando no lugar que tínhamos combinado nos encontrar. O cabelo dele estava gotejando de tão molhado, e suas roupas, embora estivessem todas na posição certa, estavam ensopadas e grudadas em sua pele. O garoto era uma cascata ambulante. E ele não poderia estar mais feliz.

"Eu consegui, Jodi!", ele disse, cheio de orgulho. "Fui ao vestiário, tirei meu traje, tomei uma ducha, pus a roupa e voltei para cá. Eu consegui!"

"Mas, Tony... Você não se enxugou!"

Ele olhou para mim como se eu estivesse maluca.

"Isso não estava na lista", ele respondeu.

Durante a minha carreira eu me lembrei desse momento centenas de vezes. Lembro-me dele sempre que as coisas não saem como eu esperava. Quando as coisas não correm de acordo com o planejado, geralmente é porque eu cometi algum erro — o modo como me comuniquei, o modo como expliquei, o modo como forneci informação. Então avalio os meus passos e repenso tudo.

Trinta anos depois, o Prêmio Nobel continua fora de alcance, e eu nunca mais voltei a me considerar uma especialista em coisa nenhuma.

Falha de comunicação é algo que acontece o tempo todo. É a confusão entre o que foi falado, o que se quis falar e o que se entendeu que coloca as pessoas em maus lençóis. (Outra metáfora potencialmente enganosa.) Nós não acertaremos sempre na mosca, mas ser um bom comunicador não significa acertar sempre; significa tentar corrigir os lapsos de comunicação. Significa principalmente ser capaz de dizer "Desculpe, não foi isso que eu quis dizer", "Desculpe, não foi isso que eu ouvi", e "Desculpe, vamos tentar novamente".

*

"Eu nem mesmo quero esses tênis", Nash disse. "Não quero e nem gosto deles!"

"Tudo bem, Nash", respondi. "Você pode devolvê-los se quiser. Não quebre a cabeça com isso."

"Eu jamais faria isso!", ele disse com convicção. "Por que eu quebraria a minha cabeça?"

Nesse dia, Nash e eu conversamos bastante a respeito da confusão que ele fez. Nós falamos sobre os diferentes significados por trás das palavras do vendedor da loja. Ele sugeriu que Nash comprasse os tênis? Ou pediu?

"Por que ele não disse 'Você vai comprar esses tênis?'", Nash comentou. "Porque nesse caso eu teria simplesmente dito que não."

Nash quis saber por que as pessoas falavam usando enigmas. Queria saber por que as palavras tinham de ser um jogo de adivinhação, por que as pessoas não iam direto ao ponto. Não é nenhuma surpresa que as pessoas estejam sempre armando barraco. (É claro que o Nash não usou nenhuma dessas expressões.)

Quando a nossa consulta chegou ao fim, juntei os papéis e o arquivo dele e me levantei para indicar que o nosso tempo havia acabado. Nash se levantou também.

"As pessoas são complexas, Nash, e às vezes têm mesmo dificuldade para se entender. Seja como for, saiba que eu sempre estarei aqui para apoiar você", eu disse. "Eu não vou a lugar algum."

"Ah, mas então por que você se levantou?", Nash respondeu, voltando a se sentar.

19

O atlas de Jimmy

As crianças da classe de Jimmy riam dele. Jimmy estava fora de sincronia com o resto dos alunos de catorze anos de idade, e todos eles sabiam disso.

Antes do início dos anos 1990, um diagnóstico de autismo tinha de incluir deficiência intelectual. Nas escolas convencionais onde ensinei, eu agora sei que estatisticamente todas as salas de aula deviam ter crianças autistas; naquela época, porém, nós não tínhamos um nome para isso. E porque os professores não sabiam o que eram na verdade as diferenças de comportamento que eles observavam, estudantes autistas como Jimmy não recebiam o apoio de que necessitavam.

Jimmy era o garoto que dançava a dança do robô enquanto todos os outros jovens dançavam ao som de "YMCA". Ele parecia ter pouco interesse nas normas sociais do seu ambiente escolar. Enquanto a maioria dos estudantes se adaptava às coisas a sua volta e não queria se sobressair, Jimmy não adotava o corte de cabelo com pontas oxigenadas dos demais garotos; seu cabelo longo, que ele nunca quis cortar, tornava-o diferente e reconhecível. Embora as diferenças de Jimmy fossem notadas por seus colegas de classe, ele era o tipo de estudante que facilmente passava despercebido pelo radar da equipe docente. Ele não era um jovem que demandava atenção; era quieto, estudioso e sempre entregava a sua lição de casa no prazo.

Certo dia, na aula de geografia, eu estava fazendo perguntas aos estudantes, e os chamava pelo nome para que respondessem. (Se eu soubesse na época o que sei agora, eu não aumentaria a ansiedade dos alunos chamando-os daquela maneira.) Fiz uma pergunta a Jimmy exatamente como havia feito aos outros estudantes, e esperei uma resposta imediata: "Jimmy, qual é a capital da França?".

Nenhuma resposta. Foi como se ele não tivesse me ouvido. Ele apenas ergueu de leve a cabeça, e nada mais.

Ah, Jimmy, eu me lembro de ter pensado. *O que faço com você? O que vou colocar na participação em classe no seu relatório se você não participa?*

Então eu passei para outro aluno.

"Beau, qual é a capital da Islândia?"

"Hazel, qual é a capital do Vietnã?"

Ambos os jovens levantaram a cabeça, olharam para mim diretamente e responderam sem demora. E no momento em que eu ia chamar outro aluno…

"Paris!" A palavra foi pronunciada em voz alta e com deliberação por Jimmy do seu assento no fundo da classe. Os alunos todos riram, é claro. Todos acharam que Jimmy estava sendo engraçado. Pensaram que Jimmy sabia que não era um comportamento apropriado responder uma pergunta vários minutos depois de ela ter sido feita.

Eu também pensei dessa maneira. No início, imaginei que Jimmy quisesse fazer graça para chamar a atenção da classe e arrancar risadas, mas eu tinha certeza de que ele estava prestando atenção, porque ele sempre dava a resposta correta. Ele precisava apenas de mais tempo que os outros para responder.

Isso me trouxe uma dúvida: meu trabalho não era ajudar Jimmy? Não era meu trabalho considerar diversos estilos de aprendizado? Afinal de contas, professores são atores com público cativo, representando seu papel diante de uma classe. Talvez eu precisasse desempenhar um novo papel apenas para Jimmy.

*

Ouvir é uma coisa complexa e difícil. Uma palavra é apenas um som mínimo, e esse som e todos os sons que o rodeiam devem ser mantidos juntos enquanto viajam através dos caminhos neurológicos no cérebro. Quando eles chegam ao seu destino, seu significado deve ser decodificado. Nós ouvimos os sons, compreendemos esses sons como palavras, traduzimos essas palavras em significados e depois temos de tornar em palavras os nossos próprios sons e projetá-las para fora das nossas bocas. É realmente formidável que os nossos cérebros tenham capacidade de fazer isso — e em microssegundos.

Você já aprendeu uma segunda língua? Aprender a comunicar-se numa nova língua é difícil. Pode se imaginar tentando aprender uma segunda língua e ouvir alguém dizer "Pode andar mais depressa? Por que está demorando tanto? Por que não responde minha pergunta?". A pressão para que você responda e a ânsia para que você faça isso rápido provavelmente o levará a desistir de tentar se comunicar nessa língua pouco familiar. Você se retrairá e ficará envergonhado, e sentirá que não é inteligente o bastante.

Eu sou muito falante e encho o mundo de palavras, mas aprendi (por meio de muita tentativa e erro) que pausas e silêncios são tão importantes (ou até mais) do que palavras. Quando você faz uma pausa, dá aos outros a oportunidade de pensar. Uma pausa depois de uma pergunta ou um comentário permite que as pessoas organizem seus pensamentos antes de responderem. Se você não dá tempo às pessoas para processarem o que fala, é melhor falar sozinho.

Quando os smartphones surgiram, a minha filha adorou a ideia de fazer gravações de voz. Certa vez, ela gravou uma conversa que tivemos no quarto dela. Quando escutei a gravação, fiquei chocada. Não foi uma conversa; foi um monólogo.

Começou de maneira inocente: "Você pode limpar o seu quarto?". Ela não respondeu, e eu comecei a despejar uma série de instruções: "Tire as roupas do chão, ponha as coisas nos cestos, leve os copos para a cozinha". E eu continuei, com intensidade crescente: "Se você não fizer isso agora, não vai dar tempo… semana cheia… nenhuma roupa pode ser lavada… não dará tempo para secar… o custo do uso da secadora… o impacto das secadoras no meio ambiente… como as suas roupas de dança estarão limpas até sábado… o que a sua professora de dança vai dizer…".

Eu estava discursando, e falava sem pausa para respirar entre minhas demandas, instruções e divagações sobre o futuro. Escutei a voz da minha filha apenas uma vez: "Mãe… mais devagar".

E ela tinha razão. Eu não estava concedendo a ela tempo para processar uma simples instrução que tinha de ser processada: "Você pode limpar o seu quarto?".

Paula também precisava que o mundo das palavras desacelerasse. Ela não precisava das minhas constantes interferências; precisava que nós nos sentássemos em momentos prolongados de silêncio. Os movimentos de Paula eram lentos e precisos, e a sua personalidade refletia isso. Ela era serena e plácida, completamente diferente de mim e do modo como eu me conduzia no mundo.

Quando ela me procurou para aconselhamento, fiquei incomodada com a calmaria silenciosa. Eu começava com um "Fale-me sobre o tempo em que...", e então esperava durante agonizantes minutos para ouvir a sua resposta. Enquanto ela ficava sentada em completo silêncio e em perfeita calma, com olhar cabisbaixo, a minha mente acelerava com a expectativa da resposta dela. Eu desenvolvia toda a nossa conversa na minha mente antes que ela abrisse a boca para dizer uma palavra. Por que ela não podia simplesmente responder num intervalo de tempo aceitável?

Mas o "intervalo de tempo aceitável" era, é claro, o que *eu* considerava tempo hábil.

"Eu tenho de ver a palavra", Paula me disse. "A minha mente é como um arquivo. Eu vejo a palavra, e depois tenho de encontrar essa palavra no arquivo certo para poder decifrar o que vejo."

Ela explicou que quando eu dizia a palavra *caneta* eu devia saber de qual caneta estava falando, mas o arquivo de Paula era cheio de canetas de tipos diferentes: de ponta redonda, de ponta fina, marca-texto. Levava tempo para que ela percorresse o arquivo e escolhesse a caneta certa.

A explicação de Paula encontra respaldo na ciência. O cérebro processa palavras em várias regiões, não apenas em uma. Neurocientistas estão até mapeando onde os significados específicos de palavras são armazenados, fazendo um "atlas" do cérebro. Eles tendem a se agrupar. Uma região no cérebro agrupa palavras que têm afinidade entre si, como *família*, *irmão* e *tia*; outra região reúne *ancinho*, *pá* e *jardim*. O cérebro humano mantém as palavras e conceitos em arquivos, mas algumas pessoas rodam seus arquivos de processamento auditivo numa rede de comunicação ultrarrápida, enquanto outras pessoas operam de modo bem mais lento, enviando cartas escritas a mão pelo correio.

Todos nós sabemos qual é a sensação de não ser capaz de processar o que está sendo dito. Quando os nossos próprios pensamentos nos distraem, as palavras dos outros podem girar em torno de nós sem que as ouçamos de fato. Eu já me peguei muitas vezes dizendo "Perdão, pode repetir isso? Eu me distraí por um momento e não ouvi". Não é que eu não estivesse interessada; ocorre apenas que a minha mente às vezes está cheia e as palavras não penetram. Enquanto alguém está relatando a você o dia que teve, você está pensando nos itens da sua lista de compras. Alguém está lhe contando a história de um grande filme, mas você está pensando em outro filme sobre o qual gostaria de falar. E embora nós nem sempre processemos as palavras de outras pessoas por estarmos perdidos em nossos próprios pensamentos, somos um grupo impaciente; ainda esperamos que todos nos escutem e respondam de imediato aos nossos pedidos.

Quando fazemos uma pergunta a alguém e essa pessoa não nos dá uma resposta dentro de um segundo e meio, costumamos repetir a pergunta. Fazendo isso, porém, nós interrompemos o processamento da primeira solicitação e retornamos ao início do processamento auditivo. Para piorar, quando alguém não responde de imediato, alguns de nós começam a aumentar o número de palavras usadas:

"Ei, pode me passar aquela xícara, por favor?" (Um segundo e meio.) "Eu perguntei se você poderia me passar a xícara, você pode?" (Um segundo e meio.) "Quantas vezes vou ter que lhe pedir? Pode me passar aquela xícara?"

E agora há duas perguntas que necessitam de respostas. Se quisermos favorecer o processamento auditivo, nós precisaremos manter o número de palavras no mínimo.

Palavras faladas são temporárias e efêmeras, e a menos que alguém esteja realmente escutando, muito do que é dito pode entrar por um ouvido e sair pelo outro. Sempre que ouço uma pessoa dizer "Eu disse a eles", "Eu disse isso centenas de vezes", ou "Eu digo isso o tempo todo", ocorre-me que se essas palavras não estiverem sendo ouvidas elas não serão retidas. Nesses momentos, nós precisamos repensar os nossos próprios estilos de comunicação.

Para muitas pessoas autistas, as palavras podem ser difíceis de processar, e o tempo que leva para traduzi-las de sons para significados, e então outra vez para sons, pode ser maior do que para pessoas neurotípicas. E não há que ter pressa; só é preciso um pouco de paciência.

Quando faço uma pergunta a uma pessoa autista, às vezes conto até trinta em minha cabeça. Posso até chegar a quarenta e cinco. A resposta sempre chega. O silêncio pode ser incômodo, mas é incômodo principalmente para mim. Mostrar para os outros que não há pressa e que você está feliz, sentado confortavelmente, à espera da resposta, é uma maneira muito melhor de se comunicar do que lançar uma pergunta atrás da outra.

Dizem que o silêncio é ouro, e isso certamente é verdade, porque no silêncio encontramos muitas vezes o que há de mais valioso.

*

Chamei Jimmy para uma conversa. Queria entender por que ele demorava tanto para responder minhas perguntas, para tentar encontrar um modo de lhe dar apoio enquanto ele pensava numa resposta.

"É que o meu cérebro leva mais tempo, professora", ele explicou com extrema objetividade.

Juntos, nós arquitetamos um plano. Era um plano que não revelaríamos a ninguém; seria o nosso segredo.

A maioria das crianças gosta quando um professor é distraído. Algumas vezes elas fazem o possível para que o professor se distraia enquanto realiza o seu trabalho. Eu usei isso a favor de Jimmy.

"Jimmy, sempre que eu lhe fizer uma pergunta eu só vou esperar que me responda depois de ter chamado outros dois alunos. Entendeu? Eu pergunto a você, depois a outros dois alunos, e então você responde."

Ele entendeu. No dia seguinte, nós tentamos isso na sala de aula. Com o mapa do mundo posicionado para que todos na sala o vissem, comecei a disparar as minhas perguntas.

"Jimmy, qual é a capital da França?", perguntei. Era a minha deixa para bancar a distraída. Deixei cair a minha caneta (sempre uma hidrográfica), olhei pela janela e fiz um comentário sobre uma nuvem que lembrava uma tartaruga, pedi a Jessica (que não parava de conversar durante a aula) que parasse de falar. Assim forjei a distração para dar a Jimmy o tempo de que ele precisava. Em seguida, como se eu tivesse me esquecido de que havia feito uma pergunta a Jimmy, prossegui com os outros estudantes.

"Beau, qual é a capital da Islândia?"

"Hazel, qual é a capital do Vietnã?"

E então me dirigi a Jimmy: "Jimmy, me desculpe, eu não ouvi a sua resposta. Qual é a capital da França?".

"Paris!"

PARTE 3

Exercitando a empatia

Conexão e pertencimento

A minha sobrinha de oito anos de idade saiu do mar e correu na minha direção. Seu cabelo normalmente comprido e esvoaçante estava colado em seus ombros, e ela exibia um sorriso feliz enquanto corria alegre. Seu sorriso era de fato radiante, e sua felicidade era tanta que me contagiou. Tudo na menina gritava *A vida é boa!*

"Estou brincando com o meu amigo", ela soltou.

"Mesmo? É um amigo da escola?", indaguei.

"Nãããão!", ela cantarolou.

"Qual é o nome do seu amigo?"

Ela deu de ombros, então se virou e se afastou de mim; pelo visto, eu não tinha a menor ideia do significado dessa coisa de amizade.

Crianças não se preocupam com nomes, títulos, *status* ou cargo no trabalho. Para elas não importa de que país você é, qual é o seu sexo ou de que cor é a sua pele. Elas não se importam se você pode ler ou escrever ou amarrar os sapatos. Não se importam com o seu saldo no banco, com as suas tendências políticas. Para quem você reza não faz diferença para elas. Elas não se importam com as coisas que você fez no passado nem com os seus planos para o futuro. Elas só querem mesmo saber de uma coisa: "Você quer brincar comigo?".

Nesse ponto, as crianças são brilhantes. Não importa quão diferentes elas sejam umas das outras, elas farão de tudo para encontrar um modo de se conectarem. As crianças ganham asas de fada, criam um universo com cubos ou voam até a lua numa caixa de papelão. Crianças sempre encontram uma maneira de construir uma ponte por cima de um obstáculo.

Os humanos são programados para se conectarem uns com os outros, e essas interações são consideradas tão importantes quanto comida e água. Quando estamos conectados a outras pessoas, nós sentimos que somos vistos, ouvidos e compreendidos. Isso nos dá confiança para mostrar quem somos realmente.

Esse senso de conexão é essencial para a saúde mental. A conexão aumenta a autoestima e é um fator de proteção contra a solidão e a depressão. Sentimo-nos conectados quando os nossos relacionamentos se constroem com base em comunicação aberta, confiança e reciprocidade, quando nos dispomos a conhecer os pontos de vista e as perspectivas uns dos outros. Nós estabelecemos conexão quando os nossos relacionamentos são autênticos.

Mas quando nós escondemos ou omitimos verdades a respeito de nós mesmos num esforço para obter conexão, ainda assim o relacionamento é genuíno? Muitas pessoas autistas sentem a necessidade de mudar o seu comportamento a fim de serem incluídas, mas se elas se sentem valorizadas apenas por quem são quando se comportam de maneira neurotípica, isso não é conexão — é assimilação.

Não há inclusão quando uma pessoa tem de se adaptar à maioria. A inclusão acontece quando a maioria muda o seu modo de operar para que todos se sintam ouvidos e valorizados, seguros e respeitados. Inclusão é quando as diferenças entre as pessoas são celebradas.

Bilhões de pessoas compartilham esse planeta, e somos ricos em diversidade. Mas a diversidade traz desafios. Algumas pessoas resistem a estabelecer conexão com outras que consideram diferentes por vários motivos — neurológicos, políticos, culturais, religiosos. Mas *nenhuma* pessoa é exatamente igual a outra. Se nós todos nos conduzirmos de acordo com a lógica de "Eu não interajo com eles porque eles não são como eu", ninguém jamais se conectará com ninguém!

A incrível habilidade da empatia promove a conexão humana. Quando somos empáticos não precisamos de identificação — só precisamos reservar algum tempo para considerar as coisas segundo as experiências e perspectivas dos outros. Todos nós desejamos sentir que fazemos parte de algo. Quando sentimos isso, sabemos que somos realmente aceitos com toda a nossa singularidade.

Talvez todos nós devêssemos começar com "Você quer brincar?" e seguir em frente a partir daí.

20

Os óculos de natação de Bradley

Bradley adorava ficar ao ar livre, além de barras e trampolins. Aos seis anos de idade, ele teria sido um forte competidor para qualquer corrida que envolvesse saltar obstáculos, passar por baixo deles e atravessá-los. Porém hoje, na praia, Bradley lutava contra apenas um obstáculo apenas: estava sem os seus óculos de natação.

A família de Bradley morava a uma hora de carro da praia. O pai, a mãe e a irmã mais velha do garoto haviam planejado essa viagem durante semanas. Na manhã da viagem, encheram o carro com toalhas, pranchas de bodyboard e almoço em forma de piquenique para passarem o dia perto da água. Sem dúvida seria um perfeito dia de verão. Eles chegaram à praia, desempacotaram as coisas e se instalaram debaixo do seu guarda-sol. E então Bradley fez uma pergunta:

"Onde estão os meus óculos de natação?"

Os óculos não foram encontrados na bolsa com os outros equipamentos de praia, e logo tudo foi por água abaixo. Todas as bolsas foram vasculhadas, roupas foram reviradas, e até os sanduíches, bebidas e maçãs da caixa térmica foram inspecionados.

"Eu quero os meus óculos", Bradley disse.

"Nós não podemos voltar para casa para pegar os seus óculos, Bradley", disse o seu pai. "Você vai ter de ficar sem eles."

"*Vá pegar os meus óculos!*", Bradley disse várias vezes, com voz cada vez mais alta e insistente.

"Não, Bradley. Você precisa se acalmar", seu pai respondeu, já agitado.

Mas Bradley começou a gritar e a chorar, e seu pai reagiu:

"Bradley, *pare com isso!*", seu pai o repreendeu. Ele estava envergonhado porque o *meltdown* de Bradley estava atraindo atenção. Mas Bradley não parava. Ele gritou ainda mais alto, jogou o peso do seu corpo contra o pai e começou a bater nele.

"Agora chega!", seu pai ralhou, e tirou o revoltado Bradley da praia.

Eles não veriam o mundo um através dos olhos do outro — com ou sem óculos de natação.

*

Todos nós queremos ser compreendidos. Queremos que as outras pessoas saibam o que estamos pensando e sentindo sem termos que expor esses fatos. Muitas vezes nós acreditamos que os outros, principalmente as pessoas próximas de nós, saberão o que queremos, precisamos e quais são as nossas intenções; às vezes nós nos espantamos quando nos damos conta de que elas não sabem.

A terapia de casais fornece muito esclarecimento a respeito desse desejo de ler mentes. Carol e Roy eram casados há dezesseis anos quando foram me procurar. Os dois tinham vidas muito corridas: trabalhavam em período integral e criavam três adolescentes. A comunicação entre eles era difícil na maioria das vezes, e Carol afirmava que os dois raramente estavam em sintonia.

"Eu tinha enfrentado um longo dia de trabalho", Carol disse, "e tudo o que eu queria fazer era chegar em casa, tomar um banho, comer alguma coisa e desabar na cama. Quando abri a porta e entrei, vi que a casa estava de pernas para o ar, e Roy e as crianças estavam sem fazer nada com os seus celulares. Nenhum jantar tinha sido preparado, nenhuma lição de casa tinha sido feita e o lixo não tinha sido levado para fora!"

Carol então confrontou Roy:

"Por que ninguém nessa casa ao menos levanta um dedo para ajudar?", ela gritou. "Por que eu tenho sempre que fazer tudo sozinha!?"

Carol disse que Roy saiu da sala sem nem lhe dirigir a palavra, o que a enfureceu ainda mais.

"Por que você se retirou?", perguntei a ele.

"Porque a Carol estava transtornada", ele respondeu. Então voltou-se para Carol. "Você estava gritando. Você precisava de espaço."

"Mas eu não queria espaço", Carol disse. "Eu queria que você dissesse 'Querida, você deve ter tido um dia daqueles. Sente-se que vou lhe trazer uma taça de vinho.'"

Roy reagiu com espanto.

"Mas como eu poderia saber disso?", ele balbuciou. "Você não me disse!"

Nós queremos que os outros sintam o que nós sentimos, vejam o que nós vemos, e compreendam nosso ponto de vista sem que tenhamos de falar nada a respeito de maneira direta. Isso é pedir demais, mas uma de nossas habilidades mais incríveis é o fato de que nós compreendemos que outras pessoas enxergam o mundo de maneira diferente e têm suas próprias atitudes, valores, temperamento e gostos únicos.

Crianças muito novas acham que todos pensam e sentem da mesma maneira que elas. Só em torno dos quatro ou cinco anos de idade é que começam a entender que as pessoas veem situações e experiências de perspectivas diferentes. Essa habilidade é uma etapa do desenvolvimento.

Quando o meu sobrinho tinha três anos de idade, brincávamos de pique-esconde. É uma excelente brincadeira, mas muitas vezes é engraçada quando você brinca com uma criança que ainda não tem idade suficiente para entender que você não vê o mundo como ela vê. Contei até dez, gritei "Pronto ou não, aí vou eu", e encontrei o meu sobrinho em menos de trinta segundos. Ele estava deitado e bem visível diante do sofá, com a cabeça coberta por um travesseiro. Como ele não podia me ver, pensava que eu também não podia vê-lo. Ele ainda não tinha aprendido que nós não compartilhamos a mesma perspectiva.

Dois anos depois, peguei esse mesmo sobrinho na minha cozinha com o rosto cheio de fortes sinais de que ele havia encontrado o estoque de cookies.

"O que você andou fazendo?", perguntei.

"Nada", ele respondeu.

"Estava comendo os meus cookies?"

"Não."

Eu ri, porque ele finalmente havia superado a etapa! Ele agora era velho o suficiente para saber que cada um de nós tem seus próprios pensamentos, e que ambos vimos aquele momento de maneiras diferentes — e então ele contou uma mentirinha. Tendo feito o seu salto de desenvolvimento, ele percebeu que eu não estava lá quando ele enfiava a mão no jarro de cookies (embora ele ainda precisasse aprender a esconder a evidência).

Quando entrei na universidade, eu estudei história. Eu adoro história, porque apenas conhecendo o nosso passado temos a chance de mudar o futuro. Aprendi a avaliar as experiências vividas por pessoas do passado, e a ver o mundo através dos olhos delas. Com isso, fui capaz de levar em consideração o que poderia tê-las motivado e o que elas poderiam ter sentido. Posso imaginar as experiências de mulheres inocentes sendo julgadas por bruxaria; as condições infelizes de vida na Grande Depressão; e a coragem daqueles que navegaram em barcos de madeira para explorar oceanos desconhecidos.

Aprendendo a pensar além da minha própria experiência, do meu próprio tempo, pouco a pouco fui capaz de abandonar os julgamentos simples, ignorar minhas opiniões pessoais e entender como e por que as pessoas pensam como pensam e agem como agem.

Empatia é a capacidade de imaginar e sentir pelo que outra pessoa está passando. Existem dois tipos de empatia. A empatia cognitiva é a capacidade de entender os pensamentos e crenças de outra pessoa, e a empatia afetiva (também chamada de empatia emocional) é a capacidade de compreender os sentimentos e emoções de uma pessoa e reagir a eles.

Empatia cognitiva significa ouvir e então usar a sua imaginação. Quando alguém lhe conta uma história, você deixa de lado a sua própria narrativa e mergulha somente na história dessa pessoa, imaginando como seria se você estivesse no lugar dela.

Uma amiga minha recentemente perdeu uma chance de ingressar em um curso universitário, e por isso estava muito angustiada e decepcionada. Em vez de enxergar isso segundo a minha própria perspectiva (eu sabia que a minha amiga acabaria sendo aceita em outro curso), pude me aproximar desse momento de dor e imaginar como teria sido difícil ler o e-mail que dizia que ela não foi aceita.

Temos capacidade para usar empatia cognitiva com a pessoa diante de nós, e se essa pessoa nos contar uma história sobre a filha da irmã do melhor amigo de um primo conseguiremos imaginar o que ela deve ter vivenciado também. Mesmo sem jamais termos visto essa pessoa, nós podemos atravessar as relações interligadas de espaço e tempo e nos colocar no lugar dela, e então tentar ver o mundo pelo seu ponto de vista. Isso não é incrível?

A empatia afetiva ocorre quando nós sentimos as emoções de outra pessoa e reagimos de maneira apropriada. Quando nós estamos com alguém que se mostra angustiado, começamos a ficar angustiados também. Quando alguém não cabe em si de alegria, nós sentimos essa euforia.

Quando crianças veem as suas lágrimas e começam a chorar também, estão praticando empatia afetiva. Elas podem não ter capacidade para entender o quadro geral e talvez nem imaginem por que motivo você está chorando, mas isso não significa que não sintam a sua dor nem reajam a ela. Quando um amigo seu lhe diz que está com o coração partido em razão do rompimento de uma relação, você se sente triste porque o seu amigo está triste, ainda que você não saiba de nenhum detalhe do término e até acredite que esse amigo estará melhor sem a outra pessoa.

Algumas pessoas têm equilíbrio entre habilidades de empatia cognitiva e de empatia afetiva. Algumas têm mais habilidades de um tipo e menos do outro. Existe uma crença de que pessoas autistas não são capazes de sentir empatia, porém nada poderia estar mais distante da realidade. Muitas pessoas autistas têm dificuldade em relação à empatia cognitiva, mas elas têm empatia afetiva para dar e vender.

Yusuf era o filho autista de doze anos de idade de uma amiga íntima minha. Ele era um garotinho com um grande coração, mas nem sempre isso ficava evidente. Yusuf entendia de eletrônica, e foi a pessoa a quem recorri quando precisei ligar o meu novo aparelho de televisão à minha rede de internet sem fio. O garoto adorava desmontar as coisas para ver como elas funcionavam. Seus pais haviam montado uma oficina para ele na garagem. Eles visitavam centros de reciclagem e recolhiam torradeiras e aparelhos de som quebrados para que Yusuf deixasse em paz os aparelhos de casa que funcionavam muito bem. Seu conhecimento sobre aparelhos eletrodomésticos era vasto. Por outro lado, entender o funcionamento das pessoas era um pouco mais difícil para ele.

Certo dia quente de verão, a mãe de Yusuf e eu estávamos sentadas no jardim da casa deles enquanto Yusuf e sua irmã mais nova, Jamila, pulavam numa cama elástica. Eles haviam transformado o lugar num ponto de lazer aquático colocando um irrigador perto da cama elástica para que lançasse água neles. Os dois estavam se divertindo muito, até que — como fazem todos os irmãos desde que o mundo é mundo — Yusuf começou a xingar Jamila.

"Você é uma inútil", ele disse. "Inútil e estúpida. Você é a mais estúpida das inúteis. É a inútil mais estúpida da face da terra." Ele repetiu isso várias e várias vezes. Jamila desceu da cama elástica e correu para a mãe chorando. E Yusuf continuou brincando na cama.

"Yusuf", sua mãe gritou. "Isso não foi nada legal. Por que você acha que a sua irmã está chorando?"

Yusuf olhou para a mãe e para a irmã que chorava.

"Não sei", ele respondeu. "Eu não sou a Jamila."

Isso fazia sentido: Yusuf não era Jamila; assim, como ele poderia saber o que ela pensava? Ele tinha dificuldades com empatia cognitiva, e por isso não era capaz de se colocar no lugar de Jamila.

"Yusuf, a sua irmã está triste. Você a xingou e a deixou envergonhada. Ela está chorando porque você feriu os sentimentos dela", disse-lhe a mãe.

E quando ela disse isso a Yusuf, ele desceu da cama elástica e se aproximou da irmã.

"Me desculpe, Jamila. Quer um abraço?", ele ofereceu. "Quer voltar para a cama elástica e brincar comigo? Desculpe, Jamila, desculpe."

Yusuf se importava. Ele apenas precisava que lhe dissessem quais emoções estavam perturbando Jamila. Ele precisava da informação. Quando soube, reagiu com empatia afetiva. Ele se sentiu e se mostrou triste porque Jamila estava triste.

Pessoas autistas podem ser extremamente empáticas e demonstrar níveis profundos de empatia afetiva, mas às vezes elas precisam primeiro entender claramente o que uma pessoa está sentindo. Quando entendem isso, elas podem perceber esses sentimentos intensamente, e querer fazer o possível para aliviar a dor e o sofrimento do outro. Na verdade, algumas pessoas autistas podem ficar tão consternadas com as emoções dos outros que evitam toda e qualquer interação social.

Quando as pessoas são muito empáticas, sentem profundamente o sofrimento de outras pessoas, e a profundidade dessas emoções às vezes pode ser insuportável. Alguma vez você já achou difícil lidar com a dor emocional de outra pessoa? Quando um amigo se enfurece ou demonstra angústia, você tem dificuldade em lidar com isso? Ou quando você vê guerras, tumultos ou fome nos noticiários da televisão, você não consegue dormir à noite pensando e se perguntando por que há pessoas que não têm um teto sobre a cabeça, por que há garotas que não têm permissão para receber educação, e por que há crianças e professores sendo mortos em tiroteios nas escolas? Ou você assiste ao noticiário, vê e ouve tudo, e então deixa pra lá e vai até a cozinha para fazer uma boquinha?

Hiperempatia pode drenar a vitalidade das pessoas, mas também pode desencadear grandes ações. Uma das frases de que mais gosto do monge budista vietnamita Thich Nhat Hanh é "A compaixão é um verbo". Quando eu estava na escola primária, aprendi que um verbo é uma palavra "de ação". É por meio da empatia que aprendemos a ser compassivos, misericordiosos, e a melhor demonstração de empatia é *fazer* algo para ajudar e incentivar outros. Há inúmeras histórias de pessoas autistas que tomaram atitudes porque sentiram o sofrimento alheio. Elas estão combatendo a mudança climática, salvando animais da extinção, descobrindo curas para doenças e colocando dinheiro nas mãos de moradores de rua.

Quanto mais semelhança tivermos com alguém mais fácil será sentirmos empatia, pois assim não precisaremos de grandes saltos de imaginação. Mas as habilidades de empatia não são verdadeiramente testadas pela semelhança; elas são testadas pela diferença. Quando você consegue levar em consideração, sem julgar, o ponto de vista de alguém que é diferente de você no que se refere à raça, etnia, cultura, local de nascimento, condição socioeconômica, política, idade, religião, gênero, sexualidade, estrutura cerebral ou experiência, você pode fazer uso do seu poder de sentir compaixão.

Se as pessoas neurotípicas são supostamente abençoadas com a compreensão empática, por que elas não são melhores na demonstração de empatia por pessoas autistas? Por que nós, neurotípicos, não somos mais abertos e menos propensos a julgar as pessoas neurodivergentes?

Não é uma coisa tão complicada, a bem da verdade. Basta ter a mente aberta, o coração aberto, curiosidade e compaixão. Ser empático é a maior aventura da vida e traz as maiores recompensas — pelo menos do meu ponto de vista.

*

O pai de Bradley acompanhou o garoto até o carro — não para irem de carro buscar os óculos, mas para dar a Bradley um pouco de tranquilidade. Bradley se sentou no carro chorando, e seu pai caminhou em torno do carro, deixando passar a frustração. Então ele respirou fundo algumas vezes e foi falar com o filho.

"Por que os seus óculos são tão importantes, Bradley?", ele perguntou.

"Papai, você sabe que o mar faz os meus olhos doerem!", Bradley disse entre lágrimas. "Você quer que os meus olhos doam e eu fique sem meus óculos!"

"Ah, amigão." Seu pai suspirou. "Eu *nunca* quis que os seus olhos doessem. Mas se eu dirigir todo o caminho de volta para casa para pegar os seus óculos, não sobrará nenhum tempo para aproveitarmos a praia. Eu só quero que a gente tenha um dia de diversão. Venha comigo, eu vou levantá-lo acima das ondas para que a água não machuque os seus olhos."

Diante das palavras amorosas e compreensivas do pai, Bradley enxugou as lágrimas e saiu do carro.

"Mas a água não vai machucar você também, papai?", ele perguntou.

21

O vestido de Alice

Alice parecia ter saído de uma revista de moda dos nos 1950. Ela era muito glamurosa em seus vestidos florais soltos com anáguas, maquiagem perfeita e lenços envolvendo seu cabelo cacheado e adornado; e estava coberta de tatuagens de garotas *pinup*, cerejas e pardais. Eu adorava o jeito indiferente dela. Mas havia algo errado. Alice era perfeita demais. Era como se ela tivesse acabado de participar de uma sessão de fotos; cada mínimo detalhe havia sido estilizado de modo preciso.

"A questão é que eu não me sinto como eu mesma a maior parte do tempo", Alice me disse quando nos encontramos. "Estou fingindo ser eu."

Ela baseava a sua aparência em vários códigos de moda. Alice mostrou-me fotos dela mesma do passado: como punk no início dos anos 1980, o cabelo com gel em um moicano; como um clone de Cyndi Lauper em meados dos anos 1980, coberta de adornos com contas e braceletes; e vestida na moda grunge dos anos 1990.

"Eu nunca sei com certeza quem sou eu", ela disse. "Eu me aproprio de um personagem diferente para me camuflar. Sempre fiz isso."

Alice revelou-me o nome da primeira garota que ela havia copiado — Cindy Fullerton, a menina certinha do jardim de infância. Ela me disse que Cindy fazia tudo certo. Ela tinha bons modos, tinha uma maneira suave de falar e um sorriso delicado sempre estampado no rosto. Ela fazia de imediato tudo o que a professora pedia. Ela recebia todas as tarefas especiais na classe, como alimentar os peixes e levar anotações para o escritório. A sra. Sullivan a adorava, e as outras crianças também. Todos queriam brincar com Cindy, ser a melhor amiga da Cindy, convidar Cindy para ir a suas casas brincar.

"Eu achava que se fizesse tudo do mesmo modo que a Cindy fazia, a sra. Sullivan e as outras crianças iam gostar de mim também", ela disse. "Então eu agia como se eu *fosse* a Cindy."

Alice era capaz de se lembrar de todas as pessoas em que havia se inspirado. Relacionou os nomes de todas as garotas da escola primária e do ensino médio. Ela chegou a descrever os pequenos detalhes de suas vozes e conversas, bem como o modo como elas interagiam umas com as outras. Alice disse que sempre soube que era diferente, mas nunca soube por quê:

"Eu não queria ser diferente, por isso me esforçava muito para ser igual a todas as outras."

Alice imitou outras pessoas a vida inteira, mas não sabia que o que ela fazia tinha nome até ser diagnosticada com autismo aos trinta e oito anos de idade.

"Alice", eu disse, "o nome disso é mascaramento."[2]

*

Todos nós desempenhamos muitos papéis na vida. Você pode ser um chefe ou um empregado, um treinador ou um companheiro de equipe, um professor ou um estudante. Pode ser todas essas coisas de uma só vez. E em cada papel que tem de desempenhar se apresenta de modos diferentes. Dependendo da pessoa que esteja em sua companhia, você muda a maneira de agir, de se vestir e de falar. Você muda a sua voz ao telefone. Para uma entrevista de emprego, se arruma inteiro e fala com confiança ensaiada. Fala de uma maneira quando está com crianças, e de outra bem diferente quando está tentando impressionar um professor universitário. Você não solta gases nem arrota na companhia de pessoas que acabou de conhecer, mas faz isso e muito mais sem nenhuma cerimônia quando está com os seus avós. E você também pode se apresentar de uma forma em pessoa e de outra diferente nas redes sociais.

Às vezes nós vestimos máscaras e "atuamos" socialmente, quando não nos sentimos à vontade ou nos sentimos deslocados em situações sociais. Você já se sentiu envergonhado ao comparecer a um grande evento e se dar conta de que não conhecia

---

[2] Também chamado de *masking* ou camuflagem social.

ninguém ali? Pode ser uma grande festa na qual você conhece apenas o aniversariante, ou um daqueles jantares de gala com centenas de pessoas que você jamais viu na vida. Muitas pessoas odeiam comparecer a eventos sozinhas. Gente extrovertida e que é hábil em quebrar o gelo vai aos lugares sem nenhuma preocupação, mas o resto de nós tem de penar até que o gelo derreta. (Ou até ter acesso a uma taça de vinho.)

Antes de ir a eventos sociais desse tipo, algumas pessoas precisam de preparação. Você pode estudar o seu traje e mudá-lo diversas vezes. Você pode fazer uma busca no Google digitando "O que é elegante/casual", ou "Smoking é sofisticado demais?" Você passa um certo tempo pensando em maneiras de iniciar uma conversa, pratica algumas tiradas bem-humoradas e se angustia pensando que vai acabar plantado de pé em meio a um mar de gente sem ninguém para conversar. Os primeiros dez ou quinze minutos após a chegada a um ambiente repleto de pessoas podem ser árduos, mas depois que você relaxa pode começar a se divertir de verdade.

Para muitas pessoas neurodivergentes, toda situação social se assemelha aos incômodos quinze minutos iniciais de uma festa. Socializar pode ser estressante para neurodivergentes, seja qual for o número de pessoas a sua volta. A fim de lidarem com isso e se encaixarem, muitas pessoas autistas aprendem a se mascarar.

O *mascaramento* ocorre quando uma pessoa oculta aspectos sobre si mesma, consciente ou inconscientemente, como mecanismo de defesa quando se encontra em situações sociais. Pessoas marginalizadas que ocultam partes da sua identidade para serem aceitas estão praticando o mascaramento. Pessoas autistas são capazes de ir longe para parecerem "não autistas" e se enquadrarem às normas sociais que as cercam. Tudo isso exige um esforço deliberado e constante. Essas pessoas podem se forçar a fazer contato visual mesmo que isso as prejudique, imitar expressões faciais ou gestos dos que estão ao seu redor, reprimir a necessidade de estímulo ou imitar o estilo de vestir dos seus colegas. Elas podem até mesmo ensaiar conversas e respostas escritas para usar com outros.

Meu irmão é ator. Ele aprende as suas falas e as repete até que se tornem a sua voz. Ele aprende sobre as circunstâncias do personagem, e onde e em que época esse personagem vive. Seu vestuário se ajustará ao papel, e ele usará sapatos que não são seus — ele caminhará com os sapatos de outra pessoa e mudará sua postura e seus gestos se o papel exigir. Muitas pessoas autistas socialmente motivadas e que buscam aceitação social, sobretudo mulheres, recebem diagnóstico tardio porque têm grande habilidade em atuar. São mestres do disfarce. Passam a vida imitando e se mascarando, representando um personagem e um papel com perfeição.

Kirsty foi uma dessas mulheres. Quando apareceu para a sua primeira consulta comigo, ela estava vestida como se trabalhasse num escritório corporativo. Ela usava uma saia feita sob medida, uma camisa branca impecável abotoada e sapatos polidos de salto baixo. Sentou-se de maneira elegante e precisa, alisando a saia sob suas coxas, cruzando as pernas e entrelaçando as mãos em seu colo. Com quarenta e dois anos de idade, Kirsty se encaixaria perfeitamente numa grande firma de contabilidade, mas nós não estávamos ali para fazer declaração de imposto de renda — estávamos fazendo terapia numa cidade rural onde eu às vezes usava sandálias de dedo para ir trabalhar.

"Eu tento combinar a minha roupa com o ambiente em que estou, como um tipo de uniforme", ela disse enquanto corria os olhos pela sala, onde almofadas que não combinavam estavam espalhadas pelo chão e não havia nenhuma mesa à vista. "Eu sempre me visto para a ocasião, e me mascaro em todas as situações."

Uniformes como o de Kirsty podem ser úteis. No exército, os soldados conhecem a patente uns dos outros pelos uniformes, o que significa que eles sempre sabem o que se espera deles. Soldados jamais vestem trajes ou camuflagem de combate para um jantar elegante, nem usariam roupas formais em ação. Para algumas pessoas, um uniforme torna mais fácil saber o que dizer e como agir — você precisa apenas seguir as regras do código de vestimenta. Kirsty percebeu que estava vestindo o uniforme errado naquele dia, e ficou confusa. Era evidente que ela havia se preparado para entrar num ambiente clínico formal, não em um com almofadas confortáveis e uma mesinha de café.

Kirsty me contou que começou a esconder coisas sobre si mesma e a imitar outros quando sofria *bullying* na escola.

"As outras crianças me provocavam", ela disse. "Elas, principalmente as garotas, me xingavam de muitos nomes. Sabiam que eu não gostava desses nomes."

Sendo assim, Kirsty prestou atenção nas outras crianças e se esforçou ao máximo para se misturar a elas. Ela percebeu que as outras garotas não queriam ouvir sobre os filhotes de animais que ela tanto amava, e por isso aprendeu a parar de falar deles. E ela ria das piadas delas, mesmo quando não as entendia totalmente.

"Eu tinha muito medo de ser descoberta. Tinha medo de que não gostassem de mim. Medo de ser julgada", Kirsty me revelou. "Eu precisei fingir. Foi para a minha própria segurança."

Pessoas autistas mascaram suas características de autismo por medo de serem excluídas ou de não serem compreendidas. São forçadas a esconder suas identidades em razão do julgamento e da crueldade. Quando penso em pessoas que mascaram o seu autismo, eu me lembro de outras que tiveram de esconder o seu verdadeiro eu. Muitos dos meus clientes transgênero falam de "esconder" o seu verdadeiro gênero e atuar dentro do "papel social de gênero" que lhes foi designado desde o nascimento. Clientes que ainda não se assumiram falam em ocultar a sua orientação sexual, temendo a rejeição ou a reação dos outros. Esconder as suas verdadeiras identidades tem um enorme impacto negativo na sua saúde mental e no seu bem-estar.

O mascaramento tem um custo enorme. Todos nós sabemos que eventos sociais podem ser bastante desgastantes para algumas pessoas. Muitas precisam de tempo para relaxar depois. Elas chegam em casa, desabotoam as suas roupas, descansam os pés sobre a mesinha de centro e suspiram aliviadas. Mas existe uma grande diferença entre estado de relaxamento e estado de exaustão.

Eu peguei recentemente um voo noturno. Perdi três horas cruzando fusos horários, e passei apenas duas horas das oito horas de voo cochilando e adormecendo em cima da bandeja diante de mim, mas achei que ainda estivesse bastante disposta. Ignorei o meu corpo dolorido e a minha mente letárgica e disse "estou bem", quando a minha cunhada me perguntou se eu queria tirar um cochilo depois que cheguei à casa dela pela manhã. Eu me sentei no sofá para beber uma xícara de chá, e isso é tudo de que me lembro. Acordei duas horas e meia mais tarde. Isso é exaustão. Não é apenas um pouco de cansaço, um pouco de letargia; isso tira de você a capacidade de agir. Causa vertigem e dores de cabeça. Turva a sua memória e o deixa sensível e irritado demais.

A fadiga que resulta do mascaramento se assemelha a pegar um voo noturno todas as noites. Causa um grande dano à saúde mental de uma pessoa, e pode ocasionar um burnout autista. A exaustão emocional, mental e física resultante do mascaramento pode levar à perda de habilidades cognitivas e de comunicação. Já ouvi inúmeras vezes de pais de crianças autistas que seus filhos se comportam bem na escola, mas quando chegam em casa eles explodem ou ficam alheios durante horas. Isso acontece porque eles têm de correr uma maratona todo dia. Eles se reprimiram, encenaram e fingiram o tempo todo. Recuperar-se física e mentalmente de uma maratona pode levar semanas. Do mesmo modo, o mascaramento é uma prova de resistência, e pessoas que treinam tão duro para serem aceitas e se encaixarem às vezes perdem todo o senso de si mesmas.

"Muitas pessoas me dizem: 'Mas você não parece autista'", Lola comentou. "Mas eu sou. Às vezes eu simplesmente não sei quem sou, entende? Tipo, onde o autismo começa e onde termina?"

Lola era exuberante, com cabelo multicolorido e mais brincos do que eu pude contar. Era uma aventureira, uma caçadora de emoções; adorava a sensação eletrizante de pular de paraquedas, e os solavancos arrepiantes do *rafting*. Lola falava em analogias. Eu adorava o tempo que passava com ela porque gosto muito de analogias, particularmente as produzidas por alguém com uma mente tão ágil e curiosa como a de Lola.

Lola passara toda a sua vida se mascarando. Quando foi diagnosticada com autismo, ela disse que a primeira pergunta que fez a si mesma foi *Quem sou eu na verdade?*

"Eu era como um policial infiltrado ou um agente duplo que representou um papel durante tempo demais e começa a se perguntar se ele é ele mesmo ou se é o membro de uma gangue ou de um cartel de drogas que está encarnando", ela explicou. "Os limites se confundem; ele já não sabe mais quem é real e quem é o personagem. Mas há sempre um ponto de ruptura a partir do qual você não pode mais continuar disfarçado."

*

Alice passou a vida inteira se mascarando para poder se encaixar. Desde cedo ela aprendeu que era "melhor" não ser ela própria, e ela manteve essa noção até a idade adulta.

"Eu escolhia um estilo que sabia que poderia mostrar", ela explicou. "Sabia que se estivesse fantasiada eu poderia encontrar um modo de me adaptar. O estilo de moda que sigo é minha camuflagem. Posso colocar as roupas e a maquiagem e simplesmente copiar o que vejo ao meu redor. Durante toda a minha vida eu venho passando de um personagem para outro."

Alice descreveu a ansiedade que sentia por ter de usar cada fantasia de modo perfeito. Ela temia o tempo todo ser desmascarada como uma fraude, temia que aqueles que a cercavam soubessem que ela não fazia realmente parte da sua tribo. Nós olhávamos as fotos do seu passado e ela dizia "Eu não sei com certeza se essa sou eu".

"Não gostaria de ser você mesma, Alice?", perguntei. "Parece exaustivo desempenhar um papel o tempo todo. Você não gostaria de tirar o uniforme e a máscara?"

"Soa libertadora a ideia de ser simplesmente eu mesma", ela respondeu. "Mas não vai ser fácil remover toda essa proteção." Ela disse que se sentia como o Homem da Máscara de Ferro. Havia usado isso sua vida inteira, e era sufocante. Ela queria tirar essa máscara. "Mas ao mesmo tempo eu não posso removê-la de uma vez", Alice argumentou. "Você fica sensível quando se esconde atrás de uma máscara durante tanto tempo. É preciso retirá-la devagar para revelar a sua verdadeira identidade às pessoas em quem você confia. Uma vida inteira com uma máscara grudada no rosto deixa muitas feridas e cicatrizes na pele."

Muitos de nós nos sentimos inseguros em situações sociais — até mesmo as pessoas mais confiantes se sentem constrangidas às vezes. Sabendo disso, nós não devíamos ser mais receptivos para com aqueles que passam a vida sentindo-se assim o tempo todo?

Imagine viver a sua vida inteira fingindo ser alguém que você não é, e fazendo isso tão bem que confunde até a si mesmo. Algumas pessoas autistas dizem que mascarar seu autismo lhes dá oportunidades na busca de emprego, amizades e relacionamentos românticos. Eu me entristeço quando ouço isso. Isso me chateia, não porque alcançaram o sucesso nessas áreas, mas porque alcançaram o sucesso ao fingirem ser algo que não são. Apesar de tantos avanços no que diz respeito à consciência da diversidade, muitas pessoas autistas ainda precisam agir de maneira "não autista" para serem socialmente aceitas pela comunidade em geral.

Isso me leva a pensar que não é a comunidade autista que precisa mudar — o resto de nós é que precisa.

22

Os aplicativos de namoro de Sara

Sara queria um namorado — mais do que *tudo* na vida. "Eu só quero um namorado, é tudo o que eu quero", ela me dizia. E para encontrar um, ela baixou todos os aplicativos de namoro disponíveis. Os smartphones de algumas pessoas têm aplicativos de mídia social, jogos, banco *on-line*, compartilhamento de viagens e serviço de *streaming*; já os aplicativos de Sara eram Tinder, Bumble, Hinge, OkCupid, eHarmony, Zoosk, Badoo, Match.com e Coffee Meets Bagel. Para Sara, encontrar um namorado era coisa séria.

Sara tinha vinte e poucos anos e trabalhava três dias por semana num restaurante de *fast-food*, onde ela recebia ordens, fritava batatas e servia refrigerantes. Ela jantava na casa da mãe todas as quartas-feiras, e passava o resto do tempo sozinha em sua quitinete, rolando conteúdos na tela do celular. A casa de Sara estava cheia de bonecos de pelúcia, imagens de filhotes nas paredes, estatuetas de unicórnios e fadas. Era mágico e estranho ao mesmo tempo. Porém, nenhuma pessoa, a não ser da família, jamais havia visitado seu apartamento, e ela nunca havia saído com outras pessoas. Sara não pôde mencionar o nome de um só amigo que fosse.

"Eu tenho amigos no Facebook e no Instagram", ela me disse. "Amigos aos montes!"

Sara enviava solicitações de amizade a centenas de pessoas — cada amigo de um amigo que ela tinha nas redes sociais, pessoas que eram sugeridas pelo algoritmo, toda e qualquer pessoa ligada a grupos de que ela fazia parte, e qualquer um que comentasse nas páginas que ela apreciava. Muita gente aceitava suas solicitações: Sara tinha de fato centenas de amigos — todos no ambiente virtual.

"Eu gosto dos *posts* do pessoal", ela me disse. "Gosto das postagens de todos, e eles gostam das minhas."

As postagens de Sara eram todas *selfies* em que ela utilizava filtros para se tornar uma caricatura cintilante e lustrosa. Ela resplandecia e brilhava, e lembrava os enfeites e imagens em sua casa. Sara adorava filtros, e acreditava que eles a deixavam mais bonita e mais agradável do que a sua própria figura da vida real.

Mas o objetivo de Sara não era que *todos* gostassem dela. Ela queria que uma única pessoa gostasse dela, e não poupava esforços para encontrar essa pessoa nos aplicativos de namoro. No entanto, a sua busca virtual pelo amor ainda não tinha dado em nada. Muitas pessoas lhe mandaram curtidas e beijos, mas meses e meses haviam se passado (bem como centenas de dólares) sem que nenhum encontro acontecesse.

"Eu não sei por que não está funcionando!", Sara se queixou. "Não sou muito exigente. Eu nem preencho as minhas preferências a não ser de idade. Quando aparece alguém compatível, qualquer um, eu envio uma mensagem."

Quando ela me mostrou as mensagens, o problema ficou claro:

Sara enviava uma mensagem: *Olá!*

A pessoa respondia.

Sara enviava três mensagens.

A pessoa respondia com uma.

Sara enviava oito mensagens.

Nenhuma resposta.

Sara enviava quinze mensagens.

E depois mais quinze.

E outras quinze.

O padrão era sempre o mesmo. Eu me perguntei se Sara entendia a mensagem que lhe era enviada quando ela não recebia nenhuma mensagem.

"Sara, você já ouviu falar de reciprocidade?", perguntei.

*

Amor platônico! Canções, filmes, poesia e romances estão repletos de amor platônico. Shakespeare, Lionel Ritchie, Taylor Swift e tantos outros já expressaram a dor do amor que não é correspondido. A maioria de nós experimenta essa dor em algum momento da vida. Amor não correspondido é o que há de pior. É como ser nocauteado pelo vento. Pode ferir terrivelmente — na verdade, o cérebro registra a rejeição como dor física. Isso remonta aos tempos da pré-história, quando ser rejeitado pela tribo significava morte certa. As canções e histórias de amor não correspondido acumulam centenas de milhares de anos de desespero.

"O que vou fazer com todo esse amor?", Eddie me perguntou, reproduzindo as letras de um milhão de músicas. "O que fazemos com um amor que não é desejado?"

O único traje que eu havia visto Eddie vestir era a improvável combinação de calção e poncho de lã. Ele era um homem que acreditava em coisas místicas. Gostava de lidar com peiote e *ayahuasca*, e me revelava as ocasiões de despertar espiritual que havia experimentado alterando o seu estado de consciência. Eddie meditava profundamente sobre si mesmo e sobre a sua conexão com o mundo e com as outras pessoas. Ele compartilhava muitas vezes uma sabedoria com viés psicodélico, como: "O ego sempre vem de um lugar de insubstancialidade; é a essência que nos conecta a todos".

Embora Eddie estivesse cheio de perspectivas maravilhosas sobre os muitos mistérios da vida, para ele os relacionamentos continuavam sendo difíceis de encontrar. Eddie veio até mim em busca de aconselhamento devido a uma rejeição que o levou a uma depressão — pensamentos e sentimentos que ele não sabia como processar.

"Meu coração não está mais funcionando adequadamente; está letárgico e apunhalado ao mesmo tempo. Como me livro desses sentimentos?", ele me perguntou. "Para onde vai o amor quando a pessoa que você tão desesperadamente quer amar não quer amar você?"

Amor sem reciprocidade, ou amor não correspondido, é uma praga.

Reciprocidade é uma palavra que costumava travar a minha língua. Quando comecei a dar aulas de treinamento em relacionamento, sexualidade e deficiência, eu pratiquei pronunciar a palavra *reciprocidade* várias e várias vezes a fim de não dizê-la de maneira incorreta diante de uma multidão. Eu não queria errar a palavra, porque reciprocidade é um componente essencial do vínculo entre as pessoas.

Reciprocidade é a base da comunicação; dito da maneira mais simples, comunicação é compartilhamento. Nós queremos que as nossas interações sejam de natureza recíproca, mas as maneiras como as pessoas executam a dança de dar e receber podem ser muito diferentes.

Pessoas neurotípicas supõem que quando falarem com uma pessoa, essa pessoa responderá; quando fazem uma pergunta, elas esperam que seja respondida. Se você estiver conversando cara a cara com alguém, será bem estranho se você fizer uma pergunta e ficar em silêncio esperando por uma resposta, sem nunca recebê-la. Na era dos smartphones, mensagens de texto e aplicativos de namoro, porém, as coisas se tornaram confusas demais. Muitas pessoas ainda esperam que outras respondam textos com a mesma rapidez com que responderiam se estivessem fisicamente no mesmo recinto, e também presumem que os outros estão disponíveis para conversar a qualquer hora. Isso levou a comunicação recíproca a um nível de complexidade inteiramente novo.

"Eu posso ver", Libby me disse. "Eu posso ver quando a mensagem é entregue e quando ele a leu. Estou tão confusa. Se ele leu a minha mensagem, por que não respondeu?"

Libby estava recebendo treinamento para ser esteticista, e praticava as suas habilidades em si mesma. Ela tinha sobrancelhas grossas e pintadas, que se arqueavam perfeitamente sobre as suas extensões de cílios. Estava sempre totalmente maquiada, com sombra que combinava com suas roupas, e seus lábios eram cheios e brilhantes. Libby podia explicar como manter as sobrancelhas, como aplicar delineador para delineado gatinho, delineado esfumado ou delineado gatinho reverso, e mostrar como o formato do rosto determina o realce e o contorno. Os meus conhecimentos sobre cosméticos são limitados, e aprendi muito sobre maquiagem com Libby; mas ela me ensinou principalmente sobre a ansiedade esmagadora ocasionada pelas mensagens ambíguas e não correspondidas dos seus relacionamentos oscilantes na era digital.

Libby passou seus anos de formação aprendendo sobre reciprocidade em interações sociais neurotípicas. Foi treinada em saudações e foi claramente ensinada a se orientar por "sua vez, minha vez" nas conversas. Libby tinha total convicção de que pessoas neurotípicas esperavam uma resposta em tempo hábil quando se comunicavam pessoalmente, e por isso ficou perplexa que essa expectativa não se realizasse nas interações *on-line*.

"Eu não entendo", ela me disse. "Nós nos vimos durante semanas. Eu realmente gosto dele, mas um dia ele me envia uma mensagem encantadora e depois não ouço falar dele por cinco dias. Ele nunca responde minhas mensagens de texto. Mas eu sei quando ele está *on-line* no Insta, no Facebook ou no TikTok. Sei que ele tem lido minhas mensagens e está me *ignorando*.

Libby estava confusa e ansiosa. Ela era um trem desgovernado, descarrilando emocionalmente diante de mim; era como se eu assistisse a sua queda em câmera lenta. Quando não há resposta, quando não há reciprocidade, você pode sentir que está seguindo sozinho num caminho sem volta. Libby admitiu que quando não ouvia falar dele, acessava as redes sociais dele e lia novamente todas as suas mensagens, várias e várias vezes, tentando encontrar algum significado oculto.

"Eu só quero encontrar algo que me mostre que ele está pensando em mim. *Qualquer coisa*, Jodi", ela exclamava, com a voz vacilante de angústia. "Por que ele não pode apenas responder? Por que não segue as regras de comunicação?"

Essas expectativas estão profundamente entranhadas em nosso ser social. Nós começamos a aprender reciprocidade quando bebês. Um bebê chora para expressar as suas necessidades e, quando os pais respondem a esses sinais, esse pequeno bebê inicia a sua longa jornada de interações oscilantes, jornada que durará a vida inteira. Nossa compreensão acerca da reciprocidade continua a se desenvolver ao longo da infância: empilhamos cubos para construir torres, jogamos bola com amigos, e nos jogos de tabuleiro aprendemos a esperar nossa vez de jogar. Aprendemos a compartilhar nossos brinquedos confiando que nos serão devolvidos. Desenvolvemos a habilidade de iniciar, responder e administrar as nossas interações "toma lá, dá cá". Você me convida para um café; eu convido você para um café. Você vem me visitar em minha casa; eu vou visitá-lo na sua. Você me empresta dinheiro, ou sua máquina de cortar grama, ou uma escada; eu farei o mesmo quando você precisar. Nós alternamos os movimentos de dar e receber.

Diferenças na comunicação recíproca são um componente do diagnóstico de autismo; muitas crianças autistas não desenvolvem reciprocidade da mesma maneira que seus colegas neurotípicos. Algumas pessoas podem não ser capazes de manter o movimento de ida e volta da conversa; algumas podem não ser capazes de corresponder a uma troca de emoções; e algumas podem não entender a ideia de revezamento numa interação social. Muitos de nós têm dificuldade em aprender a arte da reciprocidade, mas trata-se de um componente fundamental da cooperação e da colaboração. É na troca que as pessoas beneficiam umas às outras.

Dito isso, reciprocidade não é trocar uma xícara de açúcar por outra xícara de açúcar. Reciprocidade diz respeito a conhecer as necessidades uns dos outros e atendê-las com equidade, não necessariamente com igualdade. Às vezes nós nos esquecemos de que o que uma pessoa precisa é diferente do que as demais precisam. Nós podemos mostrar reciprocidade dando às pessoas o que elas necessitam, mas elas podem retribuir favorecendo-nos de um modo completamente diferente.

As pessoas costumam discordar a respeito da distribuição de tarefas domésticas. Se duas pessoas vivem juntas, uma delas pode ficar agitada se for a única que lava os pratos ou leva o lixo para fora. Tendemos a acreditar que todo trabalho deve ser feito em turnos, mas em algumas casas trabalhar em turnos não significa elaborar uma escala para cozinhar, limpar ou trocar a areia do gato. Ainda essa semana, minha mãe comentou que meu pai gosta de passar aspirador, mas faz anos que ele não limpa o vaso sanitário. Ela também reconhece que por manter o banheiro limpo nunca tem de varrer nada para debaixo do tapete.

"Nós compartilhamos tudo de maneira igual, mas eu odeio lidar com o aspirador de pó e adoro um banheiro cintilante", ela disse. "Seu pai é o oposto. Às vezes, reconhecer quais são suas habilidades é o melhor modo de apoiar um ao outro."

Reciprocidade também não significa fluxo e refluxo constante. Não pode sempre ser medida numa troca de turnos igualitária. Quando alguém está machucado, ou quando uma pessoa neurodivergente não demonstra reciprocidade de uma maneira típica, a outra pessoa deve ser um comunicador melhor. Você não pode ser o doador o tempo todo, nem deve receber o tempo todo, mas há ocasiões em que você tem de reforçar o seu "lado doador" para ajudar quem necessita dele. Reciprocidade não é sempre meio a meio. Algumas vezes é sessenta por cento/quarenta por cento, ou oitenta/vinte, ou noventa e nove/um.

Uma pessoa com quem me importo muito vem lutando contra problemas de saúde mental, e se encontra mergulhado no mais profundo desânimo, embora eu tente levar alegria a ele. É difícil responder com alegria e amor quando o mundo o feriu, o enfureceu ou o deixou confuso. Mas eu me lembro de que essa pessoa ficou ao meu lado nos meus piores momentos. Ele me jogou uma boia salva-vidas quando eu mal conseguia manter a cabeça acima da água. Essa é a base da reciprocidade. O apoio, o cuidado e o carinho oferecidos no passado criam uma base sólida. A reciprocidade não pode ser vista num único momento ou num único dia; é um equilíbrio que acontece ao longo do tempo. Se a base de um relacionamento for sólida, nós seremos capazes de dar mais e esperar menos durante tempos difíceis. Podemos ser as âncoras uns dos outros quando os nossos próprios alicerces não estiverem muito firmes.

Todos nós queremos que os outros retribuam o que distribuímos social e emocionalmente. Queremos sentir que estamos no mesmo nível. Queremos que os nossos relacionamentos sejam como uma dança bem coordenada: quando uma pessoa dá um passo para a frente, a outra dá um passo para trás, e vice-versa. Mas nós não somos todos grandes dançarinos. Algumas pessoas pisam nos pés umas das outras ou são duras demais. Às vezes, o melhor dançarino tem de se adiantar e assumir a liderança para que a dança prossiga. Afinal de contas, em se tratando de reciprocidade, quando um não quer, dois não fazem.

*

Muito tempo depois de Sara ter deixado as sessões de orientação psicológica, eu a vi na rua. Ela estava de mãos dadas com um homem que usava uma camisa tingida com um arco-íris, com os dizeres ESPERE, DEIXE-ME PENSAR DEMAIS NISSO estampados na altura do peito.

"Jodi!", Sara chamou, e nós paramos para conversar. "Esse é o Phoenix", ela disse, "o meu namorado." Sara brilhava e cintilava como se tivesse aplicado em si mesma um filtro da vida real.

Nós conversamos sobre as compras que eles haviam feito para o jantar; Phoenix gostava de cozinhar, e estava se especializando em comida mexicana. Ele me passou a sua melhor receita de enchilada, e nós discutimos se coentro ia bem ou não com guacamole. E então nós nos despedimos.

Antes de se afastarem, Sara olhou para trás e levantou três dedos no ar. Eu ri.

"Três mensagens de texto, Sara", eu tinha dito a ela muitos meses atrás. "Três, e então espere." Uma para começar, duas pelo entusiasmo, três para solicitar uma resposta... e então espere pelo movimento recíproco. Esses foram os passos que Sara praticou repetidas vezes, até dominá-los. Nós passamos horas praticando, meses elaborando as complicações de dar um passo para a frente e um passo para trás. Quando agir e quando esperar. Quando começar, quando continuar, quando parar. E quando você tem meio a meio, e quando tem de dar um pouco mais ou receber um pouco menos.

Sara aprendeu a coreografia da reciprocidade — e agora ela finalmente tem o seu parceiro de dança.

23

A lua de mel de Aaron

Aaron e Brenda se sentaram em extremidades opostas do sofá. Isso não é incomum na primeira sessão de aconselhamento de casais. As pernas cruzadas de Brenda apontavam para o lado oposto ao de Aaron, como se ela estivesse se afastando dele e ele parecia estar na fileira da frente de uma fotografia de turma: rígido e ereto, as mãos juntas no colo.

Há casais que às vezes se parecem um com o outro, e se vestem de maneira similar. Aaron e Brenda eram assim. Ambos vestiam jeans e blusa branca, e o mesmo tipo de tênis de cano alto de cores diferentes. Eles haviam se conhecido *on-line* dois anos atrás, e estavam casados havia oito meses. Impressionou-me que eles tenham procurado ajuda tão rápido; a maioria dos casais busca apoio de um terapeuta apenas quando chegam a uma situação de crise.

"Quando nós nos conhecemos eu fiquei nas nuvens de tanta felicidade", Brenda começou, "e tudo o que envolvia o nosso relacionamento era mágico. Nós gostávamos das mesmas coisas e fazíamos as mesmas coisas." Brenda adorava cozinhar, e Aaron também. Brenda adorava fazer caminhada, e Aaron também. Brenda adorava festivais de música, e Aaron também. Ela disse que se sentia amada. Ele lhe trazia flores e a levava para jantares à luz de velas. Aaron a fazia sentir-se como se fosse a pessoa mais especial do mundo.

"No início do nosso relacionamento ele me disse que era autista, e eu sabia que ele não gostava de socializar, mas isso não me incomodava", ela revelou. "Nós tínhamos um ao outro e éramos felizes. Talvez tenha sido rápido demais, mas era perfeito, por isso é claro que eu disse sim quando ele me pediu em casamento."

Depois que eles se casaram, porém, os problemas começaram a aparecer. Brenda disse que agora eles nunca fazem nada juntos, e não conseguem se comunicar. Já não saíam mais para jantar, não faziam mais caminhadas, e fazia meses não iam a nenhum festival de música. Eles não entravam em discussões — nada além das costumeiras interações cotidianas sobre quem iria comprar o pão ou o leite. Raramente se falavam.

"Tentei discutir os problemas em nosso relacionamento, mas Aaron evita todo tipo de conversa, então eu desisti", ela me disse. "Todos os nossos problemas continuam sem solução."

Aaron permaneceu em silêncio durante toda a descrição que Brenda fazia sobre o casamento deles.

"E o que você pensa a respeito disso, Aaron?", perguntei.

"Nós não precisamos mais fazer todas essas coisas de romance", ele disse. "Estamos casados. Nós assinamos o certificado, e isso significa que estamos comprometidos um com o outro pelo resto das nossas vidas. Eu não sei onde está o problema, nem por que Brenda quer continuar falando sobre o 'nosso relacionamento' o tempo todo."

Bem, eu pensei, *parece que a lua de mel chegou ao fim!*

*

O impacto inicial da atração e o começo de um relacionamento romântico é eufórico. O entusiasmo nos deixa zonzos. Queremos passar o maior tempo possível com a pessoa amada, e consumimos toda a nossa concentração e energia pensando em nosso parceiro.

A ciência explica esse sentimento de embriaguez amorosa. Quando uma pessoa está apaixonada, seu cérebro libera grandes quantidades de dopamina, o que desencadeia sentimentos de recompensa e uma sensação de prazer. Isso pode fazer com que você pare de comer e de dormir, deixa-o literalmente louco de amor.

"Penso nela o tempo todo", Vanessa me revelou depois de entrar flanando em meu consultório. Ela estava quase flutuando. Eu jamais a vira assim antes; ela normalmente era mal-humorada e taciturna, e raramente sorria. Podia ser sombria e modorrenta como um dia cinzento e triste. Mas não agora. Agora ela estava resplandecente, e suas palavras vibravam quando ela pronunciava o nome de Justine.

Ela falava de Justine sem parar: qual era o trabalho de Justine, o que Justine gostava de comer, para onde Justine havia viajado no último ano. Justine era linda, Justine era engraçada, e era gateira também. Justine era o amor da vida de Vanessa.

"A minha família vai amá-la, vai achá-la maravilhosa", gritava essa nova Vanessa, "e nós iremos a um festival juntas no final do ano. E quando formos morar juntas, poderemos ter dois gatos e preparar comida vegetariana toda noite." Ela me contou como pretendia pedir Justine em casamento, e que tipo de casamento planejava para as duas.

"Ela parece incrível!", eu comentei. "Há quanto tempo você está saindo com ela?"

"Ah, eu a conheci na noite de ontem!"

Nós nos enchemos de otimismo nos estágios iniciais de um relacionamento. A maioria de nós sabe que passar do primeiro encontro para um relacionamento de compromisso requer tempo e esforço, mas nesses inícios ofuscantes tendemos a esquecer todos os passos que devemos seguir. Os sentimentos de atração e engajamento num interesse especial são quase os mesmos, e esse novo e excitante alguém pode se tornar o foco único para algumas pessoas autistas. E algumas delas, como Vanessa, apaixonam-se tão completamente que abandonam o ritmo cauteloso do desenvolvimento do relacionamento.

É verdade que quando nos encontramos nessa fase energizada e deslumbrada queremos fazer tudo o que podemos para impressionar o outro e oferecer o melhor de nós mesmos. Mas não podemos levar a vida nesse choque contínuo de adrenalina, sem mencionar que evidentemente o seu eu nu e cru acabará aparecendo.

Durante as primeiras semanas ou meses, você também vê o seu novo amor como a pessoa perfeita. Mas para que um relacionamento se estabeleça e perdure, você tem de amar o eu dessa pessoa por inteiro, incluindo todas as suas imperfeições e hábitos irritantes. No início, você vê essa pessoa cercada de brilho, mas com o tempo as lentes de otimismo cor-de-rosa acabam caindo. E então você se depara com ela — a imperfeição. Talvez o seu novo amor coma com a boca aberta, fale durante a exibição de um filme (ou jamais consiga acompanhar a história) e não limpe a pia depois de escovar os dentes; e aquele ronco que no início parecia tão fofo agora não deixa você dormir à noite. De repente vocês deixam de ser uma só entidade feita de amor para voltarem a ser dois seres humanos inteiros novamente, e vocês precisam começar a comunicar os seus próprios desejos e necessidades.

As pessoas têm opiniões diferentes e meios diferentes de se expressar. Tendo em vista que todos nós percebemos as coisas e nos comunicamos de maneiras diferentes, é natural que nós não entendamos bem uns aos outros. Portanto, aprender a enfrentar juntos os problemas é essencial se você quiser viver uma união íntima com alguém.

Minha irmã e meu cunhado têm um relacionamento carinhoso. Eles apoiam um ao outro, riem das piadas um do outro, e resolvem os problemas juntos. Certa manhã eu os observei quando estavam sentados à mesa do jantar, bebendo chá e fazendo palavras cruzadas.

"Vocês dois se comunicam muito bem", comentei.

"Não todos os dias", minha irmã respondeu. "Não o tempo todo, mas se tivermos problemas para nos comunicar hoje, nós encontraremos um meio de fazer melhor amanhã. É preciso muita prática."

Ela disse essas palavras de maneira leviana, mas eu as escutei com a devida reverência.

As pessoas que mantêm relacionamentos saudáveis sabem como se comunicar quando as suas diferenças resultam em conflito. Mas conflito não precisa ser uma palavra ruim, desde que seja acompanhada por uma palavra ainda mais importante: resolução.

Conseguir comunicar-se em circunstâncias desfavoráveis ou proibitivas exige o mais alto nível das habilidades sociais que nós, humanos, possuímos. Para pessoas autistas que têm dificuldade com interações sociais, essas conversas em situação desfavorável podem ser excruciantes, principalmente quando envolvem muita emoção. Pessoas autistas processam e interpretam de maneira diferente a comunicação verbal e não verbal, e podem ter problemas para expressar suas emoções ou identificar emoções em outros. Como resultado, conversas difíceis podem deixá-las agoniadas — mais agoniadas ainda que as pessoas neurotípicas —, e isso pode torná-las reativas ou levá-las a fugir completamente dessas discussões.

Petra resistia a esse tipo de interação, e o seu parceiro disse que a menos que eles buscassem ajuda o seu relacionamento não continuaria. Ela amava o seu parceiro, e se sentia bastante motivada a fazer a relação dar certo. Mas não sabia como se comunicar de maneira produtiva.

"Eu causo muita dor a ele", Petra me disse. "Não é minha intenção, mas quando Gilles chega com problemas eu me amedronto. Começo uma discussão porque acho que ele está zangado comigo, e isso sempre termina de maneira terrível."

Enquanto a ouvia falar, Gilles colocou a mão no joelho dela. "Eu sei que a Petra me ama", ele disse gentilmente, "mas quando temos algum problema, mesmo quando uma coisa insignificante dá errado, Petra pensa que eu a estou criticando. Quando eu tento falar sobre o assunto, ela interpreta mal a minha intenção e o meu tom de voz."

Petra via em toda conversa difícil uma ameaça ao seu relacionamento, por isso se tornava defensiva. Devido ao modo como o seu cérebro estava configurado, Petra era incapaz de processar as palavras de Gilles quando ficava angustiada. Seu processamento auditivo se sobrecarregava, e ela muitas vezes reagia partindo para o ataque. Culpava Gilles pelo problema, dava desculpas ou trazia à baila os erros do passado de Gilles.

Todos nós assumimos uma atitude defensiva quando nos sentimos criticados, mas essa espiral de comunicação nos impede de resolver nossos problemas. Na verdade, torna esses problemas ainda piores. Com a ajuda de Gilles, o casal estabeleceu algumas regras de comunicação para esses momentos. Em vez de apenas colocar um problema diante de Petra sem mais nem menos, ele aprendeu a organizar horários com Petra para falarem sobre seus problemas, e jamais quando os dois estiverem cansados ou atarefados. Eles concordaram em se concentrar no problema imediato e não levantar assuntos do passado. Se Petra ficasse sensível, Gilles ou Petra diriam "Vamos fazer uma pausa" — não como uma pergunta, mas sim como uma afirmação de ambos. Assim que as emoções negativas passassem, eles retomariam a conversa. E Petra aprendeu que um bom relacionamento não se baseia na ausência de problemas ou brigas, mas em saber como conduzir uma briga.

Em vez de evitar o conflito, nós precisamos aprender a brigar de maneira justa. Em relacionamentos saudáveis, as brigas não devem produzir vencedores — devem produzir uma equipe mais forte. Mas nós precisamos nos lembrar de que nem todos querem entrar nesse ringue.

Algumas pessoas não têm interesse em ingressar no estágio de conflito de um relacionamento. Bryson, uma força da natureza com atitude arrogante e um grande sorriso insolente, jogava a toalha ao primeiro sinal de desacordo. Quando a bolha estourava e um interesse amoroso dava lugar à fase de negociações, Bryson pulava fora. Ele foi honesto quanto à sua atitude acerca de relacionamentos; por escolha própria, ele jamais teve um relacionamento que durasse mais do que alguns meses. Quando a emoção batia em retirada, ele abandonava a relação.

"Amor é isso, essa sensação de arrebatamento e de animação", ele me disse. "A mesmice da realidade do dia a dia? Que deprimente. Só quero a sensação do primeiro encontro, aquela agitação apaixonada."

E assim Bryson passava de uma pessoa para outra na velocidade da luz. E não há problema nisso — desde que as pessoas que ele amava e deixava entendessem que o interesse de Bryson era um fogo intenso que facilmente se extinguia. Relacionamentos de longa duração não são para todos. Como Bryson poderia comunicar isso melhor às pessoas para não deixar para trás corações partidos? Ele e eu passamos um bom tempo conversando sobre o assunto.

Quando era jovem, eu imaginava como seria a minha vida. Eu teria um parceiro de longa data, uma casa feliz (que na minha cabeça seria uma fazenda com galinhas) e muitas crianças, cinco ou seis talvez. Eu lia os contos de fadas e assistia a todas as comédias românticas, e alimentava a crença de que todos tinham uma alma gêmea, a pessoa perfeita. Era um grande sonho, e embora os ovos frescos e as seis crianças não figurassem na lista de desejos de todos, muita gente esperava por um parceiro para toda a vida. O "amor eterno" não se tornou realidade para mim. Eu amei mais de uma pessoa com o coração bem aberto, e também fui profundamente amada. Mas levei algum tempo para me dar conta de que não era fracasso não permanecer com uma pessoa para sempre.

Cinderela e *Uma Linda Mulher* me ensinaram (e ensinaram a milhões de pessoas) que ter um amor verdadeiro é sinônimo de "sucesso". A sociedade promove a ideia de que as pessoas precisam estar juntas para encontrar a felicidade. Nós temos de mudar essa narrativa, porque não é necessário estar em um relacionamento romântico para ter uma boa vida — é necessário *ter* bons relacionamentos. Com um parceiro, é claro, mas também com amigos e com a família.

Nós também temos de deixar de lado o "Eles viveram felizes para sempre". Relacionamentos não podem ser perpetuamente felizes. Existem altos e baixos, momentos bons e ruins — algumas vezes, momentos muito ruins. Num relacionamento longo, a paixão nasce e morre, segundo um ditado. Há tempos de profunda conexão, mas também há tempos de simples convivência. Há tempos de flores e champanhe, e há tempos de pão e leite. Mas em um relacionamento cada fase exige esforço, e ambas as partes precisam trabalhar juntas. Cada um de nós traz algo singular para um relacionamento, e nós temos de tentar entender e aceitar as diferenças um do outro. E esse esforço nunca cessa, porque nós estamos em constante desenvolvimento.

Um casal que conheci durante uma viagem disse-me que eles tinham o relacionamento perfeito. *Sem chance*, eu pensei. Nenhum relacionamento é perfeito. As pessoas discutem, divergem, se desentendem. Elas têm necessidades e desejos diferentes. Podem se frustrar ou simplesmente se entediar uma com a outra. Perguntei a eles o que torna o relacionamento perfeito.

"Haja o que houver, nós protegemos um ao outro", eles responderam. "Sejam quais forem as adversidades ou obstáculos que o nosso relacionamento enfrentar, nós sempre cuidaremos um do outro."

Pensando bem, isso soa realmente perfeito para mim.

*

Quando o período de lua de mel chega ao fim, somos obrigados a abandonar as expectativas que tínhamos para o relacionamento e começar a vê-lo como ele realmente é.

Aaron era louco por Brenda e queria passar o resto da sua vida com ela. Depois que eles assinaram felizes os papéis do matrimônio, ele sentiu que o restante seria "para sempre". Ele não percebeu que esse não era o fim — era apenas o começo. Ele não se deu conta de que quando dois amantes ganham a estrada rumo ao pôr do sol, ainda é necessário parar para abastecer e calibrar os pneus.

"Quando nos conhecemos, Brenda era como um interesse especial", Aaron argumentou. "Eu queria saber tudo sobre ela, queria fazer tudo o que ela desejasse fazer. Não podia parar de pensar nela." Ele explicou que quando se comprometeram para o resto das suas vidas, ele se sentiu seguro, e com tal segurança já não pensava nela o tempo todo. Ele não entendia por que Brenda queria falar constantemente sobre o relacionamento deles. Ele não sabia que teria de continuar se empenhando para o bem da relação.

Brenda também aprendeu muitas coisas. Ela pensou que autista significasse "não social", e fez um grande esforço para se educar. Ambos se comprometeram a aprender sobre o estilo de comunicação de cada um, bem como sobre os modos pelos quais eles expressavam e entendiam emoções. Eles reservaram um tempo toda semana para discutir o relacionamento, e também reservaram tempo para sair juntos à noite, tempo para passar juntos e sozinhos. Eles disseram um ao outro como queriam ser amados e como demonstravam amor.

Seis meses depois que Brenda e Aaron vieram ao meu consultório pela primeira vez, eles ainda se sentavam no sofá. Mas agora eles se sentavam ambos no meio, usando o mesmo tipo de tênis de cano alto, lado a lado.

24

A trincheira de Harry

Quando Harry entrou em meu consultório pela primeira vez, o capuz do seu moletom estava abaixado e sua franja estava tão comprida que cobria o seu rosto. Ele era como um animal enjaulado num espaço desconhecido com uma estranha. Uma estranha que lhe causava desconfiança.

Você alguma vez já levou para a sua casa um filhote de cão ou de gato, colocou-o no chão pela primeira vez e o observou enquanto ele examinava o lugar? O bichinho vai a todos os cantos e fareja os pontos seguros, e se você der a ele todo o tempo de que ele necessita, ele irá até você quando estiver pronto. As pessoas também fazem isso. Quando não se sentem seguras, elas podem investigar o novo ambiente, encontrar rotas de fuga e procurar lugares onde possam se refugiar.

Harry fez isso no dia em que o conheci, e em muitos outros dias depois desse. Ele havia vivido em orfanatos desde os seis anos de idade. Agora com quinze anos, ele era alto e desengonçado, tinha cabelo comprido e oleoso, e seu rosto era coberto de espinhas de adolescente. Ele havia sido enviado a mim porque precisava de um testemunho de vítima para o abuso que havia sofrido e testemunhado em sua casa na infância, bem como em vários orfanatos.

Inicialmente ele foi financiado para cinco horas de aconselhamento para completar o testemunho de vítima. *Cinco horas!* Pense nas pessoas com quem você passou apenas cinco horas. É tempo suficiente para que você sinta que pode contar a elas toda a sua dor e vergonha?

Harry movia-se com o caminhar desajeitado de um adolescente cujas extremidades haviam crescido demais para o tamanho do resto do corpo. E ele não parava de se mover. Em nossa primeira consulta, ele não disse quase nada. Ele simplesmente andava pela sala.

"Eu não quero estar aqui", foi tudo o que ele concedeu. "Por isso não estou falando."

"Tudo bem", eu disse; e foram os cinquenta minutos mais longos da minha vida. Eu fiquei sentada enquanto Harry caminhava e avaliava. Ele erguia coisas e as virava. Tirava livros das estantes e folheava páginas, e quase fez um buraco no tapete caminhando para a frente e para trás. Eu me senti como se estivesse numa sessão de terapia em *Gênio Indomável*. Meus pensamentos se moviam rapidamente. *E se eu pegasse um papel e ficasse desenhando? Não, assim ele pensaria que eu não me importo. E se eu falasse só por falar? Não, ele pensaria que eu não quero ouvir.* Eu me mantive no mais completo silêncio e não movi um músculo; em termos de movimento e quietude, nós éramos *yin* e *yang*.

Quando consultei o relógio de parede e vi que faltava um minuto para o final da sessão, eu quase gritei de alívio.

"É, Harry, você conseguiu!" Eu respirei fundo. "Você aguentou firme e não foi embora! Isso foi impressionante."

Então Harry saiu apressado do consultório sem se despedir e sem nem olhar na minha direção. Imediatamente escrevi um e-mail ao departamento explicando que precisaria de muito mais que cinco horas. Eu posso ter acrescentado mais algumas palavras a respeito de expectativa e resultados; então me concederam mais tempo.

Nas semanas que se seguiram, eu precisei aprender a lidar com Harry, porque ele se assustava com facilidade. Eu me repreendia sempre que o fazia pular. Se eu me aproximasse dele por trás sem me anunciar, ele pulava. Mas se eu me anunciasse estando já bem perto dele — "Ei, Harry" —, ele também pulava. Certa vez toquei o seu braço, e ele reagiu como se eu tivesse jogado ácido nele. Ele tentou me afastar usando palavras intimidadoras: "Estou entediado". "Como você é entediante." "Como consegue ser tão estúpida?" Ele fazia cara feia, bufava e desorganizava o espaço, rasgando papel em pedacinhos e lançando ao ar como confete. (O aspirador trabalhava bastante após as consultas de Harry.) Ele sabia o que nós estávamos fazendo ali, ele sabia o que se esperava dele, mas Harry não me dizia absolutamente nada.

Eu tinha de ser paciente e esperar até que Harry estivesse pronto para me contar a sua história.

*

Pessoas que tatuam palavras em sua pele sempre me intrigaram. É preciso coragem para fazer isso. De todas as palavras e frases que existem, quais você escolheria para serem gravadas em seu corpo para sempre, sem arrependimentos?

Meu irmão tem a palavra *paciência* tatuada em seu antebraço. É uma palavra linda. Ele me disse que é a sua favorita, mas é também uma lembrança constante de que não há necessidade de precipitação na vida. Lembre-se de que ter paciência não é algo fácil, pois vivemos numa época em que as coisas estão à nossa disposição de imediato. Nós podemos esquentar comida em segundos no micro-ondas, ou pedi-la pelo celular e esperar sua entrega rápida. Podemos "maratonar" uma série de televisão inteira sem ter de esperar ansiosamente por uma semana até o próximo episódio; e num instante nós podemos conversar com qualquer pessoa no planeta no Facebook, no Zoom ou no Skype. Ter acesso a resultados imediatos significa que qualquer atraso na gratificação pode ser difícil.

Queremos obter as coisas rápido porque vivemos num mundo acelerado, frenético, e muitos de nós são multitarefas e fazem muito malabarismo ao mesmo tempo. Quando você pergunta a uma pessoa "Como vai você?", já percebeu que "Ocupado" é uma resposta comum? Por que nós igualamos *estar ocupado* com *ter sucesso*? Precisamos mesmo ser produtivos a cada segundo? Qual foi a última vez que você simplesmente se sentou no sofá, olhou para o vazio e sonhou acordado? Muitas pessoas pouco sabem sobre a arte de não fazer nada. Mas não fazer nada, ser capaz de ficar parado e estar realmente presente e desfrutar o momento, nos ensina a paciência.

Quando estou conduzindo grupos de apoio para pais de crianças autistas pequenas em ambientes de intervenção precoce, nós discutimos a importância de brincar com as crianças. Mas um grande número de adultos não sabe de fato como brincar. Muitos fingem brincar, mas não estão de fato presentes. Podemos estar montando Legos com uma criança pequena, mas nossa cabeça está presa ao que temos de fazer em seguida. Quando as crianças brincam, elas só pensam naquilo que está diante delas e em mais nada. Elas estão inteiramente presentes no momento que vivem, e só pensam em brincar. Durante o desenrolar desses grupos de apoio, pedi aos pais que buscassem apenas acompanhar os filhos — brincar com eles sem tentar projetar o futuro em suas próprias cabeças.

Uma semana depois que propus esse desafio, uma mãe voltou ao grupo com a sua história. Ela explicou que o filho sempre queria ler pelo menos três livros à noite, e muitas vezes pedia mais. Ela se deitava ao lado dele na cama e lia em voz alta, mas sempre esperava que ele dormisse rápido para que ela pudesse ter algum tempo para si mesma ou para colocar em dia algumas tarefas pela casa.

"Mas na última noite eu resolvi simplesmente ler", disse essa mãe. Ela se comprometeu a deixar de lado a sua lista de afazeres, apenas para deitar-se ao lado do filho e mergulhar nos livros. "Foi fascinante. Eu realmente me envolvi com as histórias, simulei diferentes vozes e fiz diversas perguntas a ele. E sabem o que ele me disse?" No meio da leitura, o filho virou-se para ela e perguntou: "Por que você está tão feliz hoje, mamãe?".

Ser paciente faz bem; ser paciente está relacionado a sentimentos de felicidade e alivia o estresse. Ser impaciente pode ter impacto negativo sobre você e sobre outras pessoas. Os outros sabem quando você está impaciente. Você pode fingir que não está, pode fingir o quanto quiser; mas a impaciência salta aos olhos. A paciência se mostra como uma calma serena e descontraída; a impaciência se mostra como frustração.

Eu não sou uma pessoa muito paciente, devo confessar. As palavras *paciente* e *paciência* têm a mesma raiz, que significa "suportar com calma", mas sou péssima em suportar com calma quando a paciente *sou eu*.

Vários anos atrás, eu machuquei as minhas costas e tive de passar dias no hospital, e depois semanas deitada de barriga para baixo, andando de muletas e aprendendo a alinhar novamente a minha perna com os outros membros. Eu era uma paciente terrível. Eu havia perdido o controle sobre o meu próprio corpo e precisava me recuperar imediatamente. Estava frustrada, me irritava com facilidade, e queria resultados *já*. Eu esperava ter uma recuperação rápida; por isso eu forçava o meu corpo além da sua capacidade e causava mais atraso e mais dor.

Por fim, fui informada de que levaria dois anos até que soubessem da extensão do dano permanente, e eu me dei conta de que teria de aceitar a minha situação. Dois anos era um tempo de espera muito longo — longo demais para viver em frustração constante e impaciente. Em vez de voltar meus olhos para o futuro, eu precisava mudar a minha compreensão acerca das coisas e aprender a celebrar os pequenos progressos de cada dia. Precisava me livrar do pensamento de que deveria melhorar *imediatamente*.

Há muita expectativa imediata entranhada em nossa impaciência para conosco e para com os outros. Nós podemos pensar que o outro deveria estar fazendo algo com *essa* rapidez ou que deveria estar fazendo algo *dessa* maneira; a pessoa deveria realizar essa ou aquela tarefa dentro *desse* tempo e *nesse* ritmo, e o resultado deveria ser *esse*. Ainda hoje pela manhã, vi um homem bufando e rosnando enquanto esperava que a atendente trouxesse o seu café. "Por que toda essa demora?", ele perguntou ríspido à atendente. "Preciso ir para o trabalho!" Ele havia feito o seu pedido depois de mim e de três outras pessoas que também ansiavam por suas doses de cafeína, mas ele esperava que o leite ficasse espumoso e o cappuccino pronto dentro do horário dele. Quando as pessoas não fazem as coisas do modo como achamos que elas deveriam fazer, ficamos impacientes. Mas nem todos nós fazemos as coisas da mesma maneira no mesmo tempo.

Muitas pessoas autistas vivem segundo as expectativas imediatas de outras pessoas — acreditando que *devem* levar suas vidas de um modo neurotípico. Se nós esperarmos que pessoas autistas se conduzam de maneira típica, então elas falharão. Nossa capacidade de ter paciência muda quando percebemos que há pessoas diferentes de nós, quando ajustamos os nossos horários, as nossas expectativas e as nossas opiniões quanto aos resultados. A impaciência se baseia em uma perspectiva apenas — a da própria pessoa. Quando somos pacientes com os outros, nós afastamos os nossos pensamentos das nossas próprias necessidades e aceitamos que nem todos nós nos conformamos com uma via única de pensamento.

A paciência situa-se dentro de nós. Não podemos controlar todas as situações, e não podemos forçar outras pessoas a fazerem as coisas do nosso modo e no tempo que achamos que devem. Quando começamos a nos sentir irritados, quando as coisas não saem da maneira como planejamos ou do modo como queremos, é chegado o momento de praticarmos a paciência.

E a paciência é uma prática.

*

"Eu nunca lhe pedirei que me conte nada, mas quando você estiver pronto para falar eu estarei aqui", disse enfim a Harry depois de semanas.

Harry e eu passamos meses sem conversar. Bem, nós até começamos a falar bastante, mas nunca sobre as coisas que importavam — as coisas que o departamento precisava ouvir.

Harry se interessava por história militar. Ele tinha particular fascínio pela Segunda Guerra Mundial e pelo Holocausto. Eu me lembrei de quando li sobre esse momento da história pela primeira vez, e também fiquei fascinada pelo assunto. Eu devorava livros sobre a guerra, e li *O Diário de Anne Frank* tantas vezes que até perdi a conta. Harry e eu falávamos sobre esse assunto com frequência, e ele sempre se mostrava perplexo: "Como pessoas foram capazes de fazer isso com outras pessoas?", ele me perguntou certa vez. Eu não tinha uma resposta para isso.

Ele precisava se movimentar, e nós fazíamos isso. Nós íamos para a quadra de esportes jogar um pouco de futebol, e ele tentou me ensinar um famoso drible do jogador argentino Maradona — sem muito sucesso. Nós caminhávamos até o parque e balançávamos nos balanços; ele foi a única pessoa que conseguiu me convencer a pular de um balanço em pleno movimento. Quando chovia eu lhe ensinava ioga, e nós dois rolávamos em esteiras no chão.

Certo dia, quando já fazia cerca de um ano que nos reuníamos no meu consultório, nós conversamos — com ele andando pela sala e eu sentada — sobre um dia comemorativo para todas as pessoas que haviam servido e morrido em guerras.

"Você lembra um pouco uma pessoa que esteve em uma zona de guerra, Harry", eu observei, quase como se falasse comigo mesma. Eu disse ao jovem que muitas pessoas que haviam estado na guerra tinham o que se chamava de hipervigilância. Essas pessoas abriram trincheiras para si mesmas e viveram nesses buracos, com lama e chuva. Sentiam medo o tempo todo, medo de levantar a cabeça. Passaram tanto tempo vigiando o perigo e esperando o ataque do inimigo, que poderia acontecer a qualquer momento, que os seus cérebros não pararam de pensar assim nem mesmo quando elas já se encontravam em casa, nem mesmo quando já estavam em segurança.

Enquanto eu falava, Harry se aproximou e se sentou ao meu lado. Ele nunca havia feito isso antes. Eu continuei falando. "Todos nós precisamos de lugares onde nos sintamos seguros, e de pessoas que nos transmitam segurança", eu disse a ele. "Quando nos sentimos seguros, nós podemos relaxar e nos sentir confiantes." E enquanto eu divagava, Harry se inclinou na minha direção e recostou o seu ombro no meu. Fiz um grande esforço para disfarçar a minha alegria e não tornar isso um acontecimento. Harry estava me tocando pela primeira vez.

Um ano depois que Harry se encostou em mim pela primeira vez, ele estava finalmente pronto para que nós escrevêssemos juntos o testemunho de vítima.

"Eu não vou olhar para você quando eu estiver escrevendo tudo", eu disse. "E não vou mostrar nenhuma emoção em meu rosto. Não é que eu não me importe com as coisas que você dirá; é apenas porque eu sei que vai ser difícil para você falar sobre o assunto, e pode ser difícil para mim ouvir."

As histórias que ele contou eram horríveis, e eu gritava por dentro enquanto ouvia as coisas pelas quais aquele lindo jovem havia passado. As coisas que as pessoas podiam fazer contra outras pessoas.

Harry levou dois anos para me contar a sua história. Essa época não foi fácil para mim. Eu tive de mudar as minhas expectativas imediatas para acompanhar as de Harry. Foi frustrante, mas eu não tive escolha a não ser aguentar firme e ter calma. E nesses dois anos Harry encontrou a fé e o conhecimento em que eu me baseava, sólido e seguro como uma rocha, para poder compartilhar toda a sua vulnerabilidade. Com paciência, Harry encontrou segurança.

Algumas vezes nós só precisamos de paciência — muita dela. A paciência pode ser o mais benévolo presente que podemos oferecer uns aos outros.

25

O concerto de Andre

Andre usava um coque masculino. Eu pensei que ele estivesse seguindo alguma moda, mas ele rapidamente me disse que o motivo do coque era que ele odiava ter de cortar o cabelo (as tesouras machucavam) e odiava que o cabelo caísse nos olhos.

"Eu também sou bastante preguiçoso", ele disse. Contou-me que costumava apenas sair da cama e colocar as roupas que encontrava pelo chão. Sua camiseta e sua camisa estavam sempre amarrotadas, sua calça cargo estava sempre amassada, e ele usava meias que não apenas não combinavam, mas também eram *totalmente* diferentes uma da outra — por exemplo, uma era vermelha e a outra era verde e cheia de abacaxis.

Sua casa tinha o mesmo aspecto de abandono. Andando em seu apartamento pela primeira vez, tive a impressão de que ou Andre estava a um passo de criar uma grande invenção ou ele estava perdido em meio ao seu próprio caos. A sala não tinha sofá, nem mesinha de centro, nem televisão. No lugar disso tudo havia um estúdio de música. Havia um piano vertical, um teclado, várias guitarras, um bandolim e todos os tipos de instrumentos de percussão, além de cabos, amplificadores, fones de ouvido e computadores. Viam-se partituras por toda parte. Elas cobriam o chão e as superfícies como folhas no final do outono, que aterrissam em qualquer lugar para onde são sopradas.

Andre era um músico brilhante. Era compositor, e passava o dia inteiro e a noite inteira com seus instrumentos. Não socializava com ninguém, não ia a lugar nenhum. Exceto pelas visitas ocasionais de membros da sua família, ele era sozinho. Eram somente Andre e seus instrumentos. Todos os dias, por meses e meses a fio. Eu fui contatada porque as pessoas estavam preocupadas com a falta de interação social dele.

Eu também estava preocupada. Ele havia se isolado demais, não tinha amigos, e passava todo o tempo completamente sozinho. Ele vivia o meu pior pesadelo. "Você deve se sentir só, Andre", comentei em certa ocasião, consciente de que eu adorava as pessoas e não podia viver sem elas.

"Eu não sei o que você quer dizer com isso", ele respondeu. "Por que eu me sentiria só?"

*

Ser sozinho e sentir-se sozinho são duas coisas diferentes. *Sentir-se* sozinho é uma emoção, um sentimento de isolamento ou de que algo está faltando. *Ser* sozinho corresponde a ter uma vida solitária, e isso pode dar às pessoas uma sensação de paz. Algumas pessoas adoram a solidão e se alegram em desfrutar da própria companhia, enquanto outras se sentem solitárias e anseiam por conectar-se com outros. A solidão pode trazer contentamento para quem a aprecia, mas jamais encontrarão contentamento na solidão aqueles que se entristecem com ela.

O meu vizinho Arthur morou em nossa rua por trinta e cinco anos. Quando ele chegou, havia um pasto de ovelhas em frente à casa dele; é onde se encontra hoje a minha casa. Quando eu me tornei vizinha de Arthur, ele atravessava a estrada esburacada que nos separava para me levar informações sobre o tempo, ou para me dar conselhos de jardinagem.

"Você deveria derrubar essas palmeiras, querida", ele me instruía. "Elas são terríveis, deixam cair todas essas folhas. Um perigo total!"

Arthur passou a viver sozinho depois que sua mulher morreu. "Eu perdi o meu amor há dezessete anos", ele me disse com tristeza no olhar. Podia ouvir a desolação na voz de Arthur, então comecei a passar para pedir um ovo ou para pedir seu ancinho emprestado. Tomei nota do padrão desse dia — a que horas as suas cortinas se abriam pela manhã e quando as suas luzes se apagavam à noite. Eu sabia que ele trocava os lençóis na terça-feira e cortava a grama no sábado. Quando Arthur saía da sua rotina, eu sabia que havia algo de errado com ele, e então ia até sua casa para verificar como estavam as coisas.

"Envelhecer pode ser bem solitário", ele me disse um dia, pouco tempo antes de ir se juntar à sua amada mulher. "Às vezes você é a única pessoa com quem eu falo a semana inteira." Arthur morreu em idade avançada: noventa e dois anos de idade. Sinto a sua falta até hoje.

Há um anseio no sentimento de solidão, um desejo e uma necessidade profundos de conexão e companhia. O sentimento de solidão tem impacto maior na saúde mental e física de uma pessoa, e está associado ao aumento no risco de doença cardíaca; é literalmente uma doença do coração.

Todas as pessoas, cada uma à sua maneira, já experimentaram esse terrível sentimento de solidão. A maioria de nós sabe o que é não ser escolhido para participar de um jogo no recreio, o que é começar uma faculdade, mudar-se para uma nova cidade ou aposentar-se e perder o contato diário com pessoas conhecidas. Esses episódios passageiros de solidão perdem a força quando as pessoas se encontram ou se reconectam com outras. O sentimento de solidão crônico, contudo, é a percepção prolongada de que não há no horizonte um fim possível para essa emoção agonizante. Isso é terrível, e corrói o espírito humano.

Nós costumamos associar o sentimento de solidão a estar de fato sozinho; mas para sentir isso você não tem de estar absolutamente sozinho, sem mais ninguém, dentro de um quarto escuro. Um dos meus clientes me revelou certa vez que sentia solidão em sua própria cama enquanto dormia ao lado de outra pessoa.

"Como isso pode acontecer?", esse cliente me perguntou. "Eu ouço o som da respiração da pessoa, os ruídos do seu estômago, e ainda assim eu fico ali acordado e me sinto completamente desligado dela."

É estranho pensar que podemos nos sentir sozinhos tendo uma pessoa bem ao nosso lado, mas mesmo no mais sólido dos relacionamentos um ou ambos podem se afastar ou se sentir distantes por algum tempo. As pessoas podem se sentir sozinhas mesmo quando estão cercadas por membros de uma comunidade inteira, ou num quarto cheio de gente, numa escola cheia de estudantes, numa cidade com milhões de habitantes. Alguém pode se sentir excluído numa festa.

"Eles nem souberam que eu estava lá. Eu fui esquecida", Daisy disse.

Daisy tinha vinte e dois anos, e cheirava a cigarro e desodorante floral. Ela era um paradoxo nisso e em muito mais. Era vivaz, porém apática; corajosa, mas tímida; confiante, porém receosa. Era linda, mas não conseguia enxergar a própria beleza.

Daisy levou anos para me contar a sua história — anos de consultas para ajudá-la a lidar com um diagnóstico de autismo que ela havia recebido na adolescência. Quando foi diagnosticada, Daisy não queria ser rotulada. Ela disse que sempre havia se sentido como uma pessoa excluída, e que ser chamada de autista a faria sentir-se ainda mais diferente. Ela queria muito fazer parte de algo.

Quando eu perguntava a Daisy sobre as suas experiências na escola, e como foi essa época para ela, ela ria e dizia simplesmente: "Foi uma merda". Eu sabia que a história iria aparecer; sabia que se eu tivesse a paciência necessária a história não seria mascarada por risadas. E quando Daisy finalmente se abriu, seu relato veio com a força de um tsunâmi.

"Eu era como um grão de poeira", ela afirmou. "Eu me mudei para uma nova escola quando tinha doze anos, e foi terrível. Ninguém falava comigo. Ninguém se apresentava nem conversava comigo. Ninguém me convidava para sentar com um grupo ou para brincar. Todos se conheciam e eu não conseguia me enturmar. Eu era uma rejeitada, uma pária social. Eles sabiam que eu era diferente e me rejeitavam. Ninguém me queria."

Ela explicou que no primeiro ano na escola passava quase o dia inteiro em uma sala perto da recepção. Era uma sala onde guardavam material de escritório e a fotocopiadora. Ela saía da classe e ia para lá, ou se comportava mal durante a aula até ser expulsa da classe e depois ia se refugiar em sua sala. Ela permanecia dentro desse espaço durante todo o recreio e o almoço.

"Era o lugar mais seguro, porque lá dentro eu ficava sozinha", ela disse.

Daisy me contou que havia um vão entre os arquivos, e às vezes ela se enfiava nesse vão e caía no sono. Eu imaginei crianças escondendo-se debaixo das suas camas, em armários ou debaixo dos seus cobertores durante uma tempestade. Senti o medo e o isolamento. "Mas e os professores, eles sabiam?", perguntei. "E os funcionários? Ninguém foi procurar você? Para ajudá-la?"

"Não, eu era invisível e insignificante." Lágrimas brotaram dos seus olhos, caindo sem parar. "Eu era só. Eu era tão só, tão sozinha", ela disse, chorando. Então soltou um suspiro e começou a gemer baixinho.

Foi de partir o coração ver aquela garota reviver as profundezas da sua miséria de dez anos atrás. Senti um nó na minha garganta enquanto observava a mulher sentada diante de mim encher lenços de papel com lágrimas e dor.

Quatro anos depois que ingressou nessa escola, Daisy recebeu o diagnóstico de autismo. "E sabe o que foi pior nisso tudo?", ela disse. "Cada uma das pessoas, cada médico, psicólogo, terapeuta, orientador ocupacional e cada pessoa do departamento de saúde mental, todos sempre me faziam a mesma pergunta: 'Você tem algum amigo?'" Esse era um lembrete constante e doloroso de que ela não tinha nenhum.

Todos nós queremos nos sentir aceitos, conectados. Meu maior medo sempre foi a solidão, mas eu não me importo de ficar algum tempo sozinha.

Nós vivemos em um mundo em que ser extrovertido é muito valorizado. Se você passa a noite de sábado em casa na companhia de um livro e de uma taça de vinho, deve haver algo de errado com você, certo? Mas há pessoas que adoram reservar um tempo só para si, e jamais se sentem sozinhas em sua própria companhia. Algumas pessoas não precisam interagir sempre com outras para se sentirem completas, e usam esse tempo para recarregar as baterias. Outras simplesmente adoram o seu próprio espaço.

Um amigo meu que é sociável me disse que se sente exausto depois de interagir com pessoas. Essa informação me espantou, porque ele tem uma personalidade absurdamente festeira.

"Eu adoro ter pessoas ao meu redor e passar um tempo com elas, mas não muito tempo", ele explicou. "Sou um sujeito caseiro. É em casa que me sinto mais à vontade."

Ficar sozinhas é exatamente o que algumas pessoas necessitam para o seu próprio bem-estar. Na verdade, todos nós precisamos disso de vez em quando. "É, fui ao banheiro sozinho pela primeira vez depois de meses", dizem os pais de primeira viagem. "Adoro tomar banho, porque eu posso fechar a porta e esquecer o mundo", diz alguém que quer fugir de intermináveis afazeres domésticos.

O sentimento de solidão está associado à saúde debilitada, mas a vida solitária como escolha está associada à boa saúde mental. A solidão por escolha permite que você se sinta centrado e íntegro. Somente em momentos de solidão você pode permitir a si mesmo os benefícios da reflexão, da contemplação e da criatividade. Às vezes você precisa apenas passar algum tempo sozinho para se conectar completamente com você mesmo.

Passar algum tempo sozinho pode ser uma escolha. O sentimento de solidão não é uma escolha. Quando as pessoas se sentem sós a vida parece vazia. Esse tipo de solidão leva as pessoas a acreditarem que não são amadas nem desejadas. E a melhor maneira de resolver esse problema aparentemente sem solução é olhar a sua volta e prestar atenção nas pessoas que talvez precisem de um pouco mais de conexão em suas vidas. Às vezes é necessário que você estenda a mão e faça contato. Às vezes é preciso perguntar: "Você quer uma companhia ou prefere ficar sozinho?".

Arthur e eu estendemos a mão um para o outro.

"Você acha que alguém vai perceber se eu desaparecer, querida?", Arthur me perguntou uma vez. "Quando eu morrer, o meu corpo vai ficar abandonado por dias?"

"De jeito nenhum", eu respondi. "Não vou deixar isso acontecer, Arthur!"

Muitos anos depois que conheci Andre, ele me enviou uma mensagem e me perguntou se eu gostaria de ir à sua formatura no conservatório de música.

Eu entrei no auditório e me sentei. Havia centenas de pessoas no lugar. Os estudantes diplomados se apresentaram de maneira brilhante e eu gostei; mas eu estava ali para ver uma pessoa, e apenas essa pessoa. Quando Andre subiu ao palco e se sentou ao piano, ele estava calmo e confiante — mas seu coque masculino ainda era uma massa de cabelo em desalinho.

O auditório todo silenciou quando Andre começou a tocar. A música começou lenta e profunda, e então tornou-se ligeira e alegre.

Vi um homem à minha esquerda tamborilando com o dedo em sua perna devagar, no ritmo da música, e a pessoa à minha direita batia o pé no chão dentro do ritmo. Então a música mudou e me fez esquecer as pessoas ao meu lado. Algumas vezes eu me sentia como se a forte correnteza de um rio me levasse, e outras vezes no silêncio refrescante de um poço d'água. Eu imaginava tudo isso enquanto Andre movimentava seus dedos nas teclas do piano de um lado para o outro. A música que ele havia composto e que agora executava era marcante e linda.

Lembrei-me de quando entrei na biblioteca do Trinity College em Dublin e vi o número de livros que havia lá. Como é possível que existam tantos livros e tão pouco tempo para lê-los? Também pensei na ocasião em que vi uma das pinturas de ninfeias de Monet; eu fui transportada para o seu jardim, tomada por uma sensação de calma e paz. Fui às lágrimas nesses dois momentos, transbordei de sentimentos de admiração, mas não conheci os escritores daqueles livros nem o pintor que me proporcionou tanto prazer.

Fechei os olhos e escutei a música de Andre. E então eu senti; meu coração se inflou, todos os pelos dos meus braços se arrepiaram, e lágrimas começaram a brotar dos meus olhos. Virei-me para o meu lado esquerdo e vi o homem ao meu lado secando uma lágrima em seu olho com o dedo. Voltei-me para a minha direita e vi lágrimas tranquilas e francas correndo pelo rosto da pessoa ao meu lado.

Ser sozinho e sentir-se sozinho são experiências diferentes para todos nós. Há pessoas que precisam de outras todos os dias e não gostam de ficar sozinhas. Também há aqueles que para se sentirem realizados precisam apenas de uma ou duas pessoas que pensam de modo parecido. E algumas pessoas, como Andre, gostam de ficar sozinhas, mas podem criar uma conexão com centenas de pessoas sem nem terem sido apresentadas a elas.

26

A equidna de Malik

"O supermercado *on-line* é a melhor coisa já inventada pelo homem", disse Malik. "Na verdade, todo o mercado de compras *on-line*! Você pode comprar de tudo sem jamais precisar falar com uma pessoa, muito menos ver uma!"

Malik era um prodígio do ciberespaço. Em sua sala havia vários monitores de computador, alguns com a tela rachada. Ele podia jogar em duas telas, ter um código de computador numa terceira e esquadrinhar a internet numa quarta, tudo isso ao mesmo tempo.

Malik era bonito, com os traços bem talhados como os de uma escultura de Michelangelo, mas ele não se via do modo como eu o via. "Eu sou feio" era como ele se descrevia. E a essa descrição seguia-se uma lista de outras críticas cruéis que ele fazia a si mesmo, entre as quais a de que era esquelético, fraco e inútil. E ele acreditava que as outras pessoas o viam dessa maneira também.

Malik morava sozinho e raramente saía de casa. Nunca fazia nem recebia ligações telefônicas; se não pudesse ser por mensagem de texto, nada feito. Não gostava de conversar com estranhos nem de ficar perto deles. Detestava ir a lojas e bancos; também odiava ficar sentado em uma sala de espera. Ele sempre me enviava uma mensagem de texto antes de aparecer para uma consulta, a fim de se assegurar de que não haveria mais ninguém no meu consultório quando ele chegasse. As pessoas faziam Malik suar nas palmas das mãos, e faziam suas pernas tremerem. Interações sociais o deixavam ansioso.

"Posso sentir as pessoas me avaliando, me examinando", ele me disse. "Odeio isso. As pessoas me examinam de cima a baixo e decidem se gostam de mim ou não nos primeiros sete segundos. É errado. Os seres humanos são tão críticos."

Não importava aonde ele fosse, Malik acreditava que as pessoas olhavam para ele com olhos de crítica. Ele imaginava que todas as pessoas que encontrava buscavam o pior que havia nele, e que elas viam apenas os seus defeitos e os seus erros. Ele pensava que todos se consideravam superiores a ele, e isso o fazia sentir-se insignificante. As pessoas faziam Malik se sentir mal a ponto de amedrontá-lo; o julgamento delas o apavorava.

Malik não gostava de gente, mas *amava* os animais. Ele era capaz de discorrer sobre todos os tipos de fatos relacionados a mamíferos, pássaros e répteis. Ele não gostava tanto assim de peixes e anfíbios, mas ainda era o cara que você iria querer na sua equipe num jogo de perguntas e respostas quando uma pergunta sobre animais surgisse. Ele era particularmente apaixonado por marsupiais australianos, e quando falava deles seu rosto se enchia de confiança.

"Eu gostaria de fazer um curso de resgate de animais selvagens um dia, para poder cuidar de animais nativos em casa", Malik me confidenciou certa vez durante uma de nossas conversas.

Eu quase caí da cadeira. Malik, o homem que detestava gente, estava disposto a se aproximar de pessoas se isso significasse que poderia passar mais tempo com animais.

"Eu também sempre quis fazer um desses cursos!", menti.

Na Austrália, estamos sempre cercados da mais fantástica vida animal, principalmente quem vive fora das grandes cidades, como eu e Malik. Às vezes as pessoas encontram um canguru pequeno ferido ou um martim-pescador com a asa quebrada na beira da estrada, mas a maioria delas não sabe como ajudar. Felizmente alguns amantes da natureza recebem treinamento como voluntários no resgate de animais selvagens, e são chamados para ajudar quando alguém encontra um animal doente ou ferido. Os membros dessas equipes de resgate levam os animais para casa a fim de tomarem conta deles.

Malik queria se tornar um resgatador. Esses cursos normalmente eram ministrados em finais de semana, e havia de vinte a trinta pessoas em cada curso. Eu adoro animais, mas não estava disposta a passar um fim de semana inteiro aprendendo sobre eles. Já as pessoas, por outro lado... Eu sempre estava disposta a estar com pessoas. Portanto, se Malik — que achava as pessoas enervantes — precisava de um parceiro, eu estava cem por cento nessa.

"Eu vou com você", disse a ele. "Vamos lá!"

*

Nós, humanos, precisamos desenvolver uma consciência do quanto podemos ser críticos. Nossas mentes são ligeiras para forjar pensamentos negativos e criticar. Lamentavelmente, o alvo do nosso julgamento negativo costuma ser… nós mesmos.

"Mencione três coisas excelentes em você" é um pedido que habitualmente faço aos jovens quando os encontro para terapia. As respostas que costumo ouvir são: "Sou muito bom em games". "Sou bom em futebol." "Sou ótimo em desenhar." Então tenho que reformular a pergunta. "Essas são três coisas *em que você é bom*", eu observo. "E quais são as três coisas que são boas em você?"

Trata-se de uma pergunta difícil para qualquer um responder. A maioria de nós não gosta de se gabar. A primeira coisa que eu ouço da boca de um jovem raramente é "Sou gentil", "Tenho um grande senso de humor" ou "Sou criativo". Mas eles sempre podem citar seus pontos negativos: "Sou um perdedor". "Não sou bonito." "Sou burro."

Insegurança e autocrítica são normais na vida, desde que aconteçam ocasionalmente; mas depreciar-se constantemente tem impacto sério na autoconfiança e na saúde mental. Isso pode causar depressão, dificuldades nos relacionamentos e problemas de aparência corporal. Todos nós temos solilóquios negativos, mas também devemos ser sinceros quanto aos nossos pontos fortes. Ser capaz de reconhecer o seu valor é essencial para a sua autoestima.

Um dia desses estava passeando com a minha sobrinha de catorze anos pelo shopping, e passamos por um grupo de adolescentes. Eu percebi que os ombros dela se arquearam ligeiramente quando ela desviou o olhar deles. Isso me fez lembrar imediatamente de toda a timidez dos meus catorze anos de idade. Nessa idade nós pensamos que outros jovens estão olhando para nós, avaliando-nos e julgando-nos. Ser adolescente é terrível.

Durante a adolescência e a puberdade, nós passamos por mudanças radicais. Os primeiros três anos de vida são o único outro momento em que os nossos corpos, cérebros e nosso desenvolvimento social e emocional sofrem mudanças tão extremas. Os adolescentes têm de administrar as mudanças físicas: as dores cada vez maiores de ossos se alongando e se ampliando, a mudança de voz ou o aparecimento dos seios, e todos aqueles pelos! Adolescentes se olham muito no espelho, perguntando-se de quem é o corpo refletido. Porém, isso é apenas o começo. O cérebro de um adolescente é realinhado; lembranças são fragmentadas, a lógica é posta para correr, e a impulsividade vai às alturas. O cérebro é uma colmeia de hormônios e emoções turbulentas. A adolescência é um tempo confuso, problemático e louco, cheio de insegurança e ansiedade; nessa fase da vida os adolescentes analisam e criticam os seus próprios corpos em transformação, e se comparam constantemente com outros numa tentativa desesperada de se enturmarem. A angústia adolescente é real.

Esse tipo de ansiedade social é um componente natural do amadurecimento, e a maioria de nós supera isso. À medida que envelhecemos, nós podemos nos importar bastante com o que os outros pensam, mas nós nos conscientizamos de que nem todas as pessoas em nossas interações cotidianas estão pensando em nós e nos julgando. E por que estariam? Elas já estão bastante ocupadas pensando nos próprios problemas.

Não importa quão confiante ou segura de si uma pessoa seja, ainda assim haverá momentos em que ela temerá o julgamento dos outros. Falar em público, por exemplo, é um medo que quase todos têm.

Eu falo bastante em público. Apresento-me em conferências, conduzo treinamentos e dou entrevistas na mídia, e ainda assim fico nervosa sempre que tenho de aparecer na frente de uma multidão. Tenho de fazer xixi diversas vezes na meia hora que antecede o evento, e fico com a boca seca o tempo todo. E a minha mente se fixa em tudo o que é negativo: *E se eu fizer papel de boba? Será que não vão me achar inteligente? Será que alguém vai se interessar pelas coisas que tenho a dizer? E se pensarem que eu sou completamente incompetente?* (Sim, a síndrome do impostor cala fundo). Pensamentos como esses fazem as minhas pernas bambearem e a minha língua ficar pastosa bem quando eu preciso articular as palavras com clareza.

Isso é o que a ansiedade social faz. Ela prega peças no cérebro. Ela nos leva a procurar falhas em nós mesmos, e nós invariavelmente acreditamos que todas as pessoas estão enxergando os mesmos pontos negativos que vemos em nós mesmos. Nós tememos o fracasso e nos convencemos de que os outros pensam que estamos fracassando. Acreditamos que não estamos à altura dos padrões dos outros, que não somos bons o bastante, ou que somos um tédio. E quando temos esse tipo de pensamento nós tropeçamos nas palavras, e as anotações em nossas mãos começam a tremer. Nós essencialmente somos apanhados na armadilha da profecia autorrealizável, assim nos tornamos os piores críticos de nós mesmos, e perdemos toda a nossa confiança.

Para muitas pessoas neurodivergentes, a percepção de que estão sendo especificamente avaliadas por todos pode perdurar por toda a vida. As pessoas neurotípicas em sua maioria acabam compreendendo que não estão sendo avaliadas a fundo por aqueles que elas encontram nas suas rápidas interações do dia a dia; porém, algumas pessoas autistas não entendem isso. A ansiedade social pode se basear na percepção de que os outros estão pensando em você e julgando-o o tempo *todo*.

Savanna aparentava ser uma jovem confiante e extrovertida, mas sempre duvidava de si mesma. Aos dezoito anos de idade, ela se vestia como uma personagem de série de anime, com saia curta, botas longas e meias até a altura dos joelhos. Ela se alegrava com facilidade, e tinha propensão a soltar gritinhos agudos. Adorava uma festa. Não era óbvio que Savanna sofria de ansiedade social, mas embora ela gostasse muito da companhia das pessoas, isso envolvia um ímpeto furioso e constante de autoavaliação.

"Eu estou falando demais? Será que vão me achar exagerada? Eles querem que eu cale a boca? Eles devem me achar superchata e não gostam de mim de verdade!", Savanna divagava. Ela podia ter todos esses pensamentos mesmo no meio de uma conversa. "Mas quando eu fico ansiosa e esses pensamentos surgem, eu simplesmente falo ainda mais!"

Todos achavam Savanna muito engraçada — todos, exceto a própria Savanna. Nós costumamos pensar que as pessoas sociáveis são confiantes em todas as situações, mas às vezes elas são "alegradoras de gente" desesperadas por aprovação.

Savanna falava alto e pelos cotovelos para tentar disfarçar o seu medo do julgamento alheio, mas Neela se esforçava para jamais falar com absolutamente ninguém. Neela havia passado a maior parte da sua vida lutando contra a ansiedade social. Com trinta anos de idade, Neela ainda achava um pesadelo andar em lugares públicos, por isso usava sempre um único fone de ouvido.

"Preciso escutar música quando saio", ela explicou. "Isso me acalma e me distrai. Mas usar dois fones de ouvido me deixa louca. Eu preciso deixar um ouvido livre, porque as pessoas podem estar falando de mim."

Neela era insegura. Ela se curvou e manteve os olhos voltados para baixo. Se pudesse, ela se misturaria à paisagem para não ser vista. Ela se afligia com o que os outros pensavam sobre o seu modo de vestir, sobre o seu corte de cabelo e sobre o seu modo de caminhar. Ela acreditava que todos, inclusive eu, a encaravam e pensavam coisas negativas a seu respeito.

"Por que você está me julgando?", Neela disse quando chegou ao meu consultório certo dia. "Quando eu entrei você me olhou de cima a baixo!"

"Não foi julgamento, Neela", eu expliquei. "Foi inveja. Eu estava pensando *Que roupa legal*. Eu queria ter um suéter assim."

A ansiedade social de Neela era paralisante. Ela fazia um grande esforço sempre que tinha de falar com alguém, e nunca se manifestava se houvesse algo errado. "Se eu saísse com a minha família e eles pedissem para mim um hambúrguer, mas o garçom trouxesse nachos, eu simplesmente comeria os nachos", ela contou. "Eu jamais faria uma reclamação a um garçom, não pediria nem mesmo açúcar para o meu café. Eu simplesmente não pediria. Eles pensariam que sou uma reclamona ou uma tonta por pedir a coisa errada."

A tensão decorrente de ser julgado, de sentir-se envergonhado ou de ser alvo de risos e chacota pode ser séria a ponto de causar palpitações no coração ou espasmos estomacais. Parece mais fácil apenas ficar em casa, não é? É dessa maneira que muitas pessoas autistas enfrentam o mundo. A ansiedade social pode impedir as pessoas de irem à escola, ao trabalho e a restaurantes, e pode até mesmo impedi-las de comer diante de outras pessoas. Pode impedir as pessoas de entrarem numa sala na qual alguém já esteja sentado, e até de levantarem a mão para pedirem ajuda.

Nossa autoestima não se beneficiaria se nós pudéssemos deter a autocrítica negativa e nos enxergar como sendo tão fortes, inteligentes, valiosos e belos que devíamos ter sido esculpidos em pedra por Michelangelo? E não seria maravilhoso se, em vez de acreditarmos que as pessoas estão pensando as piores coisas sobre nós, acreditássemos que todos nos olham com uma consideração definitivamente positiva?

Da próxima vez que um daqueles pensamentos negativos passar por sua cabeça — dizendo que você não é atraente; não é forte e não é bom o suficiente, vai fracassar ou vai fazer um completo papel de bobo —, lembre-se de que quase todos ao seu redor pensam a mesma coisa de si próprios.

*

Antes que Malik e eu entrássemos no curso de resgate de animais selvagens, liguei para os organizadores e lhes fiz mil perguntas para poder avaliar as expectativas para o fim de semana.

Nós teríamos de fazer alguma apresentação? Ficaríamos em grupos grandes ou pequenos? Malik e eu poderíamos trabalhar juntos? A avaliação seria escrita ou oral? Faríamos algum tipo de prova? Teríamos algum tipo de *feedback*?

No sábado, fui apanhar Malik às oito da manhã. Eu estava preocupada. Ele ficaria bem? Será que ele conseguiria superar a primeira hora? O primeiro dia? Todo o fim de semana? Malik se martirizou a viagem inteira: "Não tenho inteligência o bastante para fazer isso. Estou usando a camisa errada. Vou dizer alguma coisa estúpida. Não vou conseguir chegar até o fim. Todos vão me odiar".

Nas primeiras horas de curso, Malik e eu ficamos juntos, praticamente grudados. Eu não podia dar dois passos sem que Malik me acompanhasse dando também dois passos. Ele não se apresentou quando nós andamos pela sala, então eu fiz isso por ele. Malik manteve a cabeça abaixada, e secava as mãos na calça jeans.

Para a minha total surpresa, cerca de três horas depois que chegamos, sentados em uma sala com vinte e seis pessoas novas, Malik levantou a mão.

"Então quer dizer que, se nós virmos um canguru morto na lateral da estrada, devemos verificar dentro da sua bolsa para ver se há um filhote lá?", Malik perguntou.

"Sim", respondeu o instrutor.

"E se estiver amamentando nós decepamos a teta, porque um filhote sem pelos está permanentemente ligado à teta?"

"Sim."

No intervalo, Malik conversou com várias pessoas sobre resgates de filhotes de canguru. Ele explicou que bebês cangurus nascem com cerca de dois centímetros e meio, e então escalam às cegas o pelo da mãe até a bolsa, onde ficam durante no mínimo seis meses. (Esses marsupiais não são o máximo?) Malik explicou também que cangurus são mães perpétuas, e produzem dois tipos diferentes de leite ao mesmo tempo: um para um pequenino filhote crescendo dentro da bolsa e outro para um filhote que deixou a bolsa, mas ainda mama. Malik era o centro das atenções, e as pessoas em torno dele faziam que sim com a cabeça e o escutavam.

"Tudo bem com você, Malik?", perguntei depois do intervalo.

"Sim", ele disse. "Todas essas pessoas só pensam nos animais! Elas não estão pensando coisas sobre mim, não mesmo."

Ele participou das atividades durante todo o fim de semana. Falou aos outros participantes sobre cobras-negras-de-barriga-vermelha, morcegos frugívoros e petauros-do-açúcar. Falou também sobre lagartos-de-língua-azul, ornitorrincos e tamanduás. Ele se ofereceu como voluntário quando o professor precisou de alguém, e foi o primeiro a demonstrar técnicas de resgate — diante da classe inteira.

Malik e eu completamos o curso. Eu me saí como uma péssima salvadora de animais, e tive de pedir que me retirassem da lista de contatos de voluntários. Não sou responsável o suficiente para ter em minha casa um bebê vombate ou uma pega doente. Tive de confessar a eles que eu não era nada além de uma pessoa sociável.

No entanto, Malik brilhou, e muito. A equipe de resgate aprendeu a enviar-lhe mensagens de texto em vez de telefonar. Ele viajava por toda parte e mostrava a sua carteira de integrante da Equipe de Resgate de Animais Selvagens a estrangeiros que entravam em contato para notificar sobre um animal ferido. Malik tinha de falar com todos os tipos de pessoas e registrar detalhes a respeito dos animais feridos. Depois ele levava as criaturas para casa e cuidava delas.

"Quer dizer então que as equidnas são desconfiadas?", Malik perguntou ao nosso professor de roupa cáqui. "E que se você se aproximar de uma equidna ela vai se enrolar como uma bola e deixar apenas os espinhos à mostra?"

"Sim."

"Ou vai se enfiar em um buraco e se refugiar lá para evitar contato?"

"Sim."

Malik voltou-se para mim e disse baixinho: "Eu sou uma equidna!".

Eu sorri e pensei: *Um pouco, talvez. Mas mesmo que você se veja como alguém estranho e cheio de espinhos pontiagudos, todo mundo acha você fascinante.*

27

A porta de Pete

Pete me chamava de buldogue, e eu tomei isso como um grande elogio.

Em seu antebraço, Pete tinha uma grande tatuagem de uma águia lançando-se sobre a sua presa. Ele tinha ombros largos, ostentava uma barba descuidada e tinha um longo rabo de cavalo. Ele era uma das pessoas mais instruídas que eu já havia conhecido; podia discorrer sobre filosofia, sociologia e antropologia por horas a fio. Seu conhecimento era vasto, mas havia poucas pessoas em sua vida com as quais ele podia compartilhar esse conhecimento.

Na casa dos vinte anos, Pete se afastou de todos os serviços de apoio a pessoas com deficiência disponíveis — não que se pudesse notar alguma deficiência nele de imediato. À primeira vista, Pete não parecia precisar de muito apoio, mas ele sempre teve problemas. Ele frequentou escolas de ensino regular, mas tinha poucos amigos e costumava entrar em conflito com o sistema escolar. Durante os seus anos escolares, ele era considerado rebelde, indolente e confrontador. Em consequência disso, ele não durou muito num ambiente preparado para uma maioria neurotípica, e foi suspenso diversas vezes até desistir de vez.

Pete podia dirigir um carro, cozinhar, limpar e economizar. Ele morava em casa com a sua mãe, e não tinha nenhuma intenção de se mudar nem de conseguir um emprego.

"De que adianta trabalhar a vida inteira e depois morrer?", Pete disse ao coordenador do centro de recursos de emprego que estava avaliando a empregabilidade de Pete. No passado, Pete até havia tentado trabalhar, mas não obteve sucesso. Sempre que tinha uma entrevista de emprego em um novo local de trabalho, ele invariavelmente sabia mais sobre o trabalho do que o chefe, e não escondia isso. Pete não acreditava em sistemas hierárquicos de gerenciamento, nem se dispunha a seguir as orientações de um superior.

Pete acreditava que as pessoas em sua maioria eram inconsequentes ou hipócritas. Se alguém transgredisse o código moral de Pete, não fosse inteligente o suficiente ou não fizesse exatamente o que tinha dito que faria, Pete cortava relações — para sempre. Pete não hesitava em abandonar pessoas, serviços e apoios. "Não" era a sua resposta a qualquer recomendação de serviço.

Quando eu conheci Pete, ele não saía de casa havia meses. Ele tinha contato com os seus parentes mais próximos e com outros com quem jogava *on-line*, mas com ninguém mais. Pete ficava em seu quarto o dia inteiro e estava totalmente desconectado do mundo exterior. Sua mãe marcava consultas para ele com pessoas como eu, mas ele não ia a essas consultas. Recusava-se a sair de casa. Não saía nem mesmo da cama.

Então eu fui até ele.

Na primeira visita que fiz a Pete, ele estava em seu quarto e fingia dormir. Fiquei na casa durante uma hora, tempo de duração de uma sessão de terapia, e me sentei com a família dele. Bati na porta do seu quarto duas vezes naquele dia, uma vez para dizer que eu estava lá e outra antes de ir embora, mas antes de ir eu disse que voltaria toda semana.

"Só queria que você soubesse", eu disse. "Vou continuar voltando."

E eu voltei, semana após semana. Eu sabia que Pete se interessava por mitologia grega e romana, por isso eu bati na porta do seu quarto, sentei-me no chão bem diante da porta e li em voz alta as lendas dos deuses. Às veze ele gritava comigo, me xingava e me mandava dar o fora. Às vezes ele não dizia absolutamente nada; do outro lado daquela porta, eu não fazia ideia se ele estava ouvindo ou dormindo.

Depois de quase quatro meses de visitas semanais, sentada no chão e falando sozinha, eu cheguei um dia e quase caí para trás quando o vi acordado, vestido e na sala de estar.

"Eu nunca pensei que encontraria alguém mais teimoso que eu", ele disse. "Você não desiste mesmo, não é?"

O que é confiança?

> *Nunca pensei a respeito. Apenas sei que está lá.*
> *Você simplesmente sabe em quem pode ou não confiar!*
> *É questão de acreditar e ter fé, mas também está relacionada à esperança.*

A confiança é muito importante para todos nós. Acredita-se que seja um dos componentes centrais de um relacionamento; se isso for verdade, por que é tão difícil definir exatamente o que é?

Eu tenho uma forte tendência a confiar; acredito na bondade genuína das pessoas. Deixo minha casa destrancada (não conte à agência de seguros) e estranhos são bem-vindos nela, mesmo quando não estou lá. Depois que o meu carro foi arrombado, comecei a deixá-lo destrancado também. Pus vinte dólares num envelope sobre o console e escrevi nele: "Não há nada de valor neste carro para ser levado, mas se você precisar de algo, pegue aqui esses vinte mangos e boa sorte". Curiosamente, ninguém levou o envelope nem arrombou o meu carro outra vez.

Minha mãe me dizia que eu confio com muita facilidade. Quando eu tinha nove anos de idade, meu irmão e eu tivemos permissão para nos sentarmos do lado de fora de uma loja de departamentos na pequena cidade onde vivíamos, enquanto minha mãe fazia compras. Nós nos sentamos num banco e batemos papo com um idoso. Era um senhor legal, e ele nos contou coisas da sua vida.

Quando a minha mãe deixou a loja, as primeiras palavras que saíram da boca do meu irmão foram "Mamãeeeeeee, a Jodi beijou um velho!". E era verdade, eu tinha beijado. O rosto enrugado dele me entristeceu; então, quando ele disse "Tenho de ir embora, me dê um beijo", eu franzi os lábios e beijei a velha bochecha flácida dele.

Naquela noite, nós tivemos uma boa conversa. Não foi uma conversa inflamada, só uma conversa do tipo "isso é sério, vamos para o seu quarto para falar sobre isso em particular".

"Jodi, você não tem que fazer o que as pessoas pedem para você fazer, principalmente estranhos!", minha mãe disse. "Nós não beijamos pessoas que não conhecemos. Não confiamos nas pessoas até conhecê-las."

Eu precisei que me lembrassem disso durante a maior parte da minha vida. Mas eu confio com facilidade, e acredito que a maioria de nós *é* confiável, talvez porque raras vezes tive motivo para duvidar disso; com relação a isso, eu sou uma pessoa de muita sorte.

Por outro lado, vi pessoas que amo perderem a confiança. Já vi pessoas de quem gosto muito serem traídas, e vi sua confiança na humanidade ser destruída. Vi amigos meus serem enganados, terem os seus segredos revelados e serem abandonados por "amigos" leais.

"Quando a confiança é quebrada, é quase impossível recuperá-la", uma amiga me disse. "Você se torna desconfiada, defensiva, cautelosa. Você toma muito cuidado com cada passo que vai dar." Ela levantou as duas mãos e me mostrou seus dez dedos. "Eu posso contar nos dedos das mãos o número de pessoas em quem confio."

Silas só podia contar em dois dedos — representando seus pais — o número de pessoas em quem confiava. Ele era um nerd da física. Eu raramente entendia alguma coisa do que ele dizia em suas consultas, e qualquer conversa sobre física não era de fato uma conversa. Silas dava explicações sobre termodinâmica, ondas eletromagnéticas e campos gravitacionais, e o meu cérebro chegava a doer na tentativa de entender o que ele dizia. Silas foi encaminhado a mim para que eu o ajudasse a desenvolver habilidades de relacionamento, mas alguém havia se equivocado quanto ao que Silas desejava. A verdade era que ele não tinha o menor interesse em fazer amigos.

"Eu gosto de coisas coerentes, coisas confiáveis", foi a explicação que Silas me deu. "As pessoas são variáveis estranhas e, assim como na ciência, essas variáveis são confusas."

Silas estava certo. As pessoas não se enquadram num grupo de controle perfeito. Todas elas têm alterações de humor e tipos de personalidade, e podem ser temperamentais e volúveis às vezes, mas a maioria de nós gravita ao redor de pessoas estáveis e dignas de confiança.

Quando você confia em alguém, é porque essa pessoa mereceu sua confiança. Não confiamos nas pessoas sem mais nem menos (embora algumas pessoas possam pensar que eu seja um tanto complacente nessa área); nós as observamos e avaliamos a coerência do seu comportamento. Não usamos uma balança de banheiro que aumenta ou diminui cinco quilos do nosso peso de um dia para o outro, e todos nós queremos um carro confiável, que nos leve do ponto A para o ponto B. O mesmo ocorre com as pessoas. Nós nos sentimos tranquilos e seguros quando sabemos que uma pessoa cumprirá o que nos prometeu. Como Silas se queixou para mim, as pessoas dizem muitas coisas, mas acabam não cumprindo o que dizem.

"Vi as pessoas agirem assim a minha vida inteira", ele comentou. "Quando eu era criança, alguém dizia 'Nós vamos ao parque amanhã depois da escola', e eu ficava pensando nisso o dia inteiro — e no final nós não íamos. Ou alguém dizia 'Ei, quero que você vá à minha festa de aniversário', mas depois eu não recebia nenhum convite. E os adultos são os piores. Quantas pessoas prometeram manter contato e depois não cumpriram essa promessa? São palavras vazias e nada mais."

Pense em quantas vezes você já disse a uma pessoa "Nós temos de colocar a conversa em dia! Vou lhe mandar uma mensagem de texto", e então, quando você menos espera, dá de cara com essa pessoa novamente e se dá conta de que não lhe mandou nenhuma mensagem nem telefonou para ela — e vice-versa. Nós compreendemos que a vida às vezes atrapalha nesses momentos, e não julgamos uns aos outros por não irmos até o fim com nossas amáveis intenções. Para Silas, porém, as coisas não são tão fáceis assim.

"Eu estabeleci um processo de triagem", Silas disse. "Quando as pessoas quebram uma promessa, eu não as quero mais na minha vida. As pessoas não deviam fazer promessas que não podem cumprir."

Uma das maiores promessas que você pode fazer é a de que manterá um segredo. É um nível altíssimo de confiança entre duas pessoas. Em minha vida pessoal, quando alguém diz "Por favor, não diga isso a ninguém" ou "Por favor, que isso fique só entre nós", isso se torna informação confidencial. Muitas vezes, porém, nem é necessário pedir sigilo. Muitas vezes, o peso e a emoção de uma história nos diz: "Isso é muito íntimo, é só meu, e eu compartilho com você porque confio em você".

Mas nem todos os segredos podem ser guardados. No primeiro encontro com algum novo cliente, deixo isso bem claro. No meu trabalho, a confidencialidade tem a mais alta importância, mas eu sou ética e legalmente obrigada a quebrar a regra de não revelar segredos se uma pessoa indica que pode causar dano a si mesma ou a outras pessoas.

Depois que esclareço esse ponto, asseguro sem deixar dúvida que para qualquer outra situação os meus lábios estarão selados. Tudo o mais que for compartilhado comigo será guardado a sete chaves.

Ainda que prometa a uma pessoa que ela pode confiar em você e lhe revelar seus segredos, e mesmo que ela acredite, ainda assim pode ser muito difícil para essa pessoa falar sobre coisas que são dolorosas demais para ela. Por mais que confie em alguém, revelar o seu eu mais profundo pode deixá-lo vulnerável.

Existem partes suas que você jamais compartilhou com alguém? Seus segredos mais profundos e sombrios? Uma história do seu passado? Algo de que você se arrependa, que lhe cause vergonha ou faça-o sentir culpa? Seus pensamentos de desesperança ou seus medos? Todos temos pensamentos sobre o passado, o presente e o futuro que guardamos numa caixa lacrada e enterramos o mais profundamente que podemos dentro de nós mesmos. Enterramos esses pensamentos o mais fundo possível para que não tenhamos de experimentá-los, refletir a respeito deles ou enfrentá-los. É tão difícil sermos abertos e honestos com nós mesmos, então como poderemos compartilhar a nossa verdade com os outros?

Pessoas diferentes têm relacionamentos de confiança diferentes. A confiança não é igual para todos.

Ao trabalhar com pessoas neurodivergentes, percebi que é de extrema importância que os relacionamentos estejam de acordo com os seus termos e dentro do seu prazo, e que elas sejam capazes de se expressar de sua própria maneira. Algumas pessoas podem falar muito pouco quando estão cara a cara, mas então enviam um longo e-mail ou uma mensagem de texto com reflexões e divagações profundas, e coisas que não podem ser reveladas pessoalmente. A palavra escrita lhes permite comunicar seus segredos de uma maneira que não é possível fazer em pessoa.

As palavras escritas nas páginas podem ser:

> *Sempre que vou ver você, na noite anterior eu penso, deitado na cama, Amanhã eu vou dizer a ela. Mas quando nos encontramos, as palavras ficam presas na minha garganta... mas a verdade é que...*

Ou:

> *Eu simplesmente sinto que ainda não posso falar com você a respeito disso. É um assunto realmente indigesto, eu acho, e muito, muito íntimo — eu já fico constrangido só de pensar.*

Ou:

> *Eu preciso contar uma coisa, é uma espécie de confissão, algo que me deixa envergonhado praticamente desde a ocasião em que nos conhecemos. Quero lhe contar, mas não posso, porque se eu disser não haverá como voltar atrás.*

É preciso ter muita coragem para enfrentar os nossos demônios em voz alta. Alguns dos meus clientes gostam da "explosão dos últimos cinco minutos".

De quarenta e cinco a cinquenta minutos de sessão acontece a interação cômoda comum, ou muitas respostas do tipo "eu não sei" a perguntas; e de repente, *bum* — cinco minutos antes do final de uma sessão, a vulnerabilidade da ferida, da dor e da confusão cai como um copo no chão. Esses momentos são difíceis para mim. Leva mais de cinco minutos para juntar cacos e lascas em uma pilha organizada, e como colar novamente os cacos de vidro? Mas eu também entendo a coragem que essas pessoas precisaram ter para se manifestar, e o tormento que devem ter experimentado decidindo se deveriam ou não contar seu segredo em voz alta. Sempre reconheci essa coragem. Mostrar vulnerabilidade é o ato mais destemido de todos.

A confiança é essencial nos relacionamentos, e ser coerente, sincero, paciente e guardar segredos são características essenciais para construir um relacionamento. Todos nós queremos em nossas vidas pessoas que nos apoiem, com as quais possamos contar e nas quais possamos confiar; pessoas que dizem: "Vou proteger você, não vou decepcioná-lo, estou aqui se precisar, pode confiar em mim". Quando temos conosco pessoas assim, nós as seguramos com força. A confiança se constrói devagar, tijolo após tijolo, e assim essa confiança será o cimento que nos manterá juntos.

*

Pete e eu nos mantivemos unidos graças à confiança. Pete deixou o seu quarto e depois a sua casa, e com o tempo começou a ir ao meu consultório. Ao longo dos anos, Pete continuou abrindo as suas portas cada vez mais.

"Não confio nas pessoas de jeito nenhum", ele me disse. "Nunca confiei. As pessoas dizem que você deve dar a elas o benefício da dúvida, não é? Bem, eu sempre tenho dúvidas." Pete argumentou que era bem mais fácil evitar as pessoas do que se decepcionar, por isso ele as afastava de vez. "É muito mais fácil dessa maneira: assim ninguém mais pode te decepcionar."

"Então por que você deu *a mim* o benefício da dúvida?", indaguei. "Por que finalmente saiu do seu quarto?"

"Porque você continuou voltando lá." Ele riu. "Continuou aparecendo lá, semana após semana. Eu percebi que quando você disse 'Vou continuar voltando' você falava sério. Você foi tão persistente."

"E quanto tempo você levou para começar a confiar em mim? Quanto tempo você levou para sentir que poderia me dizer absolutamente tudo?"

"Três anos. A confiança é como Roma, Jodi: não foi feita em um dia."

Relembrei os primeiros meses sentada no chão do lado de fora da porta fechada de Pete, lendo para ele histórias da mitologia romana. Era uma espécie de declaração semanal para avisar "Estou aqui". As portas podem ficar emperradas; podem ficar desalinhadas e suas dobradiças podem ceder. Elas precisam de uma estrutura de apoio sólida e reconfortante para que possam ser abertas. Mais ou menos como as pessoas.

28

Os ovos de Imogen

Imogen adorava ovos. Não fritos, nem mexidos, nem *poché*; o que a atraía não era o gosto deles nem a textura em sua boca. Ela adorava a sensação de ter os ovos entre os seus dedos. Ovos crus. É uma sensação incrível. Suave e reconfortante, escorregadio e pegajoso — e tão sensorial.

Nós tentamos descobrir maneiras de nos conectarmos com os nossos filhos. Nós brincamos com eles, lemos para eles e os abraçamos. Queremos ver os nossos filhos felizes. Mas quando o seu filho é diferente — quando o seu filho se esquiva de um abraço, não consegue ficar parado para ouvir uma história e não tem interesse em brincar com brinquedos —, você busca coisas que ambos adoram, e torce para que elas os aproximem um do outro e os unam. Portanto, assim como ovos dão liga e firmeza ao bolo, a mãe de Imogen usava ovos para que mãe e filha se mantivessem ligadas.

"Eu acreditava que isso nos ajudaria a desenvolver um interesse semelhante", disse-me a mãe de Imogen. "Eu pensei que se nós pudéssemos fazer algo juntas, uma coisa bem pequena que fosse, isso construiria o nosso relacionamento."

Desse modo, a mãe de Imogen ensinou a filha de seis anos de idade a cozinhar. Elas ficaram juntas na ilha da cozinha, lado a lado, e prepararam uma mistura — um bolo de chocolate, um pão de ló ou alguns biscoitos. Juntas, elas peneiravam a farinha, mediam o açúcar e despejavam o leite. E então vieram os ovos.

A mãe de Imogen deu os ovos à menina para que ela os quebrasse, mas para Imogen os ovos não eram parte do bolo. Não estavam destinados a serem misturados com os outros ingredientes — estavam ali para se desmancharem entre os seus dedos. Imogen encontrou algo de extraordinário nos ovos. Eles pareciam ser a própria *felicidade*.

E assim começou a Guerra dos Ovos.

No início, a obsessão de Imogen por ovos era irritante. Sempre que surgia uma chance ela ia até a geladeira, abria a porta e vasculhava as prateleiras em busca da coisa de que gostava mais do que tudo. Quando encontrava os ovos, ela os quebrava no chão da cozinha e esfregava as mãos naquela calma tranquilizante. Não se tratava de um ovo apenas; um nunca era o bastante. Imogen apanhava quantos ovos conseguisse com as mãos. Ela quebrava a casca, deixava-a de lado e depois deslizava as mãos, os braços, o corpo inteiro na bagunça sobre o chão. Para a família, isso era um problema. (Afinal, eles acabaram andando em *muitos* ovos.)

Os pais de Imogen trabalhavam em casa. Ambos ficavam atentos ao som da porta da geladeira se abrindo. Isso gerou uma resposta pavloviana: eles corriam até a cozinha. Às vezes, os pais de Imogen não eram rápidos o suficiente para impedir que a garota esmagasse os ovos no chão. "Mas eu parava no mesmo instante qualquer coisa que estivesse fazendo e saía correndo", contou-me a mãe de Imogen.

Certo dia, quando lidava com uma planilha de Excel particularmente trabalhosa, a mãe de Imogen ouviu a porta da geladeira se abrir. E não conseguiu pensar em mais nada a não ser nos *ovos*.

Ela correu para a cozinha, e lá estava Imogen. Mas a menina não havia tocado em nada na geladeira; apenas segurava a porta aberta. Imogen foi até a mãe e pegou-a pela mão.

A porta da geladeira havia se tornado um atalho para: *Ei, mamãe, eu preciso de você. Ei, mamãe, preciso de ajuda. Ei, mamãe, veja o que eu fiz!*

Ei, mamãe, os ovos não têm nada a ver com isso. Ei, mamãe, eu aprendi uma coisa nova. Ei, mamãe, aprendi que a porta da geladeira traz você para mim. Ei, mamãe, a porta da geladeira nos conecta.

Algumas pessoas podem não expressar suas emoções com clareza; outras podem não gostar de ser abraçadas ou de olhar as pessoas nos olhos. Algumas podem falar uma linguagem diferente, imitar o som de palavras, fazer a mesma pergunta várias e várias vezes, ou usar gestos diferentes. Algumas pessoas podem fazer contato enviando mais de três mensagens de texto, ou podem se esconder atrás de portas, ou andar de um lado para o outro, ou girar, ou esticar as mãos. E existem aquelas que despejam informações sobre fechaduras e chaves, lambem o braço dos outros, esmagam um ovo ou abrem uma geladeira apenas para dizer *Fique comigo*.

Todos nós somos *humanidade*, e precisamos estar à altura do desafio de torná-la predominantemente boa. Todos nós queremos conexão. Queremos ser aceitos. Nós tentamos conquistar essa aceitação de todas as maneiras possíveis. Às vezes, nossas tentativas são desajeitadas ou estranhas, até mesmo dolorosas de vez em quando, mas ainda assim tentamos. Precisamos abrir nossas mentes e corações para os inúmeros modos que temos de nos relacionarmos uns com os outros. É no reconhecimento e na celebração das nossas diferenças únicas que a conexão e o pertencimento são construídos.

Portanto, na próxima vez que você se pegar observando um campo de trevos, lembre-se de que sempre é possível encontrar trevos-de-quatro-folhas; basta acreditar no esplendor da diversidade. E abrir os seus olhos para ver.

Agradecimentos

Escrever um livro foi uma das experiências mais desafiadoras e mais gratificantes da minha vida. Acreditava que escrever fosse uma atividade solitária, mas isso está longe de ser verdade. Escrever um livro exige a participação de uma equipe de pessoas que lhe dão apoio, transformam as suas palavras num livro e transformam você num escritor.

Tracy Behar, a mais brilhante das editoras. Quando eu a conheci, você — segurando um livro imaginário nas mãos — me fez acreditar que isto seria possível. Não tenho palavras para lhe agradecer por ter ouvido tão claramente a minha voz, por sua orientação e apoio. Para sempre lhe serei grata.

Georgia Frances King, minha agente que se tornou editora-assistente e que se tornou minha amiga. Você começou isto! Quando você me ligou e eu lhe disse "Eu não sou escritora", você respondeu "Faça uma tentativa". Este livro não existiria sem você. Meu apreço por você é tão grande que eu nem sei como expressá-lo. Jane von Mehren, agente extraordinária. Por todo o planeta e em todos os fusos horários, você tem sido uma fonte constante de sabedoria. Obrigada por me incentivar e por mudar a minha vida. Existem momentos que as pessoas guardam consigo para sempre. Para mim, um desses momentos foi quando, por pura descrença minha, vocês duas choraram porque eu chorei.

Para a equipe da Little, Brown Spark: obrigada a todos pelo incansável trabalho no livro. Quando pus os olhos na linda capa, meu primeiro pensamento foi *Como é possível que eles me conheçam tão bem?* Ficou perfeita. E para o sobrinho de Julianna: espero que a sua coleção de trevos encha para sempre a sua vida de magia e aventura.

Sou grata a Nathaniel (Nate) Glanzman, do Writing Diversely, por sua leitura inteligente e *feedback* sagaz através das lentes da sua experiência.

Para a equipe da Northern Pictures, particularmente Cian, Jenni e Karina. Mesmo que vocês não cuidem de cabelos nem de maquiagem, é difícil encontrar palavras para lhes agradecer pela incrível experiência de *Amor no Espectro*.

Obrigada, Mike, porque você é a pessoa em quem eu mais confio para ler este livro primeiro. Você suportou a minha vulnerabilidade, mas também não poupou críticas quando foi necessário. Eu não poderia enfrentar os últimos anos sem você… em todas as áreas! Eu sou muito, muito grata.

Janice, obrigada pelas caminhadas e mergulhos matinais, e por sua refinada crítica construtiva. Você é uma salva-vidas. Sharmi e Sharon, sou grata a vocês por me ouvirem ler em voz alta; isso é sempre terrível, mas vocês ouviram mesmo assim. Isso é por si só um verdadeiro reflexo da nossa amizade. Jen, obrigada por me ajudar a manter os pés no chão e abrir minhas guelras. Vocês são muito preciosos para mim.

Sou muito grata a Valla. O espaço, as pessoas, os cães, a praia, as estrelas, o fogo de lenha e as gardênias. Miles, agradeço por cada "Isso é aleatório", por cada "Qual é a palavra?" e por cada vez que disse "Você consegue, Jodi".

Obrigada a todos de Nusa Indah, na Indonésia, que compartilharam comigo cerveja Bintang, pores do sol, mergulhos noturnos e histórias; e obrigada à equipe que sempre me colocou no mesmo quarto. *Terima kasih untuk semua orang di Nusa Indah yang telah membantu saya selama saya menulis disana. Saya sangat bersyukur.*

Eu não poderia escrever este livro sem a ajuda da música. Os artistas enriquecem as nossas vidas. Agradeço particularmente a Bruce Springsteen, porque a história por trás da composição de *Dancing in the Dark* foi o empurrão que me fez seguir em frente. E ela se tornou a minha música-chiclete.

Sou grata a todas as pessoas com as quais tive o privilégio de trabalhar, meus colegas ao longo dos últimos trinta e tantos anos. Eu sou uma dessas pessoas felizardas que quase todos os dias acordam com vontade de ir trabalhar! Isso se deve em parte a vocês.

E para todo o *meu* pessoal… Vocês sabem muito bem o que significam para mim. Obrigada por me manterem firme em meio às dificuldades, e por me fazerem sentir como se eu fosse um jogador sendo levantado nos seus ombros no final de um jogo. Meu copo está sempre transbordando.

Sash e Indi... saibam que eu voltaria atrás nessa promessa um trilhão de vezes só para ter a sua mãe aqui. Sou muito agradecida por ter vocês duas no meu mundo.

E Sage, minha linda filha. Obrigada pelas ilustrações e por cada vez que você apareceu nas páginas deste livro. Eu amo você acima de tudo. Todos os dias!

Mamãe e papai, obrigada por me darem uma vida cheia de seu constante incentivo e franca expressão de orgulho. Adoro que vocês tenham orgulho das coisas simples — violetas africanas e, por mais que neguem, minha torradeira de cinquenta anos.

À toda a minha família, todos vocês! Vocês são um verdadeiro prêmio, o prêmio máximo! Graças a vocês, eu sei que a alegria, o riso e o amor incondicional são reais e estão ao alcance da mão. Eu sei como é o mundo quando há sempre braços abertos prontos para nos acolher. Amo todos vocês.

E às centenas e centenas de pessoas autistas, neurodivergentes e com deficiência e suas famílias. Vocês me ensinaram tanto, e ainda me deram uma vida inteira de histórias. Sou uma pessoa melhor graças a vocês. Um livro não pode expressar quão grata eu sou por viver, por causa de vocês, uma vida plena e gratificante.

ASSINE NOSSA NEWSLETTER E RECEBA INFORMAÇÕES DE TODOS OS LANÇAMENTOS

www.faroeditorial.com.br

Campanha

Há um grande número de pessoas vivendo com HIV e hepatites virais que não se trata. Gratuito e sigiloso, fazer o teste de HIV e hepatite é mais rápido do que ler um livro.

Faça o teste. Não fique na dúvida!

ESTA OBRA FOI IMPRESSA EM MARÇO DE 2024